# 旅游体验理论研究

孙喜林 吴凯 —— 著

北京·旅游教育出版社

图书在版编目（CIP）数据

旅游体验理论研究 / 孙喜林，吴凯著. -- 北京：旅游教育出版社，2022.12
 ISBN 978-7-5637-4502-9

Ⅰ. ①旅… Ⅱ. ①孙… ②吴… Ⅲ. ①旅游理论－研究 Ⅳ. ①F590

中国版本图书馆CIP数据核字(2022)第229318号

## 旅游体验理论研究
### 孙喜林 吴 凯 著

| | |
|---|---|
| 策　　划 | 李荣强 |
| 责任编辑 | 何　玲 |
| 出版单位 | 旅游教育出版社 |
| 地　　址 | 北京市朝阳区定福庄南里1号 |
| 邮　　编 | 100024 |
| 发行电话 | （010）65778403　65728372　65767462（传真） |
| 本社网址 | www.tepcb.com |
| E - mail | tepfx@163.com |
| 排版单位 | 北京旅教文化传播有限公司 |
| 印刷单位 | 唐山玺诚印务有限公司 |
| 经销单位 | 新华书店 |
| 开　　本 | 787毫米×1092毫米　1/16 |
| 印　　张 | 15.75 |
| 字　　数 | 262千字 |
| 版　　次 | 2022年12月第1版 |
| 印　　次 | 2022年12月第1次印刷 |
| 定　　价 | 68.00元 |

（图书如有装订差错请与发行部联系）

# 序 言

日前，我原来工作单位东北财经大学旅游与酒店管理学院的同事孙喜林君告诉我，他正在编撰一部有关旅游者心理体验方面的著作，并希望我写几句话作为序言。虽然自觉写序之事总不免有托大之嫌，但想来在多年共事期间，确曾于相关话题多有切磋并从中受益，而今看到他的这些成果，颇觉欣悦，于是也不顾呶呶之病，悉然说几句话以补常规著作格式方面的天窗之缺。

喜林君修心理学，长期执教旅游心理学课程。由于思维敏捷，观物独具慧眼，语言又很犀利，因此课堂上总有金句涌出，为学生们所难忘。不过，他很有一种"述而不作"的风范，很少将自己的学术心得付诸文字，更多的是通过日常对话讨论的形式与同事、学生交流。由于我对旅游的关注点一直在旅游体验方面，就与喜林君有很多讨论的机会，也从他那里获得不少理性火花的启发。从他现在完成的著作来看，他的学生在研究取向、问题意识、学术观点等方面，承接了他的旅游体验研究心得。也许正是由于这个原因，才促使他决定将学生的学位论文加以编辑，统一其论，润色其词，最终撰定为一部主题明确、观点独特的著作。这是很值得庆祝的一件事。

国内的旅游体验研究经过20多年的发展，其范围领域正在不断延展，其论题所向则日趋细化，以科学原则、实证方法和理论导向为特色的经验研究已经逐渐成为这一旅游学核心领域的主流研究策略，并且积累了相当丰富的成果，初步形成了一个有一定特色的研究范式。喜林君所指导的研究生在这一领域的耕耘，很有自己的一个特色：将考察的焦点锁定在游客旅游体验之所"感"。这一定位，不仅仅是喜林君治学功底的自然选择，更多的是他在观察旅游尤其旅游体验现象时的敏感性、洞察力使然。我一直以为，旅游学研究的核心矛盾，不出旅游体验的供给和需求之间的张力。因此，喜林君及其弟子通过对旅游体验中旅游者的在场、离场体验中所"感"的集中考察，便能从旅游者一方解决旅游产品策划、设计、提供乃至价值共创等方面的理论问题。就此而言，我认为，喜林君一直关注于旅游体验的种种"感"（比如仪式感、异地感、倦怠感等），这一切入点是独特而有潜力的，抓住了旅游体验研究中的一个重要领域。

当然，喜林君所关注的话题还不仅仅在此一点。他也留意于学术界的一些热点问题，对一些既有理论观点的得失、正误也常有自己的研判。记得曾有一次，他指使学生对我的《基础旅游学》中提出的"旅游者行为倾向"中的"道德感弱化"一说提出质疑，我对他及其弟子的这一态度深表赞赏，并且在交流中坦率地阐述了我提出上述观点的事实基础，同时指明这一观点在可证伪性方面的潜在可能性。今天重读相关内容的表述，也使我不禁回忆起当时的一些有趣往事。

想来大学中的学问之事，即便鹄的一致，其途必也不一。喜林君从事旅游心理学教学和研究几近三十载，他是以其独特的路径求其学、致其教的，这一点可谓别是一番景致。值此其著作出版之际，我以一位老同事的身份，不揣鄙陋说上几句话，初衷是在回味既往，表达祝贺之情。至于言论之得失，则非为所计焉耳。

2022 年 10 月 23 日<br>于海南大学东坡湖畔

# 目 录

第一章 基于"独有性"的旅游学科建设 ········································· 1
 一、学科标准 ····················································································· 1
 二、旅游学科认知现状 ········································································ 1
 三、基于"独有性"的旅游学科体系探究 ·············································· 2
 四、旅游学和其他学科的关系 ······························································ 4
 五、总结 ··························································································· 7

第二章 心理学视角的旅游本质 ···················································· 8
 一、单一性需要和复杂性需要 ······························································ 8
 二、旅游本质 ··················································································· 10

第三章 旅游偏好形成理论 ························································ 19
 一、旅游偏好和旅游图式 ··································································· 19
 二、旅游魅力 ··················································································· 21
 三、旅游偏好形成的心理机制 ···························································· 26

第四章 旅游体验分类 ······························································· 34
 一、旅游体验类型划分问题 ································································ 34
 二、文献综述 ··················································································· 34
 三、研究设计 ··················································································· 44
 四、旅游场域类型理论研究 ································································ 45

五、场域内旅游体验类型内涵分析 ·············································· 52
　　六、旅游体验研究存在的问题和新理论的提出 ······························ 58

**第五章　异地感研究** ··························································· 64
　　一、绪论 ········································································ 64
　　二、文献综述 ·································································· 65
　　三、研究设计 ·································································· 71
　　四、旅游体验中的异地感 ···················································· 74
　　五、异地感的类型及唤起情境分析 ········································· 95
　　六、异地感在旅游规划中的应用 ············································ 99
　　七、研究结论与展望 ·························································· 100

**第六章　旅游者的道德行为分化** ············································ 102
　　一、旅游世界和生活世界 ···················································· 102
　　二、旅游世界中的道德研究 ················································· 103
　　三、旅游世界中道德行为分化的影响因素 ································ 108
　　四、旅游世界中的道德行为分化理论 ······································ 111
　　五、去个性化和标签化对旅游者道德行为分化的作用 ················· 114
　　六、研究结论 ·································································· 115

**第七章　深度旅游中的文化惊喜研究** ······································ 117
　　一、绪论 ········································································ 117
　　二、文献综述 ·································································· 119
　　三、研究设计 ·································································· 124
　　四、深度旅游者特征及文化惊喜现象分析 ································ 126
　　五、深度旅游中的文化惊喜研究 ············································ 129

**第八章　旅游倦怠研究** ························································ 135
　　一、绪论 ········································································ 135
　　二、相关综述与概念确定 ···················································· 136
　　三、研究设计 ·································································· 142

四、旅游倦怠的分类及影响因素 …………………………………………… 145
　　五、旅游倦怠的动态性 ……………………………………………………… 151

**第九章　旅游中的仪式和仪式感** ……………………………………………… 166
　　一、仪式感空洞化现象 ……………………………………………………… 166
　　二、仪式概述 ………………………………………………………………… 167
　　三、仪式理论 ………………………………………………………………… 167
　　四、旅游仪式理论 …………………………………………………………… 168
　　五、旅游中的仪式感 ………………………………………………………… 169

**第十章　旅游仪式感量表开发** ………………………………………………… 178
　　一、旅游仪式感的维度：文献回顾 ………………………………………… 178
　　二、旅游仪式感的维度：质性分析 ………………………………………… 184
　　三、旅游仪式感量表开发：数量分析 ……………………………………… 190
　　四、旅游仪式感 ……………………………………………………………… 200

**第十一章　文化旅游产品仪式化研究** ………………………………………… 203
　　一、绪论 ……………………………………………………………………… 203
　　二、文献综述 ………………………………………………………………… 203
　　三、仪式化理论的提出以及与相关理论间的关系 ………………………… 211
　　四、实证研究设计 …………………………………………………………… 215
　　五、基于Nvivo12的质性文本分析 ………………………………………… 225
　　六、结论 ……………………………………………………………………… 233

**参考文献** ………………………………………………………………………… 234

**后　记** …………………………………………………………………………… 243

# 第一章 基于"独有性"的旅游学科建设

## 一、学科标准

国内旅游学术界对旅游学是否为独立学科的争论从未停止过。要弄清楚旅游学是不是独立的学科,首先要搞清楚独立学科的条件。由于定义学科的方式不同,人们对学科的性质会有不同的表述。笔者认为学科的本质特征应该在于它不依赖其他学科的独立性,这种独立性表现在有自己独有的研究对象、有一套相对独有的概念和理论体系、有由研究对象所决定的相对独有的研究范式和具体研究方法组合,三大独有,简称"学科独有性"。

## 二、旅游学科认知现状

用上述标准来衡量旅游学科,我们应该承认,旅游学科并不完全具备独立学科的特征。但是从现实和旅游学发展来看,旅游学应该也能够且必须成为一门独立的学科。按照上述学科特征的界定,旅游要成为独立的学科,首先要确定旅游学的独有研究对象。总的来说,关于旅游学研究对象的探讨存在两大问题:一是我国学者对旅游学的基本研究对象没有达成共识,二是没有高度关注"独有性"问题。这样将导致两个结果:第一,旅游学不被其他学科承认为学科,即学科没有合法性。没有独有的研究对象,学科就无从谈起。第二,长此以往必定会影响上层建筑及分支学科和基础理论的发展与成型,严重的是旅游学科建立的框架会产生严重的分歧,造成不同学科背景的学者"各自为政",建立各自的学科框架。最终结果就是旅游不成"学"。

最古老的观点认为旅游学研究对象是"因旅游而引发的各种关系的总和",具体表现为要素论。如从活动角度界定的六大要素论——食、住、行、游、购、娱,从旅游综合体的角度界定的三要素论——主体、客体、媒体。这也是旅游学界多数人认同的观点。另外一种颇具影响力的观点是谢彦君提出的:"旅游学的研究对象是旅游活动的内在矛盾及表现,旅游学的任务就是通过研究来认识这种矛盾的性质及其发生原因、形态结构、运动规律和它所产生的外部影响。"余书炜认为旅游理论研究的对象是包括旅游活动及由其引起的各种关系与后果,而旅游活动包括旅游者的旅游消费活动与旅游供给活动两个方面，也就是包含了旅游者活动和旅游产业活动这两个互为前提、相互依存的界面。谢彦君也认同此观点，认为在旅游学的学科体系中，对这两个界面的分别研究既导致了理论与方法的差异，也体现了不同的研究侧重点。

从上述两种最具代表性和影响力的观点中可以看出旅游学者们对旅游学研究对象的主要分歧在于：是从旅游产业的角度出发还是单纯从旅游者活动的过程来考虑，旅游者活动和旅游产业活动是否都列为旅游学研究对象。本人认为旅游学研究的对象是人类的旅游活动，而不是旅游业活动，旅游业只是因旅游者活动而衍生出来的高度关联部分。旅游研究不能也不必舍弃它，理顺它们的关系就可以了。基于旅游研究的现实，谢彦君的观点为代表的活动论（旅游者活动和旅游产业活动）更有说服力。但是，谢彦君把旅游活动的范围从旅游者活动扩大到旅游产业活动，则又是对现实的屈服和迁就了。这样还无法解决旅游学研究对象的"独有性"问题，此问题不解决，旅游学依旧无法成学。在探讨学科研究对象时，要时刻谨记"独有性"。不独有，则学科存在的必要性会丧失。现实是：旅游学的"一亩三分地"是公共跑马场，其他学科可以随意进出，尽情驰骋，尘埃散去，旅游学领地支离破碎，满地狼藉，称其一地鸡毛绝非危言耸听。把其他引入的学科剔除，旅游学还剩什么？想到这样场景：摇滚音乐节结束后的广场……

## 三、基于"独有性"的旅游学科体系探究

学科研究对象的"独有性"是学科存在的前提，确定自己的研究领地是旅游学的首要任务，刻不容缓。只有确立了旅游学的独有研究对象，旅游学的学科合法性问题才能得到解决。以往关于旅游学研究对象的探讨似乎假定这个问题已经解决，或者更大的可能是忘掉了研究对象"独有性"这个大前提，根本没有从"独有性"角度思考来确定旅游学的研究对象。

旅游学独有的研究对象是什么？探讨路径应该是从公认的常识出发，在探究过程中把"独有性"作为必需的标准。顺着这条路径前行，能够推演出有价值的结果，见图1-1。

这棵树的主干是纵向的旅游学—旅游活动—旅游者和旅游对象物及其二者的互动。其他横向的对应有旅游各分支学科研究，在此不罗列。在这里提出旅游对象物概念，旅游对象物是指能给旅游者带来旅游体验的事物，即旅游者为完成旅游体验过程而从外部世界中主观选择出来并与之发生互动的客观实在。而旅游对象物根据存在形态的不同可以分成旅游资源和旅游产品。这个概念的价值是提高了旅游基本概念表述的效率，不用一会儿资源，一会儿产品，一会儿资源和产品。因此，旅游资源可以这样界定：那些可以为旅游产业开发（最终一定为旅游者所利用）或者为旅游者所直接利用的客观实在。以往旅游学术界对旅游资源的共识是：从经济学视角来看，资源—生产—产品—商

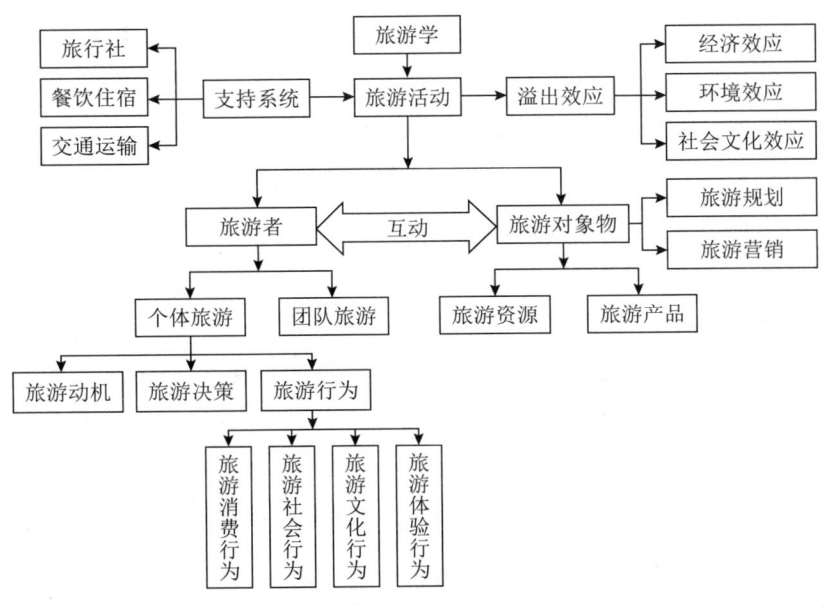

**图 1-1 旅游学科树**

品，只从旅游产业开发角度定义，有意无意忽略掉了旅游者直接利用旅游资源的可能性和现实。结果是一谈资源就想到企业，少有对旅游者与旅游资源关系的探讨；而一谈旅游者就想到产品，这两种强势联结成为旅游思维定式。两个原因：一是已经变成常识的经济学知识：资源是相对于企业生产而存在的概念，与消费者没有直接关系；二是没有提出旅游对象物概念，旅游资源和旅游产品都是独立存在状态，分别讨论，没有建立严谨的学科概念体系。其实这样既违反生活经验也不符合旅游学常识。这个常识就是旅游出现在旅游产业出现之前。在那个时代，旅游者只能直接利用旅游资源而非不存在的旅游产品。在今天旅游企业利用旅游资源制造开发旅游产品，而旅游者利用旅游资源制造旅游体验。当然这和旅游者利用旅游产品产生旅游体验不矛盾。这也是旅游学区别于经济学的一个根本点。可以确定，旅游活动（旅游者活动，以后均简称旅游活动）是旅游学独有的研究对象，即旅游者、旅游对象物及二者的互动，也可以说是旅游体验。而旅游活动产生的必要条件及由旅游活动引发的效应等，可由其他分支学科深入研究。目前还没有任何一个学科把旅游活动列为自己的研究对象，当然旅游学除外。这完全满足了学科研究对象"独有性"的要求。到此我们的学科树干是清晰的，逻辑是严谨自洽的，一环扣一环。其他学者多认为旅游学存在多个研究对象。龙江智（2005）认为旅游学（根）研究对象包括：旅游体验、旅游场管理、旅游影响、学科共性。虽然谢彦君的观点也是认为旅游学的研究对象是旅游活动（对象单一，符合定义规范），但是他把范围从旅游者活动扩大到旅游产业活动（还有很多旅游学者持相同或类似观点），结果自陷逻辑困局。谢彦君认为旅游本质是体验（追求愉悦的体验），体验只能存在于旅游者身上,产业活动何来体验?两个对象,而本质只可能发生在一个身上!这个问题在此不展开讨论。

在旅游学幼稚阶段学习借鉴其他相关成熟学科无可厚非,引入其他学科的理论和方法,如经济学、管理学、人类学、美学和心理学等。但尴尬的是现实中旅游学界中人干了很多"偷窃抢劫"勾当,表现为旅游××学。如旅游会计学、旅游组织行为学、旅游人力资源管理、旅游战略管理、旅游消费者行为学等,玩"戴帽子"游戏,把这些学科内容整体搬过来,戴上旅游帽子,举几个旅游例子就出书,直到今天还频频上演这种"蛇吞象"闹剧。甚至连接权利在高校强推谬误连连的教科书和臆造的课程。结果就是引狼入室,其他学科不但理直气壮地进来分享旅游学成果(如产业活动天然是经济学的研究对象,即使旅游学不引入,它们也会研究),而且反客为主,旅游学根本无法抗衡。换言之旅游学进入了其他学科的领地,而且还干"偷鸡摸狗"勾当,这就是我们经常感受到被其他学科蔑视和挤压的原因。

### 四、旅游学和其他学科的关系

#### (一)建立交叉学科

旅游活动是旅游学的独有集合。旅游学的研究对象是旅游活动,而由旅游活动引发的其他重要现象作为学科外延性研究领域存在,由其他分支学科研究。如,旅游活动的经济效应就牵涉经济学、管理学和市场营销学;其地理环境效应牵涉地理学,社会环境效应牵涉社会学等;文化效应牵涉人类学等学科;而关于旅游对象物的研究则衍生出旅游规划学、旅游美学等学科。这时候其他学科的引入就是帮助性的,它们是"客",形成的是新的交叉学科。当然,这些外延性研究范围(尤其是经济和管理范畴)同时也是众多学科研究的共同领域,是众多学科研究范围的交集,通过借鉴、学习与合作建立交叉学科。这样,一则解决了研究对象"独有性"问题,确立了旅游学科存在的合法性;二则避免了其他学科的反客为主和由此生出的嘲弄。这一切的前提是把旅游建设成旅游学。

纵观旅游学研究对象和学科体系方面的研究,存在以下问题:

**1. 对象不具"独有性"**

多数观点认同的旅游学对象两个到多个,代表性的就是总和论。旅游学成了流寇,没有根据地,一会儿(你)研究张三,一会儿(他)研究李四;或者旅游学成了百科,什么都研究,"旅游是个筐,什么都往里装"。

**2. 学科体系混乱**

有逻辑的观点是多对象衍生出多学科,无逻辑的观点是基于事实层面的多学科存在而认为这些学科就是旅游学。结果就是蒿草杂芜,众说纷纭,莫衷一是。每个发表的旅游学科树表述都不一样，至今无共识。有一年中国旅游研究院主持的旅游理论年会上的四个讨论主题之一是：旅游学研究方法有哪些？会场发言当然是热烈而混乱。其实讨论题可以说是伪命题，永远是热烈得没有结论。方法配套于对象，不解决旅游学对象问题，直接讨论方法问题是瞎耽误工夫，就像穷光蛋琢磨自己的一亿美元该怎么花。

这里有认识不清问题（学人能力，学科能力），还有浑水摸鱼问题。如果正本清源、玉宇澄清，那么各路"占山为王"的、"传播邪教"的就活不下去了。现在旅游学界乱哄哄，却其乐融融，苦了学生和产业，负了国家。旅游学和旅游教育是既负如来又负卿。

**（二）借鉴而不借用**

因为旅游学的幼稚，旅游学在生长过程中一定有学习借鉴甚至借用其他关联老学科内容现象，在这个过程中不免泥沙俱下，如"蛇吞象"现象和生搬硬套现象。生搬硬套是把其他学科命题和概念理论不加甄别论证直接用到旅游研究中来，结果是制造了大量垃圾论文。他山之石可以攻玉，他山之石也可能攻石，甚至他山之玉可能攻石。

下面举几个借鉴而不借用的例子：

**1. 旅游忠诚**

此概念来源于市场营销学的顾客忠诚理论，其核心特征是顾客对特定品牌商品的重复性购买。后来被移入旅游研究，研究旅游者的重游行为、重游意愿、旅游者对目的地的口头宣传、旅游者对目的地价格变化的承受程度等。常识告诉我们：旅游者很少多次去一个旅游目的地，旅游通常是去没去过的地方（度假旅游除外）。少有重游，重游意愿的研究就失去了依据。由于很少重复去一个地方，自然不存在对价格变化的承受度问题。那么旅游忠诚只剩下对目的地的口头宣传了，它就是一种好感，根本不符合市场营销学中的顾客忠诚界定，硬性套用会造成先入为主的误解：旅游忠诚就是重复性购买行为。没有重复性购买支撑，旅游忠诚命题就失去了意义。旅游者场后的口头宣传并不能证明是出于忠诚，心理学的自我服务倾向理论告诉我们：人们倾向于对自己已经做出的行为进行肯定。记忆研究指出：人的记忆准确性不高，有合理化和美化记忆内容的倾向。所以旅游者场后对目的地的口头宣传可能不意味着好感，更不意味着忠诚，旅游者之所以说他去过的地方的好话是为了维护自己，要言行一致。人们"说到做到"少，"做到说到"多，不能指哪儿打哪儿，却擅长打哪儿指哪儿；不擅长做合理的事，却擅长把做过的事合理化，这是人性使然。著名心理学家费斯廷格在其认知失调理论总结说：当人们觉得要为自己的话负责时，会更加相信它们。一旦做出决定（行为），它就会长出支撑自我的双腿。生搬硬套个旅游忠诚理论既有违常识，也和已有理论（旅游本质是刺激寻求）有冲突，还有易误解问题，仅剩的口头宣传行为也被心理学知识消解。旅游者和旅游地的心理联结是旅游图式，不是旅游忠诚（见第三章旅游偏好理论）。

## 2. 地方感

地方感是人文地理学的重要概念，主要探索的是地方作为一个物理空间的体验质量问题，涉及描述人对"地方性"的认知体验和情感体验，以及人在体验过程中赋予地方的意义和价值。地方感最初起源于 Wright（1966）提出的敬地情结（geopiety），"敬地"阐释的是人们对自然的敬仰和尊重。段义孚（1976）基于"地方"概念提出"地方感"一词，指明了人与地方之间具有依赖关系，地方感是作为主体的人对地方特质的依附。地方感包括地方认同、地方依赖和地方依恋等。地方感早期的研究情境是居民视角下的日常生活世界，旅游学者根据地方感定义将其引用到旅游世界中，并提出旅游地方感概念。旅游地方感成为旅游体验研究的一个重要中间变量，这方面论文非常多，成为旅游研究热点。

地方感是原住民对生于斯长于斯的地方因深度互动而产生的深度认知和情感，旅游有异地性和暂时性，旅游者与目的地没有基于出生和成长的深度互动，何来深度认知和情感？何来心理依附？旅游者和原住民区别何在？如果没有区别，旅游学何以成学？旅游者对应的是原住民，他们是一个连续谱系的两端，他们的行为规律注定存在重大不同，直接照搬套用与学理不符。

旅游者对旅游目的地形成的认知应该是异地感（见第五章中关于旅游异地感的讨论），而不是地方感。

## 3. 文化休克

文化休克（Culture Shock）最早是由美国人类学家奥伯格于1958年提出的（Kalervo Oberg 1958）。他用"文化休克"来描述那些因工作、学习或者移民而进入一个不熟悉的新的文化环境的经历。Locke 和 Feinsod（1982）将文化休克描述为暴露在陌生环境中可能产生的压力，导致思维或行为的重大变化。美国学者罗伯特（Kohls L Robert，1984）将文化休克定义为不同日常生活方式的人们在陌生的生活环境中所经历的个人困惑或焦虑。这个概念被引入旅游学，提出并研究旅游者的文化休克现象。旅游和旅游者的界定是排除工作、学习和移民的，自然二者之间应该有本质区别，前三种人带有融入异地生活目的，而旅游者进入异地是具有暂时性的，没有融入当地生活目的。目的不同，停留时间不同，把两种完全不同的居于连续谱系两端的人群放在一起，用同一个规律解释合适吗？合乎逻辑吗？

从其他学科借用命题和概念理论必须慎重，通常不能借用。如果要借用，一定要重新论证，证明其现象存在，规律存在，这应该是学术研究的基本规范。主体不同，大前提不一样，结论自然不一样，这是形式逻辑三段论最简单明了的结论。上述提到的三种理论引入情形都犯下同样错误：漠视大前提的不同，原住民（包括移民）和旅游的不同，而不加论证地照搬命题和理论，结论自然荒谬。其他学科的命题和理论给我们的应该是启示，可以通过类比提出本学科的新理论，照单全收令人费解。饥不择食还是愚不可及？抑或揣着明白装糊涂？旅游者没有文化休克，有的是文化惊喜！（见第七章关于深度旅游中的文化惊喜的讨论）。首先是基于现象的观察，然后分析、抽象概括提出文化惊喜概念，类比文化休克理论构建文化惊喜理论。

## 五、总结

旅游学科建设必须遵循"独有性"原则：独有的研究对象、独有的概念理论体系、基于独有的研究对象而匹配的研究范式和研究方法组合。有了根据地才可以出击并合纵连横，攻占或者合作。建立了旅游学科，然后拓展领域，建立交叉学科。没有实力却到处跑马插旗，搞"旅游××学"就是孩童游戏，幼稚可笑。靠"戴帽子""蛇吞象"手法搞旅游学科建设是掩耳盗铃，生搬硬套则是饮鸩止渴。

# 第二章　心理学视角的旅游本质

## 一、单一性需要和复杂性需要

在讨论旅游本质之前先介绍单一性需要和复杂性需要以及好奇心，这有助于理解我们即将提到的旅游本质观点。

**(一) 单一性需要和复杂性需要**

心理学家们多年来一直在争论人们是力求保持心理的单一性，还是要追求多样性。这方面的知识能帮助我们理解人们旅游的根本原因。

1. 单一性需要

单一性需要是指人们在生活中总是寻求平衡、和谐、相同、可预见性和没有冲突。任何非单一性都会产生心理紧张。因此，人们为减轻心理紧张，便会寻求可预见性和单一性。

按照单一性理论，旅游者在旅游过程中尽量寻找可提供标准化的旅游设施和服务。因此，人们一般会选择北京故宫、杭州西湖、广西桂林、安徽黄山等非常著名的旅游点去旅游，还要选择那些知名度高并能提供标准化服务的宾馆饭店去住宿。因为标准化的旅游服务使旅游者能够预见自己什么样的花费会带来什么样的设施标准和服务。

总之，单一性理论认为人们在期望出现某一件事情的过程中，不要再遇到意料之外的事情。弗洛伊德认为，人们行为的基本目的是减少由非单一性所造成的那种心理紧张。如果人们面临着非单一性的威胁，他们就会设法防止这种威胁成为事实。如果他们不幸真的遇到了某种意想不到的事情，他们就会很不舒服。经历了这种感受之后，他们以后就会更加谨慎，防止再出现非单一性。例如，如果某位旅游者在外出旅游时遇到找不到饭店可以入住，买不到返程飞机票，旅游者以后再外出旅游时，就可能事先订机票、订客房或者到旅行社办理委托，有的人可能从此再也不愿出去旅游了。

2. 复杂性需要

与单一性理论相反，复杂性需要是指人们追求新奇、出乎意料、变化和不可预见性等。人们之所以追求复杂性需要，是因为这些复杂性东西的本身就能给人带来满足。

根据复杂性理论，在旅游环境中，旅游者将游览从未去过的地点。他宁可驱车行驶在偏僻的道路上并光顾当地的饮食店,而不去人们所熟知的连锁饭馆。而且,他宁可光顾独立经营的旅馆,而不去住一些提供标准化住宿条件和服务的名牌连锁旅馆。对于希望避免单一性和可预见性的旅游者来说,著名的饭店、众所周知的旅游点所提供的单一性和可预见性太多了,令人感到厌倦。这种旅游者希望要与他在家所习惯的东西和他在上次旅游中所经历的东西有所不同。

**3. 单一性和复杂性的平衡**

上述的单一性需要和复杂性需要这两种概念都能解释在旅游环境中所出现的许多现象。虽然这两种理论看起来前后矛盾,但如果把二者结合起来,就可以帮助我们进一步理解人们旅游的动机和行为。

适应性良好的人们在自己的生活中需要单一性和复杂性两者的结合。单一性通常由人们在家里以及有时在工作中那种有条不紊的常规来提供,因为大多数人在家里可能愿意有相当程度的单一性和可预见性。而工作环境里提供的单一性或者复杂性的程度存在着很大的差别。比如,一个装配线上的工人可能会感到他的工作环境太单一,而最高一级的公司行政管理人员是在相当不可预见的、多样的和复杂的环境中工作。

人们在家庭生活和工作中的单一性、可预见性以及不变性,必须用一定程度的复杂性、不可预见性、新奇性和变化性加以平衡。没有任何一个人能够在一个百分之百可以预见的世界中精神正常地生活。在某些时候,一个人对在家里和工作中所见到的有条不紊的常规和单一性变得厌倦起来。一旦厌倦到一定程度,他就需要新奇和变化来抵消由厌倦造成的心理紧张。显然旅游为寻求摆脱厌倦的人们提供了一种较为理想的方式。心理学研究认为,人们在生活中总是力求使单一性和复杂性保持最佳的平衡状态,使心理维持在一个可以承受的紧张程度,否则,单一性过多,会使人产生厌倦;复杂性太多,又会使人产生过分紧张以至于恐惧(见图2-1)。

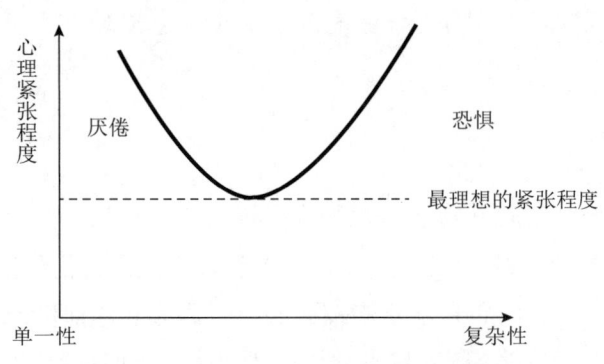

图2-1 单一性、复杂性和心理紧张

**(二)好奇心**

好奇心定义:人类和其他一些高等动物在面对新奇、陌生、怪诞或复杂刺激时所产生的一种趋近、探索和操弄，以求明白、理解和掌握的心理倾向状态。

人类有一种基本的心理性内在驱力——好奇、探索、操弄，这种驱力并不以生理上的需要为基础，也不是经过学习而获得的，纯粹是由个体生活环境中刺激而引发的先天的内在驱力。它是人类心灵正常发展的原动力之一，也是维护心理健康的一个条件，同时它也是旅游的一个根本性动因，它在一定程度上可以解释"人们为什么旅游"。因为内在驱力会给人带来紧张，它迫使人们必须以某种方式、方法来应付这些紧张。这些紧张以及人们如何在旅游中消除这些紧张，可以用来解释许多旅游现象。

幼儿对新奇事物表现兴奋，每逢新玩具到手，总是以注视、抚弄、吸吮、摇动、敲打、撕裂等方法对新玩具"研究"一番；当幼儿到了一个新环境，也会不由自主地四处探索，只要能达到的地方、能打开的柜门都要看看和摸索，甚至把能搬动的东西都搬出来。

动物也有对新环境喜欢探索的特点，在动物并无需要应付的紧急情况时往往会去探索。有时探索的驱动力甚至会压倒通常人们认为是更迫切需要解决的问题。一只饥饿的猫在开始安下心来吃东西之前，可能会花些时间去仔细观察一下一种没见过的东西。人类为了探索未知会干"傻事"，花费心力不图名利，甚至会冒着受伤以致失去生命的危险的事例也不乏其例。"好奇心"和"探索欲"是整个动物界的共同行为特征。巴甫洛夫在研究条件反射时发现，动物和幼儿在遇到新异刺激时都会做出反应，而不顾眼前的情况，他把这种现象称为"探究反射"，并具体解释为"是什么反应"，它是未经学习而具有的无条件反射。这种人类乃至整个动物界具有的对外部世界的这种自动探究现象，从演化上看，在个体保存发展和种属保存发展上是有着极其重要价值的。动物在进入新环境时的第一个反应是探索、了解、熟悉以做到对它最大限度的把握，这样首先能知道新环境中是否存有危险，其次即使以后出现新的危险因素，由于它对环境的熟悉也能做出恰当的防御反应。人类保存了这种生存本能，它表现在人身上就是"好奇、探索、操弄"。

## 二、旅游本质

2002年诺贝尔经济学奖获得者卡尼曼在做诺贝尔演讲时，特地谈到了心理学家奚恺元教授的研究成果。奚教授认为经济学的最终目标不是最大化财富，而是最大化人们的幸福。也就是说，人们到底是不是幸福，取决于许多和绝对财富无关的因素。他认为，除了绝对财富外，有两个因素影响我们的幸福。一是时间性的比较和社会的比较。人们通过与自己的过去进行比较以及与他人进行比较，如果结果对自己有利的话，就会产生幸福感。二是脉冲式的变化。舒适不是幸福的唯一因素，如果一个人本身的生活水平不是特别高，但他的生活中时不时地有一些起伏变化，比如旅游、探险等，这些脉冲式的变化就能使人感到更加幸福。

按照奚教授的观点，我们就可以解释为什么在社会、经济条件允许后，旅游成为一种世界性的大多数人的共同选择。奚教授没有进一步探讨脉冲式变化之所以能带给人们幸福的深层的心理学原因，笔者认为其答案就是以好奇心为核心的刺激寻求需要。

**（一）刺激寻求**

个体对刺激的需要性接收和主动追求、厌恶单调的现象，在心理学上称为刺激寻求（Sensation Seeking）。刺激寻求分为普通刺激寻求和高级刺激寻求，前者表现为对单纯物理刺激的需要心理和寻求行为，后者则是对具有情境性意义刺激的需要心理和寻求行为。

**1. 人需要刺激**

心理学的一些研究有助于我们理解刺激寻求问题。20世纪50年代贝克斯登（Bexton，1954）进行了刺激剥夺实验。他雇用一些大学生作为实验被试者，给他们提供一间小的备有舒适的帆布床的隔音房间。要求被试者一直躺在帆布床上（除进餐和上厕所外）不做任何事情。房间的灯是开着的，但被试者戴着半透明的护目镜，使之看不到任何东西。其他装置使被试者不能触摸物体或听到有规律的声音。起初，被试者以睡觉来打发时间，两三天后，所有大学生都不干了，决意逃脱单调的实验环境。被试者普遍感到无聊、不安，思维过程明显受到扰乱，智力测验的成绩大大下降，大量出现白日梦、幻觉，脑电波等生理方面也发生了变化。总之，刺激剥夺实验导致人的活动全部失调，使被试者烦躁不安，最终他们不顾自尊心和报酬方面的代价，发出立即释放的信号。

这个实验告诉我们：人们有追求刺激、紧张，以达到一种生理和心理上的激起、警醒状态的需要，而这种激起、警醒状态的不时存在是保持人身心正常的必要条件。

**2. 人需要什么样的刺激**

什么样的刺激才能满足人们对刺激寻求的需要？

人的感觉器官在接受物理刺激时有这样的规律：落在同一感受器上的一连串相同的刺激，导致后来的刺激效应减少。这种现象被称为感觉适应。刺激量的变化只有达到一定的量，人才能感觉到发生了变化，人能够感觉到变化的最小刺激变化量就是差别阈限。差别阈限等于刺激变化量比原有刺激量，而这个比值近似为恒定分数。这种现象称为心理物理定律，用公式表示为：$S=a\log I$ 式中：$S$ 为感觉量（亦称心理量）；$I$ 为刺激量；$a$ 为常数。公式表示：刺激量呈对数变化时，感觉量（心理量）呈算术变化。

西方经济学中关于效用的理论同样有助于我们理解社会层面的刺激寻求现象。效用就是一种商品或服务能够给人带来多大的快乐。所谓边际效用，是指在消费者偏好不变的一段时间内，额外增加一单位商品或服务的消费，使总效用数额相应增加。当连续不断消费某种商品或服务时，开始时总效用增加速度递增，在达到某一消费量时，继续增加消费某种商品或服务时，则总效用递减。这就是边际效用递减律（见图2-2）。如果我们把"消费某种商品或服务"换成"刺激"一词，则与心理物理定律是吻合的。

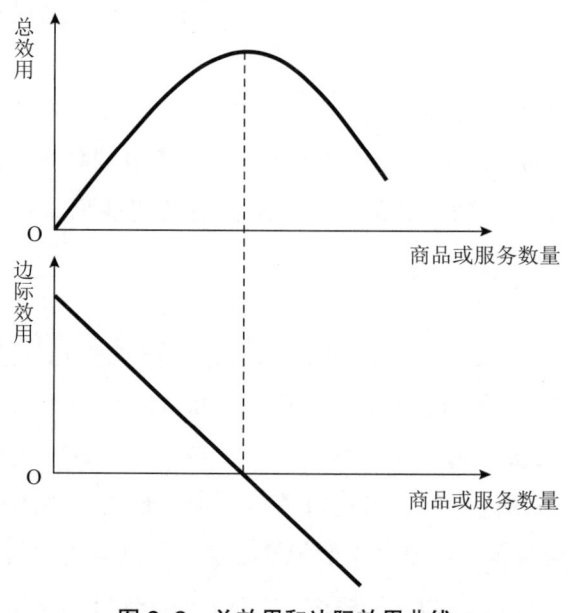

图2-2　总效用和边际效用曲线

这些研究说明：人在满足刺激寻求的需要时存在着适应现象。面对持续的同样刺激，人们会出现适应，变得"麻木"；只有当刺激强度增加幅度很大，或刺激种类发生变化时，人们才能进入激起和警醒状态，这种状态意味着刺激寻求需要的满足，达成了身心愉悦。

### 3. 好奇心是高级的刺激寻求

好奇心（curiosity motive）的内涵：人类和其他一些高等动物在面对新奇、陌生、怪诞或者复杂刺激时所产生的一种趋近、探索和操弄，以求明白、理解和掌握的心理和行为倾向。"好奇心"和"探索欲"是整个动物界的共同特征。人类保存了这种本能，而且发展出更高级的激起的追求。

人类的刺激寻求具体包括四方面内容：寻求激动和冒险；寻求体验；放纵欲望；厌恶单调。

能引起好奇心的刺激要具备"新奇性"（novelty）与"复杂性"（complexity）两个条件或两者之一，这两个条件是决定刺激物吸引力的基本因素。此外好奇心可以分为扩散好奇心和特殊好奇心。前者没有一定的目标，只是想获得各种各样的信息。后者是对某一特定目标抱有一种想知道怎么回事的动机。

幼儿的好奇心表现为对周围环境的探索和操弄，其目标具有弥散性，属于扩散好奇心。成年人的好奇心则通常以旅游的方式表现出来，更具主动性和选择性。对幼儿而言，周围环境本身就具有"新奇性"和"复杂性"，足以满足其扩散的好奇心。成年人要满足好奇心就困难许多，周围环境通常难以激发成人好奇心，而自身的成熟和特有经历通常会使其形成特殊好奇心。所以对很多成年人来说，要想满足这种特殊的好奇心，长途跋涉、不辞辛苦地赴异地旅行或旅游，甚至远行探险是合理的选择。

**（二）旅游本质分析**

学术界关于旅游的本质一直是众说纷纭，没有一个公认的结论。目前有几种比较有代表性的观点。首先是经济本质论，即从经济学角度来探究旅游本质。该理论认为旅游是一种经济现象，是一种经济活动。如葛立成曾说："从社会学、心理学、文化学、历史学等角度出发，人们认为旅游是一种社会交往、一种心理体验、一种文化活动或一种历史现象。但从本质上说，旅游是一种经济活动，是旅游者的经济行为。"许多学者突出强调旅游中的消费行为和旅游所产生的经济效益。旅游行为所表现出的经济属性不可否认，特别是对于现代旅游而言，没有经济的支持，就没有旅游，旅游也不可能发展得如此迅猛。但把经济归为旅游的本质，不仅不能解释诸如宗教朝圣、民俗旅游、黑色旅游等旅游活动，而且也只触及旅游行为的表象，并没有认识旅游行为的本质属性。南开大学的申葆嘉教授基于对国外旅游学研究状况的系统考察，曾提出，对旅游现象的研究，应从经济中进去，从文化上出来，并建议广泛地使用文化人类学和社会学的方法研究旅游。申教授的看法，实际上是注意到了旅游的文化内核，这就是旅游的文化本质论观点。从事旅游文学研究的冯乃康曾认为：旅游的基本出发点、整个过程和最终效应都是以获取精神享受为指向的，所以，旅游不是经济活动而是精神活动，这种精神享受是通过美感享受而获得的。因此，旅游是一种综合性审美活动。沈祖祥也说："旅游属于文化范畴，是文化的一个内容。"还有一种是仪式本质论。美国著名旅游人类学家纳尔逊·格雷本率先提出这样一种观点：旅游是具有仪式性质的行为模式与游览的结合。他认为旅游与传统生活中各种周期性仪式和阶段性洗礼有在实际意义方面的类似性，认为旅游度假与结婚仪式、毕业典礼等一样，是人生当中必须经历的仪式，而探险旅游则是一种界标式的人生通过仪式，经过这种仪式的考验，人们会变得高兴、愉悦，并创造出一种新的精神面貌。另外现在颇具影响力的是谢彦君提出的以愉悦为目的的休闲体验论，即旅游的硬核是以愉悦为目的的休闲体验。龙江智也指出旅游是个人旨在满足各种心理欲求所进行的短暂休闲体验活动。此外，还有一些其他的旅游本质论，如从社会学角度认为旅游本质是一种社会交往，从心理学角度认为旅游本质是一种心理体验，等等。

要认识旅游的本质，首先需要明确什么是现象的本质。辩证唯物主义认为，本质是指事物固有的、决定事物性质、面貌和发展的根本属性，是事物内在的、最终极的、最具区分度的特征，是决定该事物与其他事物相区别的内在根据。世界上事物千差万别，都是事物的本质使然。旅游本质就应是旅游之所以称为旅游而与其他行为相区别的内在根据。在上面的典型的旅游本质论中所提出的旅游本质虽都是旅游的属性，但并不是旅游之所以是旅游而与其他事物最具区分度的特征。例如谢彦君认为旅游的本质是异地休闲体验，人类的多种行为都可以是休闲体验，那么旅游的休闲体验这一属性就很难把旅游与其他行为区分开来。用异地性加以限定是否可以解决这个问题？在逻辑层面这样表述事物的本质特征也不规范。另外，休闲体验是一个大范畴，不具终极性。谢彦君对旅游学研究对象的扩大也带来了另一个困扰：他认为旅游本质是"异地休闲体验"，而体验只能发生在旅游者身上，断不会产生于旅游产业活动上。那么旅游的本质只存在于部分研究对象身上，这种情况在逻辑上是不成立的。解决这个问题的简洁技术手段就是把旅游产业活动排除于旅游学研究对象，这样旅游学研究对象就只剩下旅游者活动了。

旅游行为可分为旅游体验行为、旅游消费行为、旅游社会行为、旅游文化行为等，其中旅游体验行为是核心。到此是否可以找到旅游本质？体验是旅游最具区分度和终极的内在特征吗？体验作为一种心理现象可否作为旅游的本质？尽管谢彦君对其进行了限定，但是还难以令人满意，本质必须是自身规定性，不能用排除法定义旅游本质，这是形式逻辑的要求。体验既是旅游的核又是旅游的本质，逻辑上难以自圆。旅游体验如果是旅游的终极规定性，那么就没有继续研究探讨的空间了。旅游何以成学？到此足以支撑起旅游学的大厦吗？笔者认为旅游体验不是旅游的本质、旅游的终极，旅游体验内涵很大。

如果依旧以愉悦（谢彦君）为旅游本质，生活世界中人们也同样追求愉悦，存在区分度问题。另外一个大漏洞是怎么解释黑色旅游。谢彦君的学生孙佼佼的博士论文提出并论证了"黑色愉悦"概念，力图熨平愉悦和黑色旅游之间的惊天鸿沟。她认为黑色愉悦有三个来源：悲剧美学中的英雄主义；幸运儿效应，"嘿嘿倒霉的不是我"；包括三个方面：生命如蝼蚁和命运如浮萍、好奇心和窥私欲以及死亡本能的替代性发泄。文章宏大叙事，从哲学、美学和心理学等方面论述，旁征博引于巨匠灯塔、古圣先贤，让人有未战先怯之感。我强自镇定、抖擞精神努力加以剖析质疑和批驳。黑色旅游的代表性目的地：国外如奥斯威辛集中营，国内如南京大屠杀纪念馆，小到旅顺万忠墓、日俄监狱，从哪里看出有英雄主义存在？英雄主义更多存在于莎士比亚的悲剧和悲剧美学中，恐惧、痛苦夹杂愤怒和尽快逃脱的心理体验应该是正常的。小小的确幸心理可能会有，但是不足以支撑其启动人的黑色旅游行为。命运的无掌控感和人性之阴暗面既不为人道，也同样不足以支撑启动人的黑色旅游行为。以上种种都是逻辑推演，最具说服力的应该是实证研究，譬如调查问卷、深度访谈。由于涉及人性的阴暗处，碍于心理防卫机制而难以进行。

那么大家自然会问：你质疑谢孙师徒，你怎么解释黑色旅游？我认为黑色旅游带给旅游者的是通过升华而产生的"意义体验"（意义体验在第四章有论证，是我们的一个重要观点）。黑色旅游把生与死、善与恶、快乐与痛苦、幸福与苦难、光明与黑暗、和平与暴力等人生主题赤裸裸地泰山压顶般地轰然呈现给你，每个旅游者的规定动作是痛苦并反思，然后升华出人生意义。第四章有规范论述，恕不赘述。

目前国内旅游学界还有两大观点，张凌云的非惯常环境论和吴壁虎的游历论。前者认为旅游是指人的活动，以及由人的活动所引起的现象和关系的总和，是人们利用余暇时间，暂时地离开惯常环境到非惯常环境的一种休闲体验活动。总和观是不分主次，没有厘清旅游现象主干和旁支，旅游研究的混乱部分渊源于此，前面旅游学科树有很好的说明。至于非惯常环境表述只是异地的另一种说法，可取之处是有所细化，但没有新意。

吴壁虎的游历论把游历确定为旅游学研究对象，并提出游历社会功能演进的五生论。第一，其"游历"一词和释义缘起自古代，而旅游学是研究现代大众旅游，如果以游历为旅游学研究对象，其本质是什么？关键是这个提法与已有研究成果（概念）不能对接，会毁掉已有学术共识，加剧旅游学研究混乱，这样做严重违背学术规范。第二，所谓五生说几乎囊括了人类文明史，无限扩大了旅游的外延，稀释掉了旅游的内涵，如此旅游无以成学。

回到旅游本质主题，笔者认为旅游体验行为可以分为两大类，就是刺激体验和安乐体验，分别对应的是观光旅游和休闲度假旅游。休闲度假游追求的是身心放松和调适，要求简单、美好，要达到"安乐"状态。而观光旅游追求激动、强烈、复杂、深刻等，寻求刺激，要达到"快乐""痛快""沉浸""震撼"等状态，它更强调"得"。依据旅游体验的类型就可以把旅游分为两大类型，即观光游和度假游，前者主要行为特征是探索，后者是休闲以达成身心调适。旅游的这种基本分类完全和常识契合（见图2-3）。

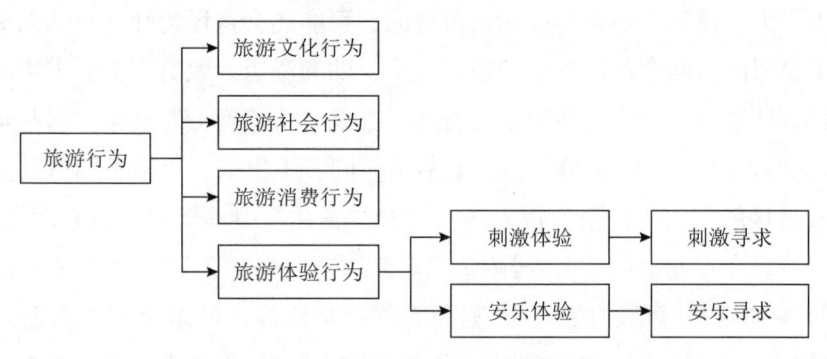

图2-3 旅游行为与旅游本质

现在，我们可以得出结论：旅游这个"大筐"里装着两个性质不同的东西，就是观光游和度假游。它们的动机和目的不同。前者追求刺激，后者追求安适，前者显著特征是有感,后者是无感。旅游的本质有两个,就是"安乐寻求"和"刺激寻求"。

"安乐"一词出自中国著名儒家典籍《孟子》,选自《孟子·告子下》:"入则无法家拂士,出则无敌国外患者,国恒亡,然后知生于忧患,而死于安乐也。"这里的"安乐"可理解为"安逸享乐"的意思。现代汉语中"安乐"多指"安宁快乐"。本文提出的"安乐寻求",是相对于"刺激寻求"的,这里的"安乐"是要身心放松和调适,要求简单、美好,最主要强调的是一种心理状态,即内心的宁静(inner peace),是要达到一种"宠辱不惊,闲看庭前花开花落;去留无意,漫随天外云卷云舒"的心醉神迷的状态。所以安乐寻求是指寻求身心放松尤其是内心的平静的宁静感。而所谓宁静感恰恰是一种无感状态。人的身心呈现一种极其和谐的平衡状态。

刺激寻求在心理学上是指个体对刺激的需要性接收和主动追求、厌恶单调的现象。刺激寻求可分为普通刺激寻求和高级刺激寻求,前者表现为对单纯物理刺激的需要心理和寻求行为,后者则是对具有情境性意义刺激的需要心理和寻求。通过20世纪50年代心理学家贝克斯登的感觉剥夺实验可以知道:人们有追求刺激、紧张以达到一种生理和心理上的激起、警醒状态的需要,而这种激起、警醒状态的不时存在是人保持身心正常的必要条件,并能够带给人快乐。刺激寻求就是要追求激动、强烈、复杂、深刻等从而达到"快乐""痛快""沉浸""震撼"等状态,打破生活世界中的"单调的紧张"的状态。高级的刺激寻求以满足好奇心为目的,具有新奇性和变化性,也就是求新、求异,可以通过求知、探险、奇遇等方式来满足。刺激寻求过程实质上是旅游者的自我重新建构过程。旅游有两大外部特征,即异地性和暂时性,异地的未知性使其天然具有了神秘感,也就具有了"新奇性"和"复杂性";而暂时性则避免了感觉适应问题。到他乡去,对旅游者构成了永恒的吸引力,几千年来一直强烈地诱惑着人们外出旅行或旅游。在旅游名胜区居住的人对周围的美景并不很感兴趣,或者说不像外来的游客那样感到有很大吸引力,甚至并不觉得有什么可看的,可能还会奇怪为什么有那么多的人来旅游。其中主要原因有两个:一是心理距离太小,功利泛滥,致盲审美。布洛的审美心理距离说能很好地解释这一点,在此不加赘述。二是"审美疲劳"现象。这些美景对于当地居民缺乏"新奇性"和"复杂性",绝不是他们看不出来,以致不知道其美丽。由于天天见、日日接触,因熟视而变得无睹。他们"身在福中不知福"的原因是,"不识庐山真面目,只缘身在此山中""久居鲍鱼之肆而不闻其臭,久处芝兰之室而不闻其香"。这就是前边谈到的"感觉适应"。人类的心灵就是这样。网络金句"熟悉的地方没风景""旅游就是从自己待腻的地方到别人待腻的地方""世界很大,我想去看看"等说的就是这个道理。学术研究给行为现象以终极答案,它和经验常识层面的认知只有层级之分,通常不会冲突。不变就是不好,缺乏"新奇性"和"复杂性"就会导致吸引力的丧失。就旅游审美而言,"新奇性"和"复杂性"在某种意义上具有美的前提价值。在桂林长大的人也要出来游山玩水，不会居胜地而不游天下，他们出来旅游的一个目的就是要寻找新奇和复杂。正所谓凡人羡仙境，仙人慕凡尘。

以往探讨旅游本质总是被休闲性旅游所困扰，观光游和度假游二者难以协同，现在我们解决了这个问题。它们不存在共同的内在动机特征（有共同的外在特征：异地性和暂时性），自然也就无法找出共同的本质。体验这个"筐"太大，如果把体验作为它们的共同内在特征（其实体验不是什么事物的特征，它是一种现象）则没有到达终极核心，因为体验还有不同的类型，每一种类型都有自己的内核。旅游本质难以确定，除了旅游研究对象没有确立之外，另一个原因是心理定式造成人们习惯性认为旅游的本质是单一的。如果把"暂时性和异地性"这个旅游的外在特征做边界，以体验为内在目的，那么旅游这个"筐"里装有两种东西，它们是性质完全不同的两类旅游形态，即观光游和度假游。旅游这个"大筐"里既有"鱼"又有"熊掌"，"鱼"是观光游，"熊掌"是度假游，其对应的旅游体验分别是刺激体验和安乐体验，刺激体验的本质是"刺激寻求"，休闲体验的本质是"安乐寻求"。

谢彦君在《基础旅游学》（第三版）中提供一种分析方法，即孔子的"叩其两端而竭焉"的求知方法。这种方法被证明在辨析一个事物的本质特征时是有效的，不妨使用这种方法验证一下刚刚得出的旅游本质的结论（见图2-4）。

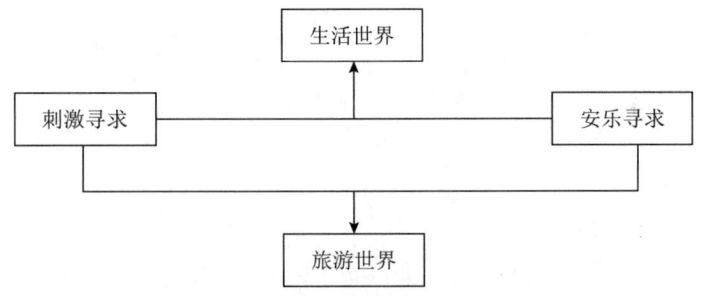

图2-4　旅游世界与生活世界的关系

如果把人的生活世界看作一个波谱的话，处于两端的"刺激寻求"和"安乐寻求"是旅游的本质，中间部分代表旅游世界以外的日常生活世界。这里我们可以看出旅游世界是生活世界的两个外端。

笔者完成了从旅游学研究对象到旅游本质的终极追索，提出了旅游区别于生活世界的本质特征是"刺激寻求"和"安乐寻求"的观点。这并不是说生活世界中完全没有刺激和安乐，只是在旅游世界中这两种需求最容易得到满足。因此，笔者把旅游定义为：旅游是个体利用余暇前往异地以达成"刺激寻求"或"安乐寻求"为目的的短暂经历。这个定义与谢彦君观点的不同就在于旅游本质。

旅游学的研究对象是旅游活动（旅游者活动），简称旅游行为，旅游行为的核心是旅游体验行为，旅游体验行为有两类，分别是刺激体验和安乐体验，其对应的旅游形态分别是观光游和度假游。这两种体验行为的终极核即旅游的两个本质，分别是"刺激寻求"和"安乐寻求"。

回顾旅游学科生存危机和基本问题探索的纷纭乱象、莫衷一是，可以说：没有从"独有性"入手是乱象之源（不讨论人性之私和学养不足）。解决学科合法性问题，首先要确定学科独有的研究对象，然后从这个对象中发掘出本质，并以此为基础进而确立相对独有的研究范式研究方法、概念体系和理论体系。以独有研究对象为核心扩展出相关的其他研究领域，如人类学方面、社会学方面、经济学方面、管理学方面和地理学方面等。只有树立了旅游学独立的学科地位，旅游学才真正有自己的阵地，才不会使这个阵地成为"公共跑马场"。其他学科的理论方法可以借鉴到旅游研究中，但它们都是"客"，只能为"主"服务，而不能喧宾夺主。旅游专业教育应该以旅游学为核心，按照旅游学科树中的分支设置充实课程，改变无体系、无逻辑地写书开课的混乱局面，使旅游专业能够规范化发展，学生学到真知识，找到学科自信。

# 第三章　旅游偏好形成理论

## 一、旅游偏好和旅游图式

态度在预测人们的实际旅游行为上效率并不高，旅游偏好则是更具效率的概念。所谓旅游偏好，是指人们趋向于某一旅游目标的心理倾向。心理倾向的核心是个性特征，个性特征更多描述一种状态，而倾向性更多用于解释为什么会有这样那样的行为。旅游偏好与旅游行为之间有着直接关系。这也就是我们探讨旅游偏好的原因。

人们在进行具体旅游决策的过程中有主观和客观两大影响因素，即感知环境差异的影响，如能够从外部获得的相关信息、参照群体等；还要受个性特征如个人的兴趣、爱好与性格差异的影响。而国情、民俗习惯、个体成长过程中的重大经历在其与旅游决策相关的个性特征形成中影响很大。对旅游决策影响重大的那些个性特征就构成了旅游偏好。旅游偏好对决策者的影响，可以从居住环境、年龄、职业、学历等人口统计方面去研究，还可以从其成长经历方面进行研究。

旅游者的行为的一个构成部分就是消费行为。在经济学中，研究消费者行为的模型是很简单的，即人们总是选择他们能够负担的最佳物品。"能够负担"就是在预算约束之内，"最佳物品"就是能给消费者带来最大效用的物品。在维多利亚女王时代，哲学家和经济学家把效用作为人们福利的指标。所谓效用就是指人们的满足程度。"最大效用"的"最"字表示通过比较排序得来的，也就是说除了要实现效用最大化以外，效用的概念并没有其他独立意义，因此就有了序数效用论者否定了基数效用论的效用的绝对数值，效用只是用来描述偏好的一种方法，消费者行为理论是在消费者偏好的基础上完全重新阐述的。

所谓偏好就是爱好或喜欢的意思。在消费者行为的经济模型中，偏好被认为是人们按照自己的意愿对可供选择的不同商品组合的排序。排序的对象是商品组合，偏好的关系是一种运算的概念。在模型中，同时也给出了关于偏好的基本假设：完备性、传递性、反身性。在经济学"理性人"的假设下，偏好也有行为良好的假设，也就是理性的假设：单调性和凸性。模型中的商品组合是包括所有商品的，也就是说消费者根据偏好排序的商品组合中没有商品的差别，只有数量的差别。偏好是经济学中消费者行为理论中的一个重要概念，然而在经济模型中的许多结论，例如消费者均衡、边际替代率递减规律等都是在假设偏好给定的条件下得出的。经济模型中并没有研究对商品的偏好，也没有研究偏好是如何形成的，有什么样的个人差异。

旅游中的"偏好"并不完全是这种理性的，不仅是依据数量进行排序的。在旅游者进行决策的时候，偏好是一个很重要的影响因素，不能看作是给定的。旅游中的偏好实际是潜藏在人们内心的一种情感和倾向，引起偏好的感性因素多于理性因素。以往关于旅游偏好的研究都只停留在偏好内容层面，给出偏好的个体和呈现出的群体特征。

在消费者行为学中不像经济模型那样简单了。从某种意义上说消费者行为学研究的内容就是消费者的决策过程和影响决策过程的因素。这些影响因素可以分为三大类：个人因素、环境因素和营销因素。其中环境因素和营销因素都是通过个人因素来起作用的。心理学家的研究认为几乎人类所有的行为都包括某种形式的学习，因此，学习是一个影响人们行为的非常重要的因素。行为主义的学习观是把学习看成是外部事件引起的反应，这些心理学家强调可以观察到的行为，提议把内心过程看成是"黑箱"，也就是"刺激—黑箱—反应"理论。认知理论则强调内部心理过程的重要性。在皮亚杰的认知发展理论中有一个核心概念——图式。"图式"这一概念最初是由康德提出的，他把图式看作是"潜藏在人类心灵深处"的一种技术，一种技巧。皮亚杰把图式看作是动作或活动的结构和组织。在皮亚杰看来，图式是主体内部的一种动态的、可变的认知结构。他反对行为主义刺激→反应公式，提出刺激→AT→反应的公式，即一定的刺激被个体同化（A）于认知结构（T）之中，才能做出反应。个体之所以能对各种刺激做出这样那样的反应，是由于个体具有能够同化这些刺激的某种图式。皮亚杰认为，图式最初来自先天遗传，在适应环境的过程中，图式不断变化、丰富和发展起来。图式的发展通过同化和顺应两种形式进行，同化是指将环境中的刺激纳入并且整合到已有的图式中，顺应则是指按照刺激的要求改变原有的认知结构或创造新的认知结构，最终达成个体和环境的平衡，也就是形成了新的图式。简单地讲，图式就是人脑中已有的知识经验的网络。图式可以影响记忆、对注意对象的选择、对自我和他人的知觉。

建构过程：图式（旧）与环境互动—同化或顺应（机制）—平衡—图式（新）原有图式是一种平衡状态存在，在与环境互动过程中产生不平衡，通过同化或顺应达成新的平衡，新的图式建立了。循环往复，人的认知提高了。

基于图式理论我们提出旅游图式概念，所谓旅游图式是指旅游者在具体旅游行为发生之前在其头脑中存在的对旅游目的地的认知和情感结构。它对旅游行为而言是先在的，但又是动态可变的，其变化机制就是皮亚杰提出的同化、顺应和平衡。它对旅游动机激发、目的地选择、旅游行为模式和旅游在场体验都具有决定性的影响。比如人们为什么去开封体验大宋文化，去西安感受唐文化；中国人为什么一定要打卡长城、桂林；中国人游山为什么喜欢爬到山顶等，都是因为中国人头脑中的旅游图式，人们旅游是"按图索骥"。旅游图式是先在的，在旅游活动发生之前就已经存在，人们就是在这些旅游图式指引下产生旅游动机、旅游期望等，并直接影响旅游目的地选择和旅游体验的生成，它可以解释旅游者整个旅游活动过程。目前旅游体验范畴制造了多种概念，但是彼此没有明确的逻辑层级关系，互不统属，内涵和外延多有交叉，旅游图式概念可以统领大部分已有旅游体验范畴的概念，解释力强，使用效率高，比如旅游需求、旅游动机、旅游意向、旅游偏好、旅游期望、旅游认知、旅游满意度、旅游审美倾向等。旅游图式可以作为旅游体验研究的元概念，能够整合并统领其他概念，结束目前的混乱状态。深入研究旅游图式理论，整合已有旅游体验概念是我下一步的工作重心。

## 二、旅游魅力

目前旅游学术界对旅游目的地评价多采用旅游满意度指数和笼统的所谓旅游指数概念，它们在现实中和理论的内在逻辑自洽方面都存在严重问题。另外，旅游目的地吸引力表述效能低，在此我们提出旅游魅力和旅游魅力指数概念。

旅游偏好与旅游魅力是什么关系？偏好和魅力互为前提，对人而言无魅力难以产生偏好，无偏好则难以感受到魅力。世界第一运动足球，因为其巨大的魅力，所以喜欢者众，而不喜欢它的人就感受不到它的魅力。性感美女为男人所喜欢，对他们有巨大的影响力；男同性恋者不会喜欢性感美女，感受不到她的性魅力。下面介绍孙喜林和王晓丹关于旅游魅力的研究（2014）。

### （一）旅游魅力理论

#### 1. 旅游魅力概念

魅力，是一种自然流露出来的令人喜欢的感觉，一种能吸引人的力量。

旅游魅力可以界定为：旅游魅力是指人们对旅游对象物吸引力的感知。旅游对象物是指旅游者为完成旅游体验过程而从外部世界中主观选择出来并与之发生互动的客观实在。作为旅游魅力的载体，旅游对象物所散发出的吸引力即为旅游魅力。旅游对象物根据存在形态的不同可以分成旅游资源和旅游产品。因此，旅游资源相应的可以这样界定为能为旅游产业开发或者为旅游者所利用的客观实在。旅游魅力能影响旅游者选择前往某地旅游的意愿度；与此同时，由于旅游者在兴趣、认知、能力、经历等方面存在差异性，不同旅游主体对旅游魅力的感知亦不同。

管理学中的赫兹伯格的双因素理论可以为旅游魅力概念提供理论支撑。该理论认为引起人们工作动机的因素主要有两个：一个是保健因素，另一个是激励因素。其中，保健因素，是指使员工感到不满意的因素，主要与工作环境或工作条件有关，例如公司的政策、工作条件、薪水、地位、安全以及各种人事关系；激励因素是指能够使员工满意的因素，主要与实际工作内容有关。人们一般认为满意的对立面是不满意，但是赫兹伯格打破常规，指出满意的对立面是没有满意，不满意的对立面是没有不满意。在此基础之上，赫兹伯格提出保健因素不会让员工满意，但会消除员工的不满意，但也并不会因此使员工满意；而激励因素才会对员工起到激励作用，使员工达到满意。

根据这一理论，笔者认为在对某一旅游目的地进行评价时，必须要分清楚作为旅游魅力载体的旅游对象物与旅游支持系统各自对旅游者的作用。与双因素理论相对应，旅游魅力要素对旅游者而言相当于激励因素对员工的激励作用，是旅游决策的充分条件；而旅游支持系统相当于保健因素，是旅游决策的必要条件。旅游魅力要素对旅游者而言解决的是值不值得去的问题。旅游支持系统虽不能吸引游客前往某地，但如果不完善或达不到旅游者的要求，就会导致旅游者对该目的地的不满意。另外，旅游支持系统解决的是可行性问题，就是能不能去，属于旅游目的地可进入性范畴。从这个角度来说，旅游支持系统就是阻力因素，好坏程度就是阻力的大小，越好，阻力越小。

### 2. 旅游魅力的特征

旅游魅力由两方面决定，一方面是旅游目的地的旅游对象物自身的质量，另一方面取决于旅游者的感知。

旅游魅力特征：

①旅游魅力具有客观性。旅游魅力的载体是旅游对象物，它是一种客观存在；旅游对象物对于旅游者而言其自身的品质高低和数量多寡很大程度上决定了其对旅游者的吸引力大小。

②旅游魅力具有主观性。旅游对象物对具体旅游者的价值大小与个体的人格因素相关。

以上两点与美学中关于美的主客观性同理。

③对不同旅游目的地的旅游魅力大小可以进行比较，可以采用旅游魅力指数。

④旅游魅力有先在性。在旅游者实际前往某地进行旅游之前，他们心目中就已经有了对旅游目的地的相关评估，即行前感知。

⑤旅游魅力可改变。当旅游者实际去往某一旅游目的地之后，他们可以通过自己的亲身经历来重新对某地进行评价，即为游后感知。

## （二）旅游魅力指数与旅游满意度指数

### 1. 旅游魅力指数

为了测度旅游魅力的大小，笔者提出了与之相对应的测量指标，即旅游魅力指数。旅游魅力指数是专门衡量旅游魅力大小的标尺。旅游指数的核心是"旅游魅力指数"，这也使旅游学与经济学区分开来。现在的一些旅游指数测量基本拷贝了经济学的体系。

有学者提出过"旅游区吸引度指数"的概念,并采用"旅游区吸引度分析法"评价旅游区。但该方法基于的评价内容和选取指标从根本上来说依然是综合的,包含了与旅游相关的所有要素,也就是对旅游对象物和旅游支持系统的价值作用未加严格区分,这也是其他类似指数概念同样的问题。旅游指数框架图见图3-1。

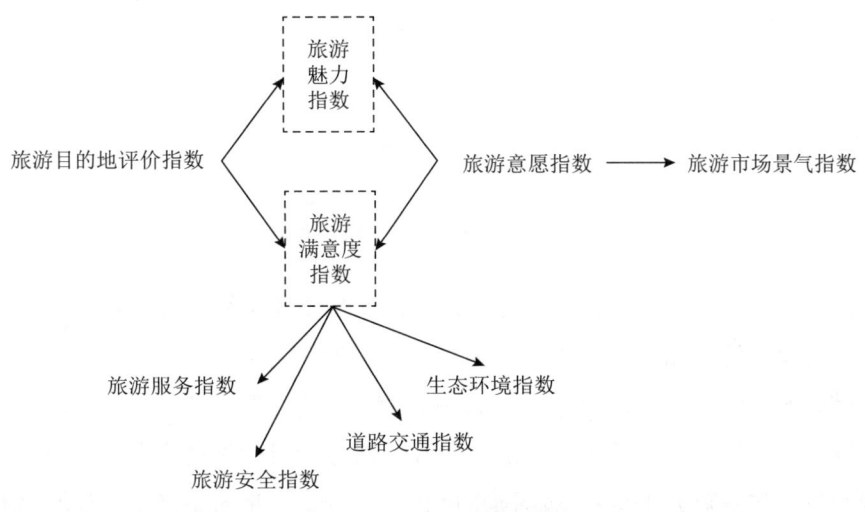

**图3-1　旅游指数框架图**

### 2. 旅游满意度的重新界定

在所有与旅游活动发生相关的要素中,将旅游对象物自身所具有的魅力要素从所有要素中剥离开来,是为突出其旅游价值的核心地位;而其他相关要素皆归入旅游支持系统之中。谢彦君认为,旅游支持系统是对旅游产品价值的追加包括各种媒介体产品如饭店、旅行社、交通通信等和处于支持层次的旅游者及旅游标志物。笔者在此把旅游支持系统界定为旅游目的地所拥有的所有与旅游活动相关的辅助设施和支持条件,即餐饮住宿、交通运输、旅行社、社会治安、生态环境等。与之对应,旅游满意度是指旅游者对旅游目的地的旅游支持系统的客观存在情况的满意程度;而旅游满意指数即是旅游者对旅游支持系统的满意度的测量尺度。根据双因素理论,旅游者对旅游支持系统的满意度是保健因素,也可理解成阻碍因素,支持系统中的某一项要素是否能令旅游者满意,其判断的简单标准为是否对旅游者前往某地起到了阻碍作用。对旅游者而言,旅游支持系统能起到的最大效用就是无障碍,而非从客观上比较其完美程度。因为交通系统等旅游支持系统并不以旅游的存在而存在,它们是为方便当地居民的日常生活而建,所以旅游支持系统只是旅游活动的一个必要条件。有关旅游对象物、旅游支持系统、旅游魅力及旅游满意度四者之间的关系见图3-2。

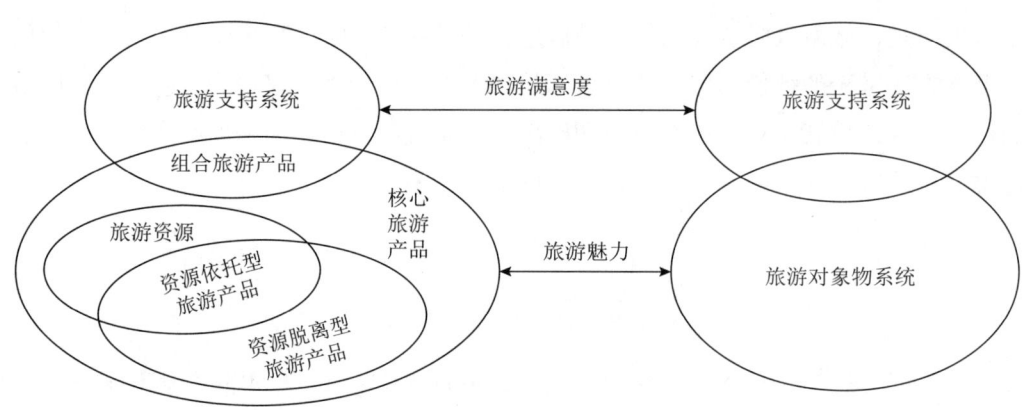

图 3-2 旅游目的地评价内容图

基于以上论述，新的旅游目的地评价指标体系的整体架构可以表述为：

旅游目的地评价指标体系 = 旅游魅力指标 + 旅游满意度指标

旅游目的地评价指数 = 旅游魅力指数 + 旅游满意度指数

该评价体系的评价对象是旅游目的地，即针对旅游目的地的竞争力。其中，旅游目的地评价指数、旅游魅力指数和旅游满意度指数分别是衡量旅游者对旅游目的地的整体评价、对某一旅游目的地的旅游对象物所具有的旅游魅力的评价以及对旅游支持系统的满意程度。

**3. 旅游魅力和旅游支持系统在游客满足感产生过程中的作用**

旅游魅力和旅游支持系统在游客满足感产生过程中发挥的具体作用是不同的。旅游魅力是旅游动机的启动者，它造就核心旅游体验。在此我们将旅游者与旅游对象物互动所产生的体验称为核心旅游体验，而对旅游支持系统产生的体验称为配属旅游体验。旅游对象物的魅力大小直接决定了旅游目的地发展空间以及存在价值的大小。旅游活动的实现需要多行业的相互配合才能得以实现；旅游魅力的引力作用和造就核心旅游体验作用并不否定住宿、娱乐、交通通信等设施的支持价值，二者是相辅相成的关系。旅游魅力是旅游活动的充分条件，旅游支持系统是必要条件。旅游支持系统既有保障旅游者活动的作用，也对原住民的日常生活提供支持。

**4. 旅游满意度评价体系指标的选取与指标要素的权重分配**

以往旅游满意度评价体系对带来满意的要素和带来不满意的要素在理论上未加区分，划分权重时也就一视同仁了，与经济指数区分度不大。另外，旅游满意度评价体系内涵模糊，实际应用价值不大，甚至带来混乱，与旅游者经验常识相悖。以 2009 年 3 月中国旅游研究院和国家旅游局质量监督与管理司联合开展的"全国游客满意度调查"项目为例，参照为调研而编制的问卷以及这五年来的各季度报告，会发现每一季度的排名或多或少都存在一定的问题。比如，2011 年第一季度，宁波在满意度排名中居榜首，紧随其后的依次为北京、成都、无锡、上海；2012年第二季度报告中排名前五名的是上海、南京、黄山、苏州、沈阳，沈阳排在了第五名，位列成都和厦门及其他众多城市之前。面对这样的结果，人们根据经验常识即可判断这一结果的不可靠性[①]。对于2011年宁波位居榜首，李仲广解释说宁波虽然不是每个指标排名都靠前，但是综合起来排名居首。有学者为了回避此类指数存在的严重缺陷认为不同旅游目的地不能相互比较，这实际上已经否定了这类指数存在的价值和意义。经济学的各种指数可以在全世界互相比较，这就是它的科学性和实际价值。

携程从2009年发起的百万网友评选年度"最佳旅游目的地"活动，连续三年的评选结果如表3-1所示。

表3-1  百万网友评选年度"最佳旅游目的地"结果

| 年份 | 十大中国最佳旅游目的地 |
|---|---|
| 2010 | 北京、香港、黄山、上海、九寨沟、三亚、平遥、丽江、青岛、成都 |
| 2011 | 丽江、三亚、九寨沟—黄龙、香格里拉、杭州、厦门、桂林、成都、北京、上海 |
| 2012 | 三亚、丽江、北京、厦门、桂林、杭州、九寨沟—黄龙、上海、成都、青岛 |

比较"全国游客满意度调查"和网友的评选，后者似乎更靠谱，更接近常识。

在对旅游目的地进行考察并评价时，要想避免重蹈覆辙，就必须强调旅游魅力的主体地位，弱化旅游支持系统对旅游活动的作用，以此避免由于地区经济发达而使得旅游支持系统的作用被夸大。鉴于此，本文提供的新视角下的旅游评价工作思路如下：

①通过专家对旅游魅力要素进行权重分配，并计算出各自分值；确定旅游魅力指数的基准，淘汰缺乏魅力的旅游目的地。所谓的旅游魅力指数的基准，即为吸引旅游者前往某一旅游目的地旅游的旅游魅力的最低标准，亦为旅游魅力指数的最小值。这个标准一经确定，不得轻易变动。

②对达到旅游魅力基准以上的对象进行旅游支持系统要素的指标选取与权重分配工作，并计算出旅游满意指数。然后，根据旅游魅力和旅游满意度两个指标的相对重要性进行权重分配。此时，在赋予指标权重时，要始终遵循突出旅游魅力的原则。之后计算出各自的加权平均数，进而通过分值的大小对参评对象进行比较并排行。如此反复，根据实际情况对权重进行修正，符合实际才是根本。一个有效的指标评价体系需要两到三年或者两到三次调查，经过不断地调整才能最终稳定下来。这个评价体系如运用于实践中，则需几年的时间加以检验和修正，才能最终成为完整体系。基于旅游魅力的旅游目的地评价工作流程图如图3-3所示。

---

① "全国游客满意度调查项目"简介 http://www.ctaweb.org/html。

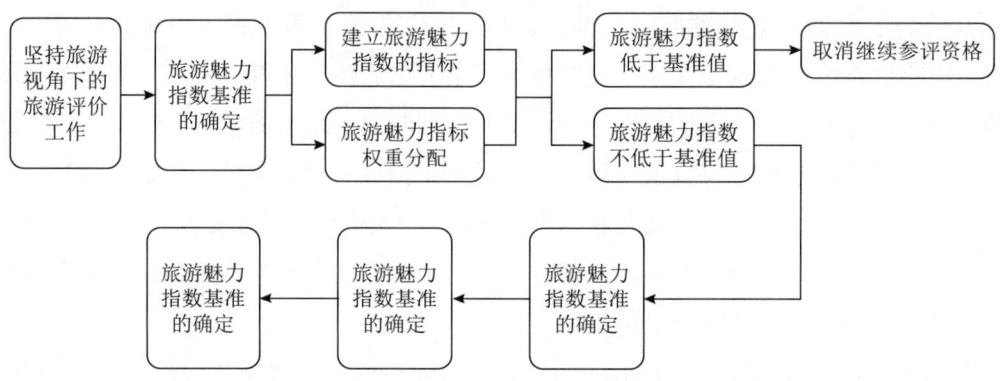

图 3-3 基于旅游魅力的旅游目的地评价工作流程图

在整个旅游评价与实际考察的过程中，需要始终遵循的一个原则：旅游魅力指数居于主导地位。为了凸显旅游魅力的重要性，在进行评价时先用专家评价法将未达到魅力基准线的目的地筛掉，然后进入正常的评价渠道，将旅游支持系统纳入评价体系之中，考量它在整个旅游活动中的作用。

旅游目的地评价体系要始终坚持以旅游对象物所投射出的旅游魅力为核心的原则，再考虑旅游支持系统在旅游活动中所起到的辅助作用。任何与旅游相关的评价体系都应该以旅游自身所特有的魅力为主体。

### 三、旅游偏好形成的心理机制

旅游偏好研究的另一个重要路径是探索其个性层面形成的心理机制以及旅游偏好的类型。下面介绍孙喜林和林婧在这方面的研究。

#### （一）心理印刻的基本理论

**1. 概念的起源**

1910 年，德国行为学家海因罗特在实验过程中发现一个十分有趣的现象：刚刚破壳而出的小鹅，会本能地跟在它第一眼看到的自己的母亲后边。但是，如果它第一眼看到的不是自己的母亲，而是其他活动物体，它也会自动地跟随其后。1935 年奥地利生物学家康拉德·劳伦兹对灰腿鹅（或幼鸭）进行了一项不寻常的实验。他把灰腿鹅生的蛋分作两组孵化。第一组由母鹅孵化，孵出的雏鹅最先看到的活动物是它们的母亲，于是母亲走到哪儿，它们就跟到哪儿。第二组鹅蛋放在人工孵化器里，雏鹅出世后不让它们看见自己的母亲，而让它们最先看到劳伦兹本人。于是劳伦兹走到哪儿，小鹅跟到哪儿，小鹅把劳伦兹当作"妈妈"了。随后劳伦兹把两群小鹅放在一起，扣在一只箱子下面，让母鹅在不远的一边看着。当劳伦兹把箱子提起时，受惊吓的小鹅朝两个方向跑去：记住母亲的那些小鹅朝母鹅跑去，记住劳伦兹的朝劳伦兹跑来。劳伦兹把幼鹅的这种学习行为命名为"印随",指处于刚出生的幼小动物追随环境中第一个看到的物体学习的现象,也叫作"印刻"(李长岷,1982)。

印刻现象不仅存在于动物界中,在人类中也存在。按照印刻现象的定义是动物向出生后看到的第一个物体学习,也就是会沿袭这个动物的习性。但是在后来的研究中渐渐发现,印刻现象发生会有一个关键期,而且不同动物的关键期会不同,研究一般认为越是高级的动物关键期来得越晚,持续的时间越长。因此,人类的印刻和动物的印刻是不同的,是需要一个较长时间的学习过程的。本文在印刻的基础上提出心理印刻。

### 2. 心理印刻的定义

心理印刻是指关于人生中的重大事件或者在关键期对个体心理倾向的形成产生重大影响的经历的深刻记忆(林婧,2012,孙喜林指导)。

印刻现象的发生通常具有关键期,即个体生活中对印刻有最高敏感性的某一时期,对某些物种,它还是印刻得以发生的唯一时期。同样,心理印刻也有关键期,这个关键期通常是儿童期(包括幼儿期、童年期、青春期)。对于儿童来说世界是新奇的,刚出生的婴儿脑中是一张白纸,写上什么就是清晰的什么。所以人们会对儿童期的记忆异常深刻。而这种记忆又常常被埋藏到潜意识中,难以被意识到,但是却仍残留在他的心里并在无意识中使他形成一些特殊的观念,这些观念总是影响着他的思想、感觉和生活,但他自己却又很少能够意识到这种记忆对自己行为与情感的支配。

童年期有思维发展的一次质的飞跃。青春期是成长中的矛盾期,是生理发展与心理发展的不平衡期,这个时期是心理断乳的重要时期。也就是说这个时期是对外界刺激的敏感期,是心理印刻形成的关键期。这个时期发生的事情对人格的形成有重大影响,人格一旦形成就具有相对稳定性,而人格常常又是影响人们的态度、倾向及行为的决定性因素。因此这个时期记忆的影响会贯穿整个人生。

所谓的重大事件是指对当时的个体来说具有重要意义的事件,并不一定是社会上发生的大事件,也就是说是否重大的判断标准并非是客观的,而是主观的,对自己来说重要就是重大的。

### 3. 心理印刻的形成和唤起

心理印刻的定义中包含两个重要因素:关键时期和重大事件。也就是说心理印刻的形成要么是在关键时期,要么是有重大事件或者二者兼而有之。关键时期形成心理印刻是带有一定的生理基础的,因此也可以称为生理印刻。记忆的空白、思维发展的飞跃和身心发展的矛盾,使心理印刻形成成为可能。

心理印刻的唤起实际上就是眼前的场景与心中所印刻发生共鸣。共鸣的原意本是指发声器件的频率与外来声音的频率相同时,它将由于共振的作用而发声的现象。这里的共鸣是指眼前场景与心中印刻产生共振与感应的情形。共鸣离不开对场景的深入感受和理解，是情感、想象等多种心理功能达到强烈程度的表现。因此，心理印刻一旦被唤起就将明显地对人产生强大的影响力。

（1）场所依恋（place attachment）

"场所"或者"地方"（place）是一项很热门的研究。"场所"（place）是相对"空间（space）"提出来的。空间只包括地理位置和物质形式两个没有文化的成分。段义孚于1976年首次提出"场所"概念，并将"场所"作为人文地理学的研究中心。他认为场所是"在世界活动的人的反映，通过人的活动，空间被赋予意义。也就是说场所具有文化因素，是使社会模式在空间范围内运作具体化的一个概念。场所是人类生活的基础，在提供所有人类生活背景的同时，给予个人或集体以身份感和安全感。对于"场所"这个概念，现存的所有相关概念基本包括三个部分——地理位置（location）"、物质形式（material form）以及它拥有的价值和意义（value and meaning）。

段义孚发现"场所与人之间存在着一种特殊的依恋关系"，并于1974年提出"恋地情结（Topophilia）"概念——恋地情结是人与场所之间形成的感情联系，这种感情联系是人对地方的关系、感知、态度、价值观和世界观的总和。之后瑞弗（Relph）于1976年提出"场所感知（sense of place）"概念——场所感知是人与自然以某种美妙的体验为中心的结合，这种体验和意识集中于某些特别的设施。他们是存在于现实世界的基于体验的现象，现实的物体正在进行的活动似乎都充满了意义，变成了个人和社区特性的重要来源，这种特性经常是人存在的深刻的中心，带着强大的情绪和心理联系。威廉姆和罗根布克（Williams & Roggenbuck）于1989年提出"场所依恋（place attachment，PA）"的概念。场所依恋是人与场所之间基于感情、认知和实践的一种联系，其中，感情因素是第一位的。

场所依恋实际上包括功能性依赖和精神性依赖。功能性依赖体现资源及其提供的设施对想要开展的活动的重要性。精神性依赖则指个体与客观环境的依赖关系是依靠一个与该环境有关的个人有意或无意的想法、信仰、偏好、感觉、价值观、目的、行为趋向和技巧综合形成的复合体而形成的。因为场所依恋中感情因素是第一位的，也就说场所依恋更强调精神性依赖，或者说功能性依赖也会逐渐增加感情的因素而不再仅仅是对功能的依赖了。

心理印刻的唤起可以形成场所依恋，这可以用心理学中的"刺激—反应"理论来解释。但是个体对环境的反应需要有中间阶段的分析来解释，因为这个中间阶段赋予了人们所接受到的环境刺激以个人的意义。实现刺激与反应的中间阶段是人的主观心理因素，也就是说人的反应是在特定环境中客观因素刺激与主观心理因素相互作用的结果。据此，场所依恋可以用以下公式来表示：P（场所刺激：自变量）→O（中介变量）→A（依恋反应：因变量）。（周慧玲，许春晓）公式中P和A都很明了，要弄清楚这个公式关键就是要知道这个中介变量是什么。从前文的论述中不难得出结论，这个中间变量就是心理印刻。场所依恋是由场所刺激引起，即场所唤起了心理印刻，而依恋是人的心理印刻被唤起后的反应。因此，从场所刺激到场所依恋实际上经历了一个相当复杂的中间过程，即，心理印刻被唤起，并且对人的认知和情感起到强烈的影响作用。

（2）仪式依恋

仪式，起源于古典神话和宗教，所以早期的人类学中对仪式的研究也是从古典神话和宗教渊源开始的。虽然学术界对仪式还没有一个统一的定义，但通过学者的研究可以得出仪式的特征，如表3-2所示。

表3-2 仪式特征表

| 仪式特征 | 简要描述 |
| --- | --- |
| 群体性 | 仪式一定是在群体中发生的，个体的活动不能成为仪式 |
| 符号性 | 仪式中一定包含各种具有象征意义的符号，这些符号成为仪式的核心要素，缺少了这些符号，就不会是完整的仪式 |
| 象征性 | 仪式中的符号都是具有象征意义的，而且一个群体的仪式是可以象征这个群体的文化的 |
| 重复性 | 仪式具有传承文化的作用，这种作用正是依靠仪式的重复进行而一代一代传下去的 |
| 时间、地点的特定性 | 仪式只有在属于它的时间地点才有意义。否则，仪式就将只是一个活动，失去了它的文化意义 |

根据以上特征，本文采用如下定义："仪式是指充满象征性符号的热闹激情的画面，是一个群体在重大事件和重要时刻形成的一种程式化的活动形态。"不同的群体有不同的仪式，因此，仪式可以成为识别群体差异的标志。从群体的内部来说，仪式也是群体中自我认同的标志，认同了一个群体的仪式，就说明融入了这个群体。（李河）

日本的石川荣吉在《现代文化人类学》中将仪式分为：一是一年中的例行节日和活动（annual calendric ritual）；二是通过礼仪或人生礼仪（rites of passage, life-cycle calendric ritual），如诞生、命名、成人、结婚、丧葬等；三是状态礼仪（ritual sofcircumstance），即消除灾祸的仪式。

仪式最核心的功能在于能够传承文化。另外，仪式还具有其他社会功能，例如仪式可以创造民族集体感、群体归属感和群体认同感，仪式可满足人的社交需要。除了这些社会功能以外，仪式能对人们产生一种心理层面的影响，重复进行的仪式可以印刻在人们的心理，使人们形成心理印刻。

仪式依恋是相对于场所依恋而言的。虽然场所中也包含文化因素，但是场所还是主要强调地理位置和物质形式。所以仪式依恋主要强调文化因素，指人们的活动。仪式依恋与场所依恋的形成机制是类似的，可以用公式：R（仪式刺激：自变量）→O（中介变量）→A（依恋反应：因变量）来表示。只不过这里的刺激变成了仪式，中介变量依然是心理印刻，只不过是依赖于仪式产生的心理印刻。当人们参与仪式时会和心中依赖于仪式形成的印刻发生共鸣，也就是心理印刻被唤起，然后对人产生影响进而产生依恋。

很多中年人对童年时过年的情景有着非常深刻的记忆，而那种记忆就会影响他现在过年时的行为与情感，也就是他们童年时过年的仪式形成了一种心理印刻。而年轻人对过年的记忆就淡化了很多，等到现在的小孩子长大的时候可能就对过年没什么特殊的记忆了，因为现在过年的仪式已经不那么隆重了，表现为仪式消失和仪式弱化。弱化体现在形式和内容两方面。就是说它缺乏仪式性，也就难以在人心中产生仪式感，导致这些孩子不能对过年形成心理印刻。

### （二）心理印刻的分类

从不同的维度对心理印刻进行分类：

#### 1. 按照人群性质划分

按照人群性质可以分成个体印刻和群体印刻。

①个体印刻是由于每个个体的成长经历不同而形成的不同的印刻。个体印刻强调个性。

②群体印刻是同一生活背景下人们的共同成长经历而形成的心理印刻。群体印刻强调共性。

#### 2. 按照形成因素划分

按照心理印刻形成的文化、空间、时代等因素的不同，心理印刻又可以分为地域印刻、时代印刻、组织印刻和特殊印刻等，具体如表3-3所示。

表3-3 心理印刻的类别：形成因素的分类

| 心理印刻类别 | 典型例子 |
| --- | --- |
| 地域印刻 | 生活在同一地域的人们的共同印刻，也就是亚文化印刻，比如中国人的心理印刻、美国人的心理印刻，或者南方人的心理印刻、北方人的心理印刻等 |
| 时代印刻 | 指一个时代背景下的人们的共同印刻，比如知青的心理印刻、文革印刻、超级玛丽现象等 |
| 组织印刻 | 在同一组织文化的熏陶下，经过类似的训练所形成的印刻，比如北大人的印刻、解放军的印刻等 |
| 特殊群体印刻 | 指一些生活背景比较特殊的群体的印刻，比如"富二代""红二代""星二代"等的心理印刻 |
| 文化印刻 | 成长和生活在同一文化背景下，文化就会使这个群体形成共同的文化印刻，如"不到长城非好汉"对国人旅游的影响，江西婺源"梦里老家"广告就是依托国人共同的文化记忆 |

#### 3. 按照形成时期划分

心理印刻按照形成时期的不同可以分成成长印刻和成年印刻。

成长印刻，顾名思义，就是在成长过程中形成的印刻，包括童年（包括婴幼儿期）印刻、青春印刻。

童年和青春期是形成心理印刻的关键时期，又可称为关键期印刻。童年是形成记忆的初始时期，已知的世界是空白，从童年期开始逐渐填补这个空白，刚刚填补进去的往往是记忆最深刻的，对以后的人生观、世界观的形成起到关键的作用，也就是说这个时候很容易形成心理印刻，如"妈妈的味道""年味"等。

青春期是个体成长的矛盾时期，身体发育发生重大变化，使他们有了"成人感"——以为自己已经成熟，但是这时候面临身心发展的不平衡，他们在知识、经验、能力方面并未成熟，只处于半成熟的状态，这就造成了成人感与半成熟现状之间的矛盾。青春期的心理状态并不成熟，这时候是心理断乳的重要时期，从心里想要摆脱对长辈的依赖，但是心理能力又明显滞后于自我意识，所以这时候的个体就是一个矛盾体。青春期情感、人格都处于不稳定的状态，容易受到外界的影响，出现波动，因此在这段成长经历中的事情很容易形成印刻，影响整个人生，如不忘的初恋、知青情结等。

成年印刻，也就是人成年之后的印刻。人在成年后分成两个阶段，青年期和中年期。到了青年期和中年期，身心发展都已经成熟，人格也相对稳定，不会再因为一些小事就出现较大的波动，因此这时候形成的心理印刻也会相对较少。但是，如果发生一些重大事件，比如战争、中国的"文化大革命"、汶川地震、美国9·11等经历，同样会深刻地埋藏在记忆中，可能影响以后的人生轨迹。所以这时候也还会形成心理印刻，但这两个时期的心理印刻通常都是一些重大的突发的事件引起的。

**4. 按照内容构成划分**

按照内容构成成分，心理印刻分为认知印刻、情感印刻、意志印刻。

认知印刻是由于对某事物的特殊认知而形成的印刻。认知就是人们认识外界事物的过程，或者是说对作用于人的感觉器官的外界事物进行信息加工的过程。它包括感觉、知觉、思维、想象等心理现象。因为童年期和青春期是对外界事物认知的重要时期，所以认知印刻也多发生在这两个时期，也就是说认知印刻多是关键期印刻，如对中国符号的认知。

情感印刻是由情感积聚而形成的印刻。典型的是明星依恋，姚明、刘翔、李娜、宁泽涛等之所以拥有巨大的影响力，就是他们承载了国人饥渴的情感。另外，体育俱乐部拥趸、仇日情结等现象也属情感印刻。

意志印刻，也可以说是行为印刻，是通过对意志行为的完成而形成的印刻。意志行为就是有意识、有目的并且通过克服困难才能完成的行为。意志行为需要确定行为目标、选择行为方案并做出决策。在确立目标的时候常常会遇到一些动机冲突，比如双避式冲突、双趋式冲突、趋避式冲突、双重趋避式冲突。一般这个时候遇到的冲突越激烈、矛盾越尖锐、选择越困难越容易形成心理印刻。在确立目标之后，就要制订计划来完成目标，这一过程常常会遇到各种挫折，这时就需要有勇气去面对困难，有智慧去灵活地调整计划，以便完成目标。在这一过程中，付出的努力越多越容易形成心理印刻。

**5. 按照印刻形成的发生方式划分**

按照印刻形成的发生方式可以分为初始印刻和反复印刻。

初始印刻是指首次见到某一事物留下的深刻印象所形成的印刻，也就是平常所说的首因效应、第一印象效应。当官的总是很注意烧好上任之初的"三把火"，就是力图给别人留下良好的第一印象。另外，童年经历、初恋等能让人一生难忘，也是初始印刻的结果。

反复印刻是指某一事物反复出现从而使人形成的印刻。比如像机械记忆就属于反复印刻，通常所说的日久生情也是反复印刻。某一事物在一个人生活的某一段时间总是反复地出现，总是会使人对此留下深刻印象，甚至会改变以后的生活习惯、人生方向。

**（三）心理印刻与旅游**

不同的心理印刻使得人们形成不同的旅游偏好，而旅游偏好通常又是旅游决策中的决定性因素，因此可以说心理印刻引发人们不同的旅游行为。由于心理印刻存在个体差异，所以旅游决策和旅游体验是非常个性化的，又因为心理印刻有一定的群体特征，所以旅游行为也具有群体性。在旅游目的地设计时就要把握旅游行为的群体特征，为具有相同心理印刻的一类人提供针对性服务。旅游项目设定、项目内容设定都直接与人们的心理印刻高度相关。心理印刻应该成为旅游规划策划的科学依据。

心理印刻不但为解释和了解旅游偏好提供了正确路径，还是旅游体验品质高低的重要影响因素。在旅游中旅游目的地或者旅游项目就是唤起心理印刻的刺激。学者研究普遍认为旅游中的参与程度是衡量体验品质的一个重要因素，心理印刻被唤起的程度越高，旅游者的介入、卷入程度也就越深，其旅游体验就越强烈。如果眼前的场景没有与心中的印刻发生共鸣，那么旅游者心理介入程度就会相对较低，得不到高质量的旅游体验。

例如怀旧旅游，就是旅游企业以旅游者心理印刻为依据营造旅游项目，以此招徕客人。怀旧（nostalgia）一词来源于希腊。nost 源自希腊词 nostos，意思是回家，algia 源自希腊词 algos，表示痛苦忧伤，连在一起的意思是因思慕回家而陷入忧伤、痛苦的状态。在 17 世纪时，怀旧被医生诊断为一种致命的疾病。19 世纪早期到 20 世纪初，怀旧被认为是一种心理症状有如抑郁。后来"怀旧"一词逐渐远离医学范畴，慢慢融入社会，开始指向个人意识和社会文化趋势。随着怀旧越来越成为备受关注的社会现象，其原始的心理学意义开始淡化，而社会学意义逐渐凸现出来。现代意义上的怀旧是人们对过去生活的一种情感记忆。在大多数人的心中，怀旧总被想象成一种不言而喻的感觉。

它是某种朦胧的、有关过去的审美情愫，不仅象征了人们对那些美好的却又一去不复返的过往的珍视和留恋，还隐含了人类的某种情感需求。

"乡愁"是今天中国被广泛认同的概念。怀旧旅游是疏解乡愁的最佳方式。狂飙突进、野蛮生长的中国现代化进程，剧烈的生存环境变化，迅速的社会身份改变，使得人们的乡愁越发强烈，同时又使乡愁变得无处安放。回不去的家乡（家乡早已物非人非）、解不开的乡愁成为现代中国人普遍的心结。这恰恰为旅游产业提供了方向和契机。根据国人的乡愁营造相关旅游项目，我们的口号是："解乡愁，来旅游"。何以解乡愁之忧，唯有旅游，它既是旅游界的目标，也是旅游界的社会责任。人们前往与本人的人生历程具有某种特殊联系的地点参观探访，是一种怀旧之旅。怀旧是因为某种刺激唤起了心中的印刻，使人产生深刻的感受。怀旧在某种意义上支撑着人们的存在感，用现在的时髦语就是"刷存在感"。旅游有"刷存在感"的价值，怀旧游更是深层意义上的"刷存在感"。现在，怀旧旅游在中国大行其道，其相关产业已经成为中国旅游产业重要的构成。美中不足的是旅游学术界对怀旧旅游的理论研究并没用跟上脚步。

如果说具体旅游项目是手，心理印刻就是弦，找到旅游者的心弦，用对应的旅游项目之手拨动，就会奏出美妙的旅游体验之音，进而赢来旅游业的春天。

# 第四章  旅游体验分类

## 一、旅游体验类型划分问题

旅游体验研究已成为学术热点问题之一，旅游学家 Prentice 对旅游体验理论进行归纳总结，将其概括为 5 种体验理论模式，即体验等级理论、体验目标行为理论、体验标准理论、体验类型理论和局内—局外人理论。在这 5 种旅游体验理论当中笔者关注到体验类型理论，现阶段对体验类型在研究中处于混乱状态。Cohen（1979）认识到旅游者个体的差异性，是旅游体验类型划分的先行者。他最早提出排遣放松、逃逸、生活存在、行为以及身心体验五种体验模式。随后众多学者基于此提出了自己的分类方法和分类结果。如今 40 年过去了，学界对旅游体验分类仍旧停留在加一个再加一个或是今天改一个词明天改一个字的状态，旅游体验类型的划分依据不明确，研究缺少规律性，截至目前仍旧没有出现比较认同的分类（佟新阳，2020，孙喜林指导）。

本研究基于文献的梳理总结，探索旅游体验类型划分的新标准。笔者发现当下存在的一些旅游体验现象"愉悦"说不能充分对其解释，因此文章针对目前流行的"愉悦"——综合性快感进一步细分，探讨在不同场域主要的体验是哪一类型，并对体验产生的机制进行剖析，以求进一步完善旅游体验类型理论。

鉴于此，笔者提出以下四个问题：
①旅游体验类型划分的标准是什么？
②现阶段大众旅游场域主要有哪几大类型？
③不同场域为旅游者提供的主要体验是什么？
④场域之下体验的生成机制是什么？

## 二、文献综述

### （一）体验词义解读

哲学家黑格尔曾说过："哲学基础概念定义上的差异会影响哲学的整体结构"，由此可见概念的明晰对于理论体系构建的意义。因此在正式分析旅游体验之前，有必要对"体验"一词的词义进行深入的剖析。体验（experience）最初来自拉丁文

"experientia",有实验、尝试、实践(experiment)之意(贾媛媛,2008)。"experientia"是由希腊文"emperia"引用过来,哲学家亚里士多德最早对"emperia"的形成进行解释:"emperia"是由感觉产生的多次相同记忆串联组成。本文对于 experience 的理解首先通过查阅《牛津高阶学习大词典》《柯林斯英语词典》《剑桥美国英语词典》《辞海》等,对其中英文释义进行仔细分析,以期准确理解体验(experience)的本质内涵,具体内容详见表 4-1。

表 4-1 体验(experience)中英文词典解读

| 词典 | 词性 | 英文 | 中文 |
|---|---|---|---|
| *Oxford Advanced Learner's Dictionary*[①] | 名词 | 1. the things that have happened to you that influence the way you think and behave | 发生在你身上的、影响你思考和行为方式的事情 |
| | | 2. the knowledge and skill that you have gained through doing something for a period of time, the process of gaining this | 通过一段时间的工作获得的知识和技能,以及获得这些的过程 |
| | | 3. an event or activity that affects you in some way | 以某种方式影响你的事件或活动 |
| | 动词 | 1. have experience of, undergo | 经历、体验、感受 |
| | | 2. feel(an emotion etc.) | |
| *Collins COBUILD Dictionary*[②] | 名词 | 1. Experience is knowledge or skill in a particular job or activity, which you have gained because you have done that job or activity for a long time. | 体验是特定工作或活动中的知识或技能,是你长期从事该工作或活动而获得的 |
| | | 2. Experience is used to refer to the past events, knowledge, and feelings that make up someone's life or character. | 体验指构成某人的生活或性格的过往事件、知识和感受 |
| | | 3. An experience is something that you do or that happens to you, especially something important that affects you. | 体验是你所做的事情或发生在你身上的事情,尤其是影响你的重要事情 |
| | 动词 | 1. to participate in or undergo | 参与、经历、被感动 |
| | | 2. to be moved by | |
| *Cambridge Dictionary*[③] | 动词 | (the process of getting)knowledge or skill from doing, seeing, or feeling things: or something that happens to you that affects how you feel | (获得)知识或技能的过程,通过做事、观察或感受事物;或发生在你身上的影响你感受的事情 |
| 《辞海》 | 体验 | 通过实践认识周围的事物,亲身的经历或亲身的感受 | |
| | 经验 | 由多次实践而得到的知识或技能,亲身经历 | |
| | 经历 | 亲眼见过、亲身做过或遭遇过;亲眼见过、亲身做过的或遭遇过的事情 | |

---

[①] https://www.oxfordlearnersdictionaries.com/definition/english/experience_1?q=experience.
[②] https://www.collinsdictionary.com/dictionary/english/experience.
[③] https://dictionary.cambridge.org/dictionary/english/experience.

experience 英文词典解析，其共同点强调个人直接参与、产生影响、印象深刻的感受或是知识技能的获取。experience 译成中文就有经验、经历、体验之意，《辞海》中这三个词有具体的解释，在这里我们要对"体验""经验""经历"做一下区分，对照英文词典解析，重新理解定义三个词的含义，以防止在概念上的误用。

经验、经历和体验均有亲自参与的含义，但它们有所区别。"体验"最早有明确的记录是在《淮南子·泛论训》中陈述"圣人以身体之"，这也是现今理解"体验"。"体验"强调实践中体会、了解、感受。对照英语词典解释即：个人感受的特别的情感或是难忘的事件。经验是通过数次体验、经历，加之学习后而获得知识或技巧等，对照英语词典解释即：通过实践的了解认知，从而学习获得技巧或是相关知识。经验有直接经验和间接经验之分，间接经验可以从他者之身得到，并不要求个体直接参与。当次体验过后再回忆追溯则属于经历。通过对 experience 英汉对照分析可知，体验在时间顺序上是 experience 的源，比经验和经历更注重自身的参与和所获得的感觉，重点倾向于从感性维度了解事物。体验更注重时间的当前性，体验可以说是一种直接得来的经验（不经过后期的学习过程），经验和经历侧重后期的总结，具备理性的特征，时间维度属于过去而非当下。因此，我们可以重新理解体验（experience）一词的特征：

①直接性（directly）：对事件直接的了解，而不是从别处知道某事物。

②主体在场（embodied）：个体亲自参与，具身性。

③心理感受（feel）：感受到……的影响；体会到……的情感；具有……印象。

明确 experience 的深层次含义之后，我们再次回到旅游体验的分析上，此时我们必须明确体验旅游和旅游体验的不同之处。"体验"旅游，"体验"做动词存在，此时强调的是内容+过程，即旅游者体验的是什么，是旅游，旅游者对旅游做了什么，去体验了它。旅游"体验"，"体验"做名词，此时更多是强调结果，即旅游者参与体验的结果如何。现有旅游体验的分类如教育体验、娱乐体验等，详细内容见表4-1，虽然是强调体验结果，但是实际操作中却是按照体验内容去给体验分类，是体验旅游的范畴，不能叫作旅游体验，操作中存在内容和结果的不对等嫌疑。

**（二）各学科对体验的释义**

"体验"作为一个具有丰富内涵的集合，目前不同学科对其概念存有差异性的理解，例如"体验"在哲学、心理学、美学、经济学、文化学等学科中含义都不完全相同。因此在研究时需要在多个层次进行描述，以减少各学科间的误解。我们不需要对体验进行最终全面的定义，实际操作中也不大可能实现，但可以通过各个学科对体验的概念解读来理解体验的内涵所在。

**1. 哲学视角下的体验**

哲学界是最早接触"体验"的，研究成果也较为丰富，著名的哲学家如席勒、柏拉图、狄尔泰、海德格尔、伽达默尔等都曾对体验进行过论述。哲学界对体验内涵的分析有本体论和认识论，认识论的观点认为体验是一种认知方式，本体论的观点认为体验更多是人的一种情感。哲学研究中注重体验主体理性与非理性的思辨，西方哲学家中最早关注体验的要从柏拉图的"迷狂"说谈起。"迷狂"有情感高涨、超然外物、物我两忘等特点，柏拉图祈求将救赎的理想依附在迷狂体验上（谢彦君，2005）。另一位学者是席勒，他提出的"游戏体验"领先了柏拉图，超过了那个时代的所有哲学家，席勒把体验推崇到一个新的层次，试图用它来阐明社会和人生基础性的问题（王一川，1998）。德国哲学家狄尔泰以"erlebenis"（德文"体验"之意）专指"生命体验"，"erlebenis"开始是作为一种生命的经历，其结果便是内心之中的形成物，比一般认识更为深刻和活跃。海德格尔认为就存在者被体验和成为体验而言，存在者才被看作存在着的，他提出"物我两忘"的主客二元论（陈嘉映，1999）。我国学者陈才（2009）基于哲学的视角将体验视为感性的代名词，体现的是人的情感，是一种认识和把握世界的方式。

在哲学范畴中体验是用心灵去体会世界，是一种感性认知。体验基于存在而产生，但是实质上又超越存在，是关于生活和存在意义的真理。

**2. 心理学视角下的体验**

体验是心理学的一个基本概念，体验产生于外部与内部世界间的互动，在心理学领域体验强调内在体会，从认知心理学、行为心理学等视角分析体验者的心理反应。马斯洛开创的"高峰体验"指出，体验可能是令人敬畏的时刻，也可能是短暂但是强烈的幸福感，这种体验会使人进入忘我、奇妙、全身心投入的状态。与"高峰体验"相类似的是 Csikszentmihalyi（1990）提出的"福乐"（flow），旅游学翻译成"畅爽"，也是从心理学的角度解释体验的感觉，他指出畅爽是指人们在活动中产生的一种最优体验，当人全身心投入自己喜欢的事时，会达到一种物我两忘的状态。

越来越多的心理学学者对体验进行研究，多数学者认为体验是在外界刺激下的一种心理反应。例如我国学者任俊编著的《积极心理学》说明体验是人对刺激做出的心理反应，其表现方式大多通过情绪，因此体验又称情绪体验（任俊，2006）。孙喜林（2016）指出情绪是体验的外在显示，体验的根本属性是主体人对刺激做出的心理响应。谌莉（2003）认为体验产生于个人心智与事件互动的作用，其本质仍旧是人的生理反应之一。窦清（2003）认为体验者心理感受的激发，应该在体验者高度参与的前提下，同时营造适宜的环境氛围。

**3. 经济学视角下的体验**

在经济学领域，体验的研究始于"体验经济"的发展。1970年阿尔·托夫勒提出了 Experience Industry 的概念，这是在经济学领域首次出现 experience。体验经济的到来使经济学界开始重视"体验"的经济效益，自1999年 B.Joseph PineⅠ撰写的《体经济》出版之后，探索体验的内涵逐步成为经济学专家学者的研究重点。体验是一项全新的经济产品，作为一种个人专属的感觉，它的形成需要个体的高度参与，在经济学领域因为其具有"难忘"的特征而和其他商品进行区分（B.Joseph PineIⅡ，2002）。菲利普和斯坦（2013）认为体验是客户感知和评估，其来源于客户的直接或是间接相关的消费行为。窦清（2003）指出社会各界都开始关注 experience，希望 experience 可以最大程度为企业经济发展创造出一条新的途径。

**4. 美学视角下的体验**

美学研究者将体验与人生、艺术相连接，注重对体验主体的情感、存在、精神等心理作用的审美分析。爱伦·坡（1988）认为："美感作为人的一项本能，寄托在人的精神深处恒久不变；美的冥想、静观是纯洁的、强烈的快乐源泉"。王一川（1988）指出体验存在于艺术中，其可使人沉醉、触动，是对存在状态、生命领悟更具生机、新一层次的审美经验。刘旭光（2017）认为在当代美学中，体验除了生命化的个人感受，还包括了真知，在中国文化中体验还具有生命的意义、情感投入和想象自由等内涵。现代性体验以审美作为本真形式，其是对生存意义的基础性把握（杨春时，2015）。审美体验是审美活动的主要构成，而现实审美体验来源于生命体验（陈伯海，2011）。

通过学者对审美体验的论述，我们可以看出美学体验是通过审美而形成的身心体会，美学研究的体验追溯其根源仍旧是心理学上的体验感。

综合哲学、经济学、美学、心理学等学者的观点，笔者认为体验是用身心去领会的过程，倾向于从感性维度了解外物。作为一种复杂的心理现象，体验产生于主体和客体之间的互动，其在实践中强调个体在亲自从事的过程中所获得的直接的心理感受。

**（三）旅游体验理论**

旅游学家 Prentice 对存在的所有旅游体验理论进行归纳总结，将其概括为 5 种旅游体验模式理论：体验标准理论、体验目标行为理论、局内人—局外人理论、体验等级理论和体验类型理论。体验标准理论认为旅游体验应具有一定的挑战性，使旅游者处于一种忘我的状态，以实现对"舒畅""刺激""沉浸"的追求。该理论是从心理学的角度确定最佳的体验标准，但体验作为身心参与过程和结果的主观感受，会因个体的差异在体验深度、强度、层次有所不同，以此来区分体验旅游与一般旅游是一项十分苛刻且单一的标准。就实际情况来看，"忘我"状态对旅游者来说也是极少出现的，所以如此划分也缺少了实际意义。

体验目标行为理论分析了旅游体验产生的过程。该理论认为旅游体验是有特定目标的行为，旅游者在环境的刺激下产生体验需求，需求产生动机，动机驱动行为，行为实现后改变内外环境，是一个反复循环的过程。环境的刺激不仅来自外部的刺激，还与人们对知识的内在需求和好奇心有关。体验目标行为理论在旅游领域得到了充分的运用，可以此解释、预测旅游者的体验行为。

局内人—局外人理论解释了旅游者的行为模式,该理论指出长久居住在旅游地的居民可作为局内人存在,而初次到来的旅游者则属局外人。局内人应该为局外人的体验提供适当的指导,方便旅游者理解当地标志性事件的特殊含义。随着网络的发展旅游者可以多途径了解局内人的信息,以局内人的视角更好地促进理想体验的形成。这一理论为旅游者更好的体验提供了一条路径。

体验等级理论和体验类型理论是旅游体验的核心。体验等级理论是借鉴马斯洛需求层次理论划分的结果,金字塔形状,其体验深度层次有一个逐渐加深的过程。从某种意义上说体验等级理论是标准理论的细分。体验类型理论指出具有不同需求的旅游者所追求的旅游体验也不尽相同,该理论认识到了旅游者的差异性。Cohen 是最先尝试对体验进行分类的旅游学者,但是目前对体验的划分还存在较大的争议,各说其是,因此对旅游发展的指引没有发挥应尽的作用,这也是本文欲进行突破的地方。

**(四)旅游体验本质内涵**

Boorstinc(1964)首次提出旅游体验,他强调体验的负面作用,认为其在实质上是偏离态的活动,是一个时代疾病症状的体现(欧清玲,2011)。MacCannell(1973)构建了"本真性"研究范式,将现代旅游体验阐述为颇具意义的宗教仪式,后期学者更多注重旅游体验的贡献,认同旅游体验带来的正面效应。例如 Arould & Price(1993)认为旅游体验可以使旅游者进一步确认身份,在体验过程当中可以获得更加真实的事件和故事。Wearing B(1996)指出旅游体验作为一种心理感知,它产生于个体与旅游空间的互动。Ryan(1997)在前人研究的基础上将旅游体验概括为一种休闲活动,其具有综合性特征,娱乐成分和求知成分共存。学者 Buda(2014)提出情感转向应作为旅游体验的重要研究内容。

就旅游者个体而言,旅游体验很大程度上是旅游者个体的逃避和寻求。旅游者之所以选择去旅游是因为对现实世界不满,心理产生了缺失和不足,将解决的希望寄托在对理想世界的追求上。旅游体验是对"愉悦"的寻觅,其中包括世俗愉悦和审美愉悦两大部分(谢彦君,2005)。尽管旅游愉悦追寻过程中可能出现焦虑、失望和痛苦,但是并不影响其最终愉悦的实现。愉悦是旅游者在旅游过程中获得的各种心理快感。孙喜林(2011)认为:旅游学的研究对象是旅游活动,也就是旅游者行为,简称旅游行为,旅游行为的核心是旅游体验行为,旅游体验行为有两类,分别是刺激体验和安乐体验,其对应的旅游形态分别是观光游和度假游。这两种体验行为的终极核即旅游的两个本质,分别是刺激寻求和安乐寻求。

**(五)旅游体验类型**

通过文献整理可以发现体验类型划分众说纷纭,在学术界没有一个统一的认知标准。依据现存体验类型，本文重新理顺思路，按照体验过程（场前体验、在场体验、场后体验）和体验状态（深度、强度）两方面将现有体验类型进行汇总。

**1. 依据时间顺序划分**

（1）场前体验

依据谢彦君提出的旅游场概念，旅游体验可划分为场前体验、在场体验和场后体验。

这里场前体验并非旅游者动机、心理预期，而是强调时间性，即旅游者进入旅游场域之前。目前存在的体验分类大多数是基于场前体验进行，这其中包括依据体验动机、体验目的以及体验内容和形式等进行划分。

Cohen（1979）是最早尝试对旅游体验进行分类研究的学者，他指出旅游者因个体的差异导致体验需求不同，另外不同的旅游体验对不同的旅游者具有不同的意义。Cohen将体验分为5种不同类型：休闲、排遣、获取经验、实验、存在，其划分标准是依据差异性的体验内容而言的，他们分别代表娱乐消遣、行为体验、生活存在、逃逸放松、身心体验等体验方式。Cohen这个观点为后续旅游体验开创了新的研究路径，使旅游体验的研究更聚焦于用户的个体性和差异性。B. Joseph PineI Ⅱ和James H. Gilmoree（毕崇毅译，2012）在《体验经济》一书中提出了"4E"的观点，以环境相关性和体验者参与程度的差异为基础，将旅游体验归为审美、逃避现实、教育以及娱乐四类，位于中心地带的就是包含四个领域最丰富的体验。虽然B. Joseph PineI Ⅱ的分类方法不完全适用于旅游，但还是被众多学者所接受并且产生了深远影响。

我国学者在场前体验分类的研究成果也很丰富。邹统钎（2003）通过梳理旅游体验类型理论，在B. Joseph PineI Ⅱ和James H. Gilmore的基础上增加移情体验类型，通过移情旅游者可以短暂地处于他者营造的场景之中，从而达成自我逃离和情感转移的目的。针对"4E"模型在描述历史街区的旅游价值上存在局限性的问题，刘佳明、刘堂（2010）以福州市三坊七巷为案例地进行探索，增添了社交生活和文化教育两种新的元素，将旅游体验类型扩展到"6E"。谢彦君（2005）从最终结果性出发，将旅游体验的愉悦性划分为审美、补偿、遁世、极端和认知五种体验模式。牛君仪（2014）依据活动内涵将旅游体验分为四大类，分别是刺激型、文化型、归旧型和娱乐型。贾一诺，谢彦君（2018）依据表演视角将旅游体验类型划分为仪式、移情与游戏三大表演类型。华成钢等人（2020）使用文献研究法，识别六种新型旅游体验：服务改善体验、社会联系体验、心理收获体验、精神休闲体验、分享共生体验、利他服务体验。

（2）在场体验

在场体验是指在目的地的体验。近些年随着旅游研究的深入，在旅游体验的研究中出现了少部分从心理感知对体验进行研究的学者。作为结果感知类型的体验，目前已被学术界研究证实的有地方感、异地感、敬畏感、穿越感、仪式感。

地方感作为人文地理学的重要概念，是人与地方互动形成对地方的情感联结（段义孚，1974）。目前地方感在旅游学研究中已被广泛引用借鉴，其普适性得到了初步的验证。地方感理论和局内人—局外人理论最为相关，但是这其中涉及一个问题，即作为局外人的旅游者在转化为局内人的过程中，地方感能否形成以及地方感的程度值得商榷。

异地感作为一种心理状态，其以认知为主导且包含情感等多种因素（李惠，2018）。异地感产生的原因在于旅游者置身新的场域时，其自身会与惯常生活环境进行比较，随着场域特征的不同旅游者心理反应也随之改变，异地感由此而生。旅游现象的发生其一特点便是异地，所以异地感作为一个概括类的词在旅游体验中具有广泛的适用性，可以这样说，凡是涉及旅游体验，都会有异地感的产生。

敬畏感是个体原有的思想认知受到宏大挑战而产生的情绪反应，通常参与其中体验者会感受到一种宏大的力量，并感知到自我的渺小（Shiota、Keltner、Mossman，2007）。例如大自然中见到高山、大树、海岸，人们往往会因其雄伟、壮观而感叹它的神奇之处，除此之外人造景观如古建筑遗迹、宗教圣地或是惊人的艺术创作等都会促使敬畏情绪产生（Picard，2012）。

旅游体验的穿越感我们经常能听说，以学术身份正式提出来是在学者周广鹏的博士论文中，穿越感界定为个体通过某种媒介或者活动感觉自己回到了过去或者到达了未来，具体表现为历史感和未来感。例如清明上河园的打造无论是物理景观还是文化景观，都在全力复原东京汴梁的繁华景象，游客走在其中仿佛穿越千年。

仪式感界定为在仪式或仪式性事件中，人们通过亲自参与或观看并融入特定的仪式情境中，使其自身的认知、情感与行为达到高度一致时所产生的一种混沌的心理状态（孙喜林、王晓丹，2014）。在仪式理论中，Van Gennep 的阈限理论中的阈限阶段，Turner 的仪式过程理论中的共睦态以及 Graburn 的旅游仪式理论中的神圣阶段，这三个巅峰状态中都隐含着一种摸不透也解释不清楚的东西。

（3）场后体验

通过事后回忆对旅游体验进行划分主要体现在满意和忠诚两个维度上，其是体验好与坏评价的重要标准。游客满意度最初源于顾客满意度，侧重于游客自身主观视角的用户体验，虽二者的应用领域有所不同，但核心都是聚焦于用户主观的满意程度。旅游学者对游客满意度的研究多和期望理论相联系，研究方法的选择上多是定量的实证研究。

**2. 依据体验状态划分**

（1）体验深度层次

目前现有的旅游体验分类方法，相对完善的方法就是基于层次去划分，这是借鉴了马斯洛需求层次理论的思路。

Richard（1998）依据内容将旅游体验从高到低分为五个层次，分别是创造愉悦、价值共享、获取知识、摆脱紧张、享受自然，体验层次有一个逐级升高的过程。Bernd（1999）基于心理学理论和生理学理论，将体验分为个体体验（感觉、情感、思考、行动）和群体体验（亲近）两大方面共计5种类型。李钰（2012）将旅游体验分为情感、感官、认知三个方面。在对山水旅游体验的研究中，马宝建、张茵（2009）从情绪情感角度将体验划分为感知、认知、审美和超验四类。

（2）体验强度

Csikszentminhlyi（1988）提出了"畅爽"概念，即沉浸理论。"畅"是最佳体验标准，旅游体验应具有一定的挑战性，使旅游者沉浸其中，处于一种忘我的状态，以实现对"舒畅"和"刺激"的追求。Vitters等人（2000）基于情绪两极性理论，提出衡量旅游畅爽体验的方法：是否愉快、是否有趣、是否具有挑战性、是否能持续性地吸引游客的兴趣以及呈放松还是紧张状态。由于畅爽体验"忘我"状态对旅游者来说极少出现的，单一的畅爽概念缺少了实际意义。

除此之外还有一些常识性分类，因缺少一定程度上的学术研究故而无太大的现实意义。例如按人的意愿，体验可分为主动体验和被动体验；按照本人是否在场且亲身参与体验可以划分为虚假体验和真实体验；按体验的形态可分为封闭性体验和开放性体验；根据体验的性质还可以分为静态体验和动态体验等。具体分类及框架详见表4-2、表4-3、图4-1、图4-2，内容源于笔者对相关文献的归纳总结，因篇幅限制仅作典型列举，并不局限于此。

表4-2 旅游体验类型内容划分示例

| 研究者 | 年份 | 划分依据 | 旅游体验类型 |
| --- | --- | --- | --- |
| Cohen | 1979 | 体验方式 | 休闲、排遣、获取经验、实验、存在 |
| Bernd | 1999 | 心理学理论 | 感觉、情感、思考、行动和亲近 |
| 邹统钎 | 2003 | 旅游动机 | 5E：娱乐、教育、逃避、美感和移情 |
| 谢彦君 | 2005 | 体验内容 | 审美、补偿、遁世、极端、认知 |
| 宋咏梅 | 2006 | 旅游需求 | 娱乐消遣、逃逸放松、知识教育 |
| 刘佳明 | 2010 | 体验视角 | 社交生活、情感升华、遁世逃避、休闲娱乐、文化教育、审美怀旧 |
| 贾一诺 | 2018 | 表演视角 | 移情型表演、仪式型表演与游戏型表演 |
| 华成钢 | 2020 | 文献研究法 | 服务改善、社会联系、心理收获、精神休闲、分享共生、利他服务 |

表 4-3 旅游体验类型层级划分示例

| 研究者 | 年份 | 划分依据 | 旅游体验类型 |
| --- | --- | --- | --- |
| 龙江智 | 2009 | 意识深度 | 感官、认知、情感、回归、灵性 |
| 马宝建、张茵 | 2009 | 情绪体验 | 感知、认知、审美、超验 |
| 修静 | 2010 | 参与程度 | 初级、失衡、一般、形式、最佳 |
| 李钰 | 2012 | 心理刺激 | 感官、认知、情感 |
| 黄向 | 2014 | 心理结构 | 孤独、成就、高峰 |

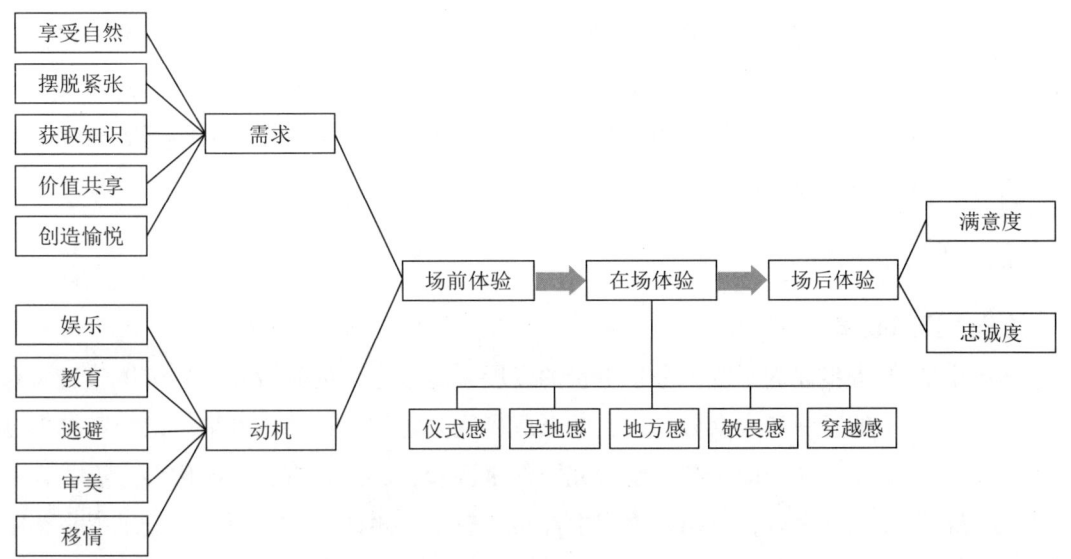

图 4-1 体验分类整合：按照体验过程分类

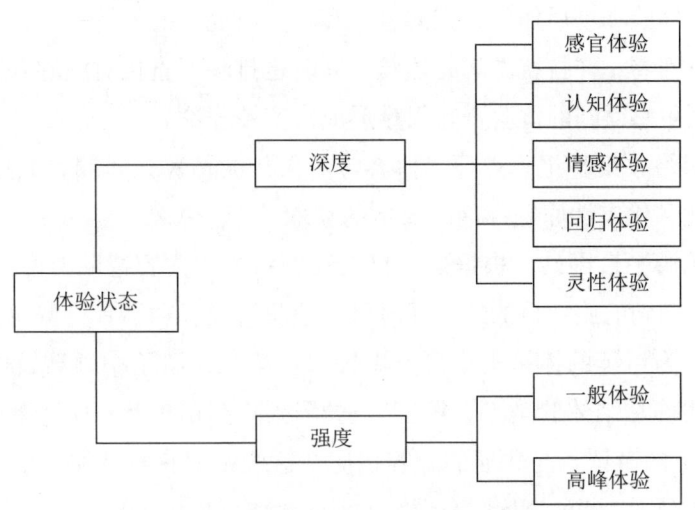

图 4-2 体验分类整合：按照体验状态分类

### （六）场域理论

在物理学磁场的启发下，法国社会学家皮埃尔·布迪厄提出场域理论。布迪厄指出，场域（Field）强调关系的存在，它是位置之间的一个构型或者是类似于一个网络（李猛、李康译，2014）。我们可以将场域理解为一个系统，里边包含各种客观关系，场域既可以是一个具体的地点，也可以作为抽象的概念存在，以资本交换为中心的社会关系和权力斗争是场域内的鲜明特征。社会学研究中认为社会是由相对独立的小的单元组成，呈现分化的特性，每一个单元都是一个客观存在有规律的空间，具有逻辑性。与社会学家布迪厄（Bourdieu，1992）提出的场域理论本质不同，勒温是在心理学视角下对情境进行分析，研究行为主体在具体情境中的行为和心理，突出人的情感和人格，注重对行为主体人的动力研究，心理学场域注重主体的能动性以及情境的当前性，是一种更加侧重于在微观视角下根据人的内心去探索行为主体的理论。本研究是基于场域的心理学概念去深入探讨体验内涵。

## 三、研究设计

### （一）资料收集

移动网络的进步促进了线上分享平台的发展，越来越多的旅游者在旅游体验过后自愿选择将旅程中的感受和大众分享，由此形成了网络游记。近些年网络游记内容越来越多样化，形式丰富。就目前旅游体验研究资料来源看，游记具有突出的优势，第一，游记是旅游者在体验结束后，自愿将旅程中经历、感受、想法、意见用文字记录下来，不会过度美化也无广告成分，其就像即时的朋友圈一样，大部分内容都是旅游体验的真实感受，在研究结果的真实性上有极大的保障；第二，笔者在截取游记内容时选取的是在场体验，非场前体验和场后体验，在内容上和本文研究目的保持一致；第三，游记的获取不会像采访、问卷一样打扰游客的体验，同时也排除了直接对旅游者采访产生的陌生感，因打扰和陌生感得到的体验资料很难形成真实性理论。

笔者通过网络收集游记、点评、博客等有关旅游体验的资料，其中游记是主要部分。兼顾广泛性和代表性原则，网络文本的获取选择了携程、去哪儿、马蜂窝、途牛、驴妈妈等多个旅游平台网站。根据研究目的在网络文本内容选取上遵循以下三个原则：第一，游记须有明确的旅游目的地，同时目的地旅游吸引物具有典型性，以方便了解其所在旅游场域，为后续的体验类型研究做铺垫；第二，游记中须涉及体验的情绪、感受等内容，能明确总结体验类型；第三，选择近期（2019年1月至2019年12月）浏览量在1000以上的游记，与普通的游客相比，这些游记有着更加深刻明晰的体会，特别是心灵层面的体验感悟，以此保证内容即时性和可信度。按照以上三条原则进行相关网络文本的获取，平均每个场域获取10篇以上典型游记，初期获取资料总篇幅字数

231 895 字。

### （二）文本预处理

由于文本数量众多，加之文本内容有部分和研究目的无关，因此在正式分析之前对文本进行精简预处理，将其中过于冗杂并和研究不相关的内容进行删除，例如景区路线指导、联系方式、景点介绍性文字、美食制作教程等，同时将文本资料的英文词汇转写成汉字。精简过程中坚持不修改原则以保证原始材料的真实性。精简后的文本资料根据场域名称分别予以编号，例如娱乐场域：YL-01，以此类推，将编号后的文本资料分类存档。文本资料预处理过程中笔者坚持撰写备忘录和研究日志，以方便下一步编码分析工作。经过预处理后的文本资料总篇幅 183 560 字，样本数量及来源详见表 4-4。

表 4-4　样本数量及来源

| 来源 | 数量 |
| --- | --- |
| 马蜂窝 | 23 |
| 携程 | 4 |
| 途牛 | 7 |
| 去哪儿 | 12 |
| 驴妈妈 | 3 |

### （三）文本编码流程

通过类属分析和扎根理论的途径对已有编号的文本资料进行理论提炼。扎根理论主张由下至上从原始资料建立理论，最早由哥伦比亚学者格拉泽（Glaser）与斯特劳斯（Strauss）提出。扎根理论由 3 个步骤构成：资料收集、资料分析编码、理论生成。编码作为扎根理论研究最基础也是最重要的步骤，共分为三个环节：开放编码（open coding）、主轴编码（anxial coding）、选择编码（selective coding），这也是本研究的重点。在对原始资料编码过程中运用类属分析，将文本资料反复出现的现象予以概念化，依据相同性和差异性原则归入相应类别并将类别命名。根据研究的需要本文对旅游体验类型和生成机制进行编码分析，最终形成理论。

## 四、旅游场域类型理论研究

### （一）旅游场域的定义

旅游场域这一理论范畴是基于勒温的场域理论提出的。龙江智（2005）指出可以提供旅游者好奇、愉悦、审美等心理满足的体验剧场都可视为旅游场（Touristic Field），旅游场包含一切可以被旅游者感知的因素。谢彦君、徐英（2016）认为旅游场域是旅游者行为发生的当下情境，其由两个基础构成，其一是外在物理场，其二是旅游者主观心理，两个基础构成一个心物场。旅游者自从出家门后踏上旅途的那一刻起，随着场域的变化，旅游者体验也在发生着改变（李海霞，2010）。旅游体验发生在个人内心和身体之中，由于其贯穿整个旅游情境，所以随时可能出现各种情况，其结果取决于旅游场域刺激和体验者对刺激做出的反应（谢彦君、樊友猛，2017）。

旅游者在体验过程中，周围的气氛、环境、设施等均可构成一个场域。据此可以定义旅游场域，即旅游体验行为发生的当下情境，这其中包括旅游者心理感知以及一切可以被旅游者所感知的外在因素。

**（二）场域类型划分过程**

场域不是虚的，也不是空间的实，是旅游者体验节点时所涉及众多因素的空间综合体，包括物理场所、环境、氛围、关系、互动等很多内容，从心理学角度可以理解成"情境"。场域作为一个空间综合体，旅游者在体验过程中，任何一个体验的节点，其周围的情境、氛围、关系、互动等均可构成一个场域。环境、氛围、关系、互动等如同磁场，看不见摸不着，但是客观存在，以往的研究忽略了"场域"概念。

由于场域不是实在的物理场所，作为虚实结合的空间综合体很难直接对其进行分类。此时要另辟蹊径，依据场域的起源对其分类进行逻辑推演。旅游场域是旅游体验行为发生的当下情境，包括旅游者心理感知以及一切可以被旅游者所感知的外在因素。旅游者所感知的外在因素中，物理场是基本的存在，是体验生成的根基，在旅游体验产生中发挥着物理依托的基础性作用。另一方面，物理场在设计之初，要结合自身实际情况确定场域为旅游者提供的旅游活动，由此，可以根据物理场提供的活动类型对旅游场域进行系统的划分。

逻辑推演步骤如下：

NO.1：旅游者出游动机（客观存在）决定了其选择的旅游活动类型。

NO.2：不同的旅游活动会产生不一样的体验类型。

NO.3：体验节点发生受制于旅游场域的作用。

因此，

NO.1：旅游场域不同体验类型就不同，场域相同会产生同样的体验类型。

NO.2：体验类型不同，所以参加的旅游活动类型就会不同。如果活动类型相同，会产生相同的体验类型。

NO.3：因此旅游活动类型可间接区别旅游场域类型。

旅游场域类型逻辑推演过程如图4-3所示。

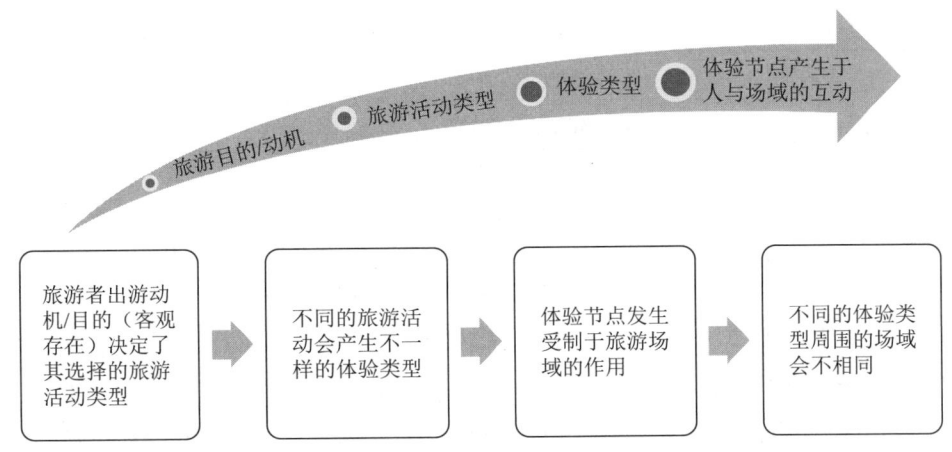

图 4-3 旅游场域类型逻辑推演过程

在场域类型划分上需要解释一个逻辑上的循环问题：在场域视角之下，体验产生于旅游者个体与场域的互动，场域作为客观存在，其决定了旅游者体验类型。这样会有一个客观存在决定体验类型逻辑前后顺序的问题。首先说这样的理解的确没有问题，场域确实决定了旅游者体验，但是大前提是旅游者在最开始有选择场域的权利，即旅游动机/目的，随后选择相应的旅游活动，因此本文在推演逻辑上具有合理性。

### （三）场域类型划分结果

通过对相关文献的回顾，笔者总结了目前较为常见的旅游活动类型划分，当然除此以外还有很多其他分类这里不一一举例，具体内容详见表 4-5。仔细分析表中的分类标准和结果可以发现，不论是哪一种分类都难免会和其他标准下的分类结果发生交叉，很难具排他性。比如观光游可能同时也是国内游、近程游、散客游、事务性旅游或者是铁路游等。学者李天元认为出现这种情况是正常现象，因为旅游活动类型的划分是认知旅游的一种手段，其本身不能作为最终目的。换句话讲，不能为了分类而分类，而是应该借助这一分类去分析和认识某一特定的问题，追求统一的划分标准不仅没有必要，在操作中也不大可能实现。因此对于旅游活动类型的研究，理应在理解常用的划分依据和标准的基础之上，学会根据自己的研究目的去选择合适的分类标准，这样的研究才更具有实际意义。

表 4-5 旅游活动类型

| 分类标准 | 分类结果 |
| --- | --- |
| 地理范围 | 国内游、国际游、区域游等 |
| 旅游距离 | 远程游、近程游等 |
| 活动形式 | 团体游、散客游等 |

续表

| 分类标准 | 分类结果 |
| --- | --- |
| 费用来源 | 自费游、公费游 |
| 交通方式 | 徒步游、航空游、铁路游、汽车游等 |
| 活动内容 | 观光游、度假游、体育游、朝圣游以及专项游等 |
| 出游目的 | 消遣性旅游、事务性旅游等 |

本文通过逻辑推演方法，依据物理场提供的活动类型，对旅游场域进行系统的分类。结合研究的需要笔者选择的分类标准：依据内容对活动类型进行划分，进而区分场域类型。通过对文献的总结梳理共计提取出八大旅游场域，其中涉及观光场域、休闲康养场域、娱乐场域、竞技场域、文化科普场域、情感追溯场域、精神感化场域以及复合场域。旅游场域类型划分结果如图4-4所示。

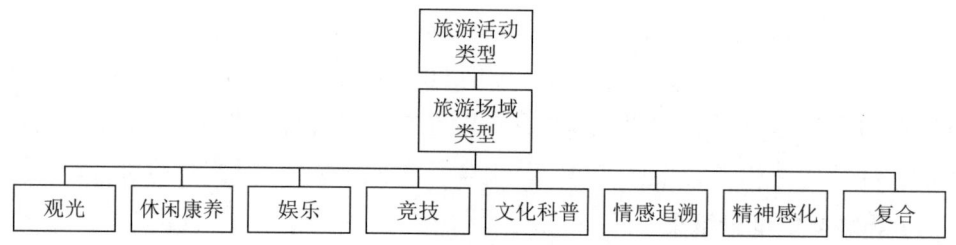

图4-4 旅游场域类型划分结果

旅游者出行通常不止是一种角色，在旅游过程中往往会参加多种活动。例如大多数旅游者观光的时候——观光场域，参加了科普文化活动——文化科普场域，之后又去泡了中药温泉——休闲康养场域，而这个温泉位于深山的寺庙旁，体验者恰巧是个信众，于是其又去朝圣——情感追溯场域。这一系列现象足以见得旅游者的角色多样性和参与活动丰富性的特点，这也恰恰呼应了谢彦君提出的"旅游者的心理场会随着物理场的迁移而不断地发生着改变，这一现象开始的时间节点就是旅游者出门踏上旅途的那一刻起"。在逻辑起源上可以总结出，物理场因旅游活动内容的不同而具有不同类型特点，随之产生的是不同的心理场。

**1. 观光场域**

观光场域是人类社会起源最早、最普通、最基础的旅游场域类型，也是目前我国旅游场域类型的主体。其主要特点是对旅游吸引物以静态观赏为主，参与和交流程度相对较低，典型吸引物例如民族风情、自然风光、都市风貌、重大建设成就等。旅游者在场域内参观游览，从中获得视觉享受、娱悦身心。一般来说知名度较高的观光场域较受旅游者青睐，场域内季节性较为明显。

### 2. 休闲康养场域

休闲康养场域具有幽雅清静、风景优美、空气新鲜的环境氛围，旅游者在此可以享受与日常完全不同的生活环境，使身心得到舒缓，实现消除疲劳、放松身心或者是疗养、增进健康、治疗慢性疾病等目的。地点涉及海滨、温泉、幽山、森林等众多环境幽雅的地方，常见的形式表现为乡村游、海滨游、森林游、疗养游、避暑游、温泉游等。休闲康养场域是观光场域基础上的提高层次，旅游者由动（观光旅游位置不断移动）转向静（在一地休闲放松疗养）。

### 3. 娱乐场域

娱乐场域受旅游资源的制约较小，多为非自然景观，产品内涵丰富，活动形式灵活多样，注重主题和特色设计，具有欢快、热闹的环境氛围，为大多数人喜闻乐见。场域内旅游者以放松、娱乐、尽兴为目标，是人们调节生活节奏的重要场域。由于娱乐场域所含内容众多，笔者这里将其划分为参与式娱乐场域和非参与式娱乐场域。参与式娱乐场域强调个人参与性，旅游者较多追求具有刺激性的项目，在参与中获得乐趣，例如主题公园的游乐项目、漂流、草原篝火晚会、旅游节庆（类似啤酒节、泼水节）等；非参与式娱乐场域内环境气氛感染力强，旅游者能很好地融入其中，例如景区的旅游演艺、体育赛事、明星演唱会等。

### 4. 竞技场域

竞技场域主要特点是旅游者在场域内具备竞技心理，其为了战胜对手或是突破自我，会最大限度地发挥个人能力。参加者通常需要经过一定的训练，具备相应的技能才可以收获体验。例如一些体育运动项目如马拉松、象棋围棋大赛、滑雪、赛龙舟、帆船比赛，以及一些高难度刺激项目如蹦极、高空跳伞、滑翔机等。此处与其他场域似乎有重合的一面，这里有必要做一下区分。对于竞技场域和其他场域的区别取决旅游者的动机，体验者参加某项体育项目如健走、游泳等不出于竞技比赛目的，只是为了寻求欢乐则属于娱乐场域范畴；还有徒步、登山等以观赏景色为目的则属于观光场域所涉及范围。这也是本文竞技概念区别于传统体育旅游概念所在。体育旅游内涵广泛，所涉及内容众多，和其他类旅游相互重叠，在实际中发挥的价值十分有限。

### 5. 文化科普场域

文化科普场域内科学文化内涵丰富，旅游者可以在此了解异国他乡的生活方式、风土人情、传统文化等内容，加深对旅游目的地历史、艺术、民俗、地理、科技等方面的理解，实现交流成果、开阔视野、增长知识的目的。寓教于乐、寓学于游，场域有着增长知识和扩展视野的重要作用，参与者往往具备较高的文化素养和求知欲，常见的形式有历史文化旅游，遗址遗迹旅游，名人故居旅游，电影节、音乐节旅游，修学旅游以及各种科技文化博览活动等。

#### 6. 情感追溯场域

情感追溯场域通过特定事件、氛围以及赋予事件的意义等来满足旅游者对内心缺失情感的诉求。当下旅游情感追溯场域主要的表现形式有宗教朝圣旅游和怀旧旅游。保继刚、陈云梅是国内较早一批研究宗教朝圣旅游的学者，在国内具有一定影响（谢若龄、吴必虎，2016）。笔者这里借鉴保继刚对宗教朝圣旅游的界定，他指出宗教朝圣旅游不仅包括纯粹以求法、朝圣为目的的狭义宗教朝圣旅游，还包括兼具其他动机在宗教地进行的游览观光，二者共同的特点是希望在旅途中获取某种程度心灵的解放与救赎。作为一种古老的旅游形式，宗教朝圣旅游具有一定的周期性和规律性，庙会、祭祀是其重要组成部分，二者促使旅游活动达到高潮。宗教教义给予信徒终极关怀，使他们内心感到温暖，满足信徒内心归属的需要。世界范围内信教人数众多，其教义活动又独具周期性和规律性特征，因此宗教朝圣旅游是一个巨大而稳定的旅游市场。怀旧旅游是社会高速发展的产物，人们由于压力致使的不确定性，心理开始渴望回归"旧时光"。怀旧旅游通过对旧时事物的再还原，可以勾起旅游者对过去的回忆，重拾曾经内心印象深刻的情愫，以此补充个人在当前社会生活中的情感缺失。怀旧旅游有个人怀旧和集体怀旧两种形式，个人怀旧主要表现在眷恋故土、留恋家乡、怀念儿时场景等，集体怀旧表现在对某个时代的记忆，例如上山下乡、改革开放、80后90后等具有时代记忆的阐释。

#### 7. 精神感化场域

精神感化场域内涉及具有某种意义的重大历史或事件，旅游者在此精神会受到感化，激发某种积极向上的意志。精神感化场域典型的旅游形式有黑色旅游、红色旅游以及部分朝圣旅游。黑色旅游（Dark Tourism）指人们到负面事件发生地去参观，例如痛苦、悲剧、死亡发生地。在我国著名的黑色旅游有南京大屠杀纪念馆、5·12汶川地震遗址。红色旅游是我国独有的旅游形式，红色指的是中国共产党在革命战争时期经过艰苦卓绝的斗争留下来的具有教育意义的纪念地、纪念物等，旅游者在此开展参观游览和缅怀学习等活动（庄东泉，2006）。旅游者通过对精神感化场域的参观了解，可以达到教育自我珍爱生命、和平，把握当下、热爱生活、尊重劳动以及促进每个人发挥自己光与热的目标。精神感化场域给体验者以精神上的感悟，具有深刻的启发和意义。

#### 8. 复合场域

复合场域综合前七类中某两个或者是更多场域于一体。例如度假场域就是典型的复合场域，集休闲康养+观光+娱乐等内容于一体，提供的体验类型是综合体验。还有一些小众旅游均属于复合旅游场域，这里不加以论述。

### （四）场域视角划分体验类型优势价值

关于旅游者出行旅游活动类型选择，现在已基本上达成共识，大众旅游者出游无非观光游、度假游、休闲游、康养游、朝圣游等。以观光游为例，无论是学界还是社会均公认了这三个字所代表的含义内容，而不像"审美体验"这样虚无缥缈，百家之言，各说其是。观光行为发生之时，周围情境和旅游者个人会形成一个特定场域，而体验产生于人与场域的互动，此时可以分析旅游者的体验。这个路径会更为直接，属于在场体验的研究，而不是依据体验内容无穷尽地去分析探讨。

目前对体验类型的研究割裂了旅游场域和旅游者的关系。场域如何规划设计以满足旅游者所需的体验，抑或旅游者在场域内如何获得理想体验，目前尚无相应的理论指导。主要体现在以下两个方面，其一，旅游体验的研究只见人不见场，常见于旅游学者和心理学者的研究，只是单纯地分析旅游者的体验内涵、质量、状态等，没有结合具体的场域类型进行研究；其二是只见场不见人，常见于地理学者对体验的研究，地理学者对旅游空间的阐释具有一定高度，但是在研究之时往往忽略了主体旅游者的存在。谢彦君指出旅游的本质是体验，而旅游体验作为一种主观内在心理过程，其由个体赋予意义，体验对外在物理环境和内在心理环境都有着很强的依赖性，所以在具体的场域之中分析体验会更具科学性和实践意义。本文期望为这一领域做一个初步的探索，在主体旅游者体验的获得和客体旅游场域的规划设计之间形成对接，这也是场域视角对体验研究的重要优势所在。

体验的研究是在场体验，而不是场前体验和场后体验，场域视角之下强调具身性，这在旅游体验的研究上非常之关键。以往的体验研究没有基于场域的理论，多是用场后体验来研究旅游体验，体验类型理论的构建会存有偏差。

目前出现了动机目的、内容形式等方面的分类。从现实层面来说，内容形式、动机目的等是无穷尽的，无规律可循。场域是否有穷尽，大众旅游场域暂时是有穷尽的，当然也不排除未来有发生新生事物的可能，只是在本文研究框架上去补充完善即可。另外依据动机目的去划分体验类型，这里存在一种情况就是没有动机，有的旅游者就是随意出去走走，这样还按照动机去分类体验显然不合理。但是只要作为旅游者出来，肯定会到一个场域，场域视角下分类旅游体验也更具合理性。

理论成熟之后旅游者有更大概率获得期望的体验。之前因为旅游动机目的去选择相应的旅游活动类型，进而才会产生旅游者想要得到的体验感，但是这样去操作，经过旅游者自我选择以及旅游经营者活动设计推荐两个步骤，最后的结果难免会和初衷有所偏差。经过理论的整合之后，体验在选择顺序上发生改变，旅游活动的动机目的直接对准相应的体验感，如此一来，旅游者有更大的概率获得预期的体验，如图4-5所示。

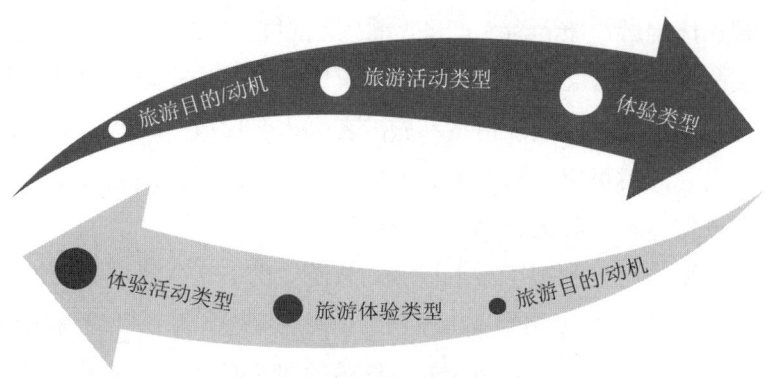

图 4-5 旅游体验获取顺序改变

## 五、场域内旅游体验类型内涵分析

笔者运用逻辑推演方法完成对旅游场域的划分，基于各场域的特征，在各大旅游平台网站爬虫相关场域典型的游记，通过扎根理论和类属分析完成对旅游体验类型内涵的阐释。扎根理论由3个步骤构成：资料收集，资料分析编码，理论生成，编码作为扎根理论研究最基础也是最重要的环节。本研究编码分为三个环节：开放式编码→主轴式编码→选择性编码。

### （一）开放式编码：开放式登录形成概念和类属

开放式编码又称为一级编码，此阶段应当遵循"什么都相信，什么又都不相信"这一重要原则（Strauss，1987）。在开放性编码中要求研究者保持开放的思想，防止思维固化，悬置个人的倾向和偏见。研究中要运用头脑风暴法，打开原始资料所有潜在的可能性，不能漏掉任何信息。碎片化的资料按其本身内容进行编码以尽可能贴近原始数据，此过程越细微越好，直到理论饱和。本文的开放性编码共分为四个部分，第一，首先将原始资料进行碎片化处理，从原始游记资料中查寻可以回答研究问题具有情感因素的片段；第二，提取编码要素，通过对第一部分提取片段的分析，提取出带有情感色彩的高频词汇；第三，编码要素概念化，将第二部分提取的编码要素进行汇总，对其进行定义以形成初级的概念；第四，将初级概念进行分类处理，根据第三部分概念化得到的编码要素通过查询《辞海》等语言工具资料，按照其本质内涵进行分类形成基本类属，并对其命名。

通过对原始资料的编码分析，总共提炼238个自由编码要素、78个低层次概念、9个基本类属。基本类属分别是美感、闲适、兴奋、代入感、成就感、得益感、归属感、朗悟感、趋近操弄。其中"趋近操弄"这一体验类型是基于七大场域体验分析提炼出的新概念，因为在各旅游场域均有类似体验群体出现，不属于某一旅游场，所以对其进行了单独处理。

## （二）主轴编码：关联式登录选取主类属

主轴编码又称二级编码或关联式编码，此时研究者需要带着自由编码中形成的概念类属去阅读资料，将自由编码中相似因子进行合并，分析发现并最终建立概念类属之间的联系，包括相似、先后、因果、结构、差异等不同的逻辑关系，根据存在的关系识别主类属和次类属。此过程是将一级编码中打散的资料进行重新汇集，主轴编码注重主题而非最初的原始资料。

通过关联式登录笔者从已有类属之中总结提取出了多个主类属，并厘清了主类属与次类属之间的关系。本文基于场域的视角，共挖掘出 3 种旅游体验类型，分别是愉悦、意义、趋近操弄，其中含 9 个基本类属；旅游体验生成机制为：感知→认知→情感→精神。主轴编码过程详见表 4-6。

表 4-6　场域视角下 3 种旅游体验类型总结

| 主类属 | | | 次类属 |
|---|---|---|---|
| 大众旅游者 | 体验结果寻求 ** | 愉悦　感知 | 美感，闲适，兴奋感，代入感 |
| | | 　　　认知 | 成就感，得益感 |
| | | 意义 **　情感 | 归属感 |
| | | 　　　精神 | 朗悟 |
| 旅游爱好者 ** | 体验过程寻求 ** | 趋近操弄 ** | |
| 标注"**"是本研究新提出的旅游体验类型相关的概念 | | | |

### 1. 研究产生新概念：意义体验

（1）愉悦理论短板

生活中一切美好的事物都可以让人感觉到愉悦，新奇的数码产品、美食和赚钱等，旅游也同样如此，是让你达到愉悦的一种手段。但是旅游只有愉悦体验是不够的，愉悦并不能解释一切旅游现象，旅游体验不仅仅是愉悦的情绪体验，愉悦从某种程度上来说可以理解为一种最容易获得也是最为低级的体验。灵性是人和动物的根本区别之一，从英文牛津词典中我们可以得知灵性是指"个体通过真切的感受来获知事件背后的意义"。对于动物来说它们只会遵从本能来做出"趋利避害"的反应，无法感知到灵性的存在。

科学家们曾做过一个实验，在老鼠的大脑里装一个电极，只要老鼠触碰按钮，电极就会刺激大脑的快乐中枢，使老鼠产生快感。实验中那只老鼠就一直在那触碰按钮，连放在面前的食物都不动心，直到饿死。想象一下，如果同样的事情发生在你身上，你应该会感到不寒而栗，幸运的是我们是高级动物的理性人。以此为比喻，在旅游世界我们一直享受愉悦式的体验，不是一年、十年而是一生，这样很可能的一个结果就是对这种体验形式产生厌烦、无聊，直到最后放弃。学界一直探讨的旅游地"生命周期理论"，在旅游体验的类型上似乎找到了答案,一直创新表层的愉悦体验,无论如何高明,终究逃离不了这层枷锁,最终走向了衰落的宿命。因此,旅游体验研究只单单讲"愉悦"是远远不够的。

(2)意义体验发现

笔者在编码分析过程中发现有关黑色旅游、红色旅游等类似的旅游现象,大多时候都没能获得表层的愉悦感。即便没有愉悦体验的获得,在旅游世界中偏偏有一波人对这样的旅游类型乐此不疲,他们在与场域互动过程中能够获得精神感化与启发,旅游者基于此能够反省自我、认知未来。因此在这里我们应该另寻出路,而不应该是生搬硬套弄出"黑色愉悦"这样看似高明却无奈生涩的词汇。

以南京江东门纪念馆为例,旅游者在此的体验形式上已经超越了表层的愉悦特征,作为一个民族的记忆江东门纪念馆充当着回忆曾经和缅怀先烈的角色,从而达成使旅游者警醒自我、铭记历史以及珍惜当下的目的。以史为鉴旅游者可以看见"另一个自己",是对自我的一种塑造,此时的旅游者更多追寻的是旅游的内容和意义而非表层愉悦。再如朝圣旅游,作为信仰藏传佛教之人的最高圣地——西藏大昭寺,每年都会见证虔诚的信徒三步一叩五步一拜,长途跋涉地徒步走向自己心中圣洁之所,而且世代相传。这里反问一句:难道他们真的是寻求愉悦?这个疑问的确值得我们深入思考。抛开宗教信仰不说,普通入藏旅游者看见一路走来的朝圣之人,也会心生敬意、精神受教。再如伊斯兰教的朝拜圣地麦加,虽然因为信徒朝圣经常发生踩踏事件,但却无法抵挡他们对真主追随的步伐(龙江智,2009)。因为在这里他们可以获取属于他们自己的人生意义,精神上得到了救赎。

综上所述,此类旅游者收获的更多是意义,而非简单的愉悦,意义体验在这些旅游者身上显现得更为突出。这里意义体验是指旅游者在与场域互动过程中牺牲愉悦,转向关注旅游形式背后的内涵,从而获得精神感化与启发,旅游者基于此能够反省自我、认知未来。意义包含个体意义和群体意义两部分内涵。

(3)"意义"和"愉悦"辨析

通过对文本的编码分析得出旅游体验只有愉悦并不够,愉悦体验加上意义体验能更好解释目前存在的旅游现象,关于愉悦与意义的关系详见图4-6。

图4-6 愉悦与意义关系图

意义体验分为个体意义和群体意义。个体意义是旅游者在旅游过程中感受到的对自己人生发展起到警醒促进作用的部分。通过类似的旅游体验能给予旅游者思想上的指点,旅游者能够反省自我、认知未来,从这点来说该类旅游体验是个体意义体验。场域理论下,在地旅游的个体意义体验超出了愉悦表层概念(辞海对愉悦的解释:高兴,快乐,身心放松),因此旅游体验类型的划分从严谨角度应对二者予以区分。另外,抛开场域的概念,大众旅游者外出旅游放松身心得到欢乐,所以愉悦体验也是具有个体意义的。可以这样理解,表层的愉悦具有个体意义,获取个体意义也会感到愉悦,但是从其层次来说二者都是利己表现,这是主要区分群体意义的重要特征。

群体意义则完全脱离愉悦本质,强调非功利,属于亲社会行为的一种。所谓亲社会行为(prosocial behavior),又名利社会行为或积极社会行为,是指使他人和社会受益,符合社会希望,但对行为人自身无明显益处,而行为者却情愿给予的一类行为(Penner, Dovidio, Piliavin, et al, 2005)。比如黑色旅游,旅游者出游没有个体愉悦收获,反而会有一定伤感,无形之中牺牲愉悦换来的是社会所期望出现的亲社会行为。亲社会行为有利于社会健康发展,其大体上可以分为助人和利他两大类,人们在日常生活中经常会有类似行为发生,例如分享、帮助、捐赠、安慰、谦让、关心、合作等。在编码分析过程中发现情感追溯场域和精神感化场域中一些新概念符合亲社会行为的特点,比如情感追溯场域中朝圣旅游涉及的积极向上的教义内容;在编码分析中发现的概念——无畏、平等、大爱等;精神感化场域中发现的概念——珍惜当下、铭记历史、贡献力量、团结、守初心担使命等。这些内容从其层次来说具有利他属性,符合亲社会行为的特点。在意义尺度衡量方面,群体意义的价值远远大于个体意义,意义体验具有良好的个人建构和社会建构作用。

(4)完整旅游体验的获得

通过以上分析我们可得知,旅游体验不能一直停留在表层的愉悦体验上,愉悦体验加上意义体验才完整,也更具价值。这里我们不妨借用谢彦君老师对旅游的定义,进一步说明如何获得完整的有价值的旅游体验。

旅游是个人以获得愉悦为目标,利用其短暂的闲暇时间前往异地而获得的一种休闲体验。这里特别强调了"异地""短暂"两个时空词语,"短暂"一词可以得出结论:首先就单次旅游来说,生活世界给予旅游世界的自由时间有限,旅游终会结束;其次就人类肉体生命而言,生命也终将会停止,生命结束之时旅游自然也不复存在。既然旅游时间有限,行程终会停止,在短暂的时间里我们应该去做哪些事情呢?经过分析我们得出旅游的目的在于愉悦和意义,所以在有限的旅游时间里要尽可能得到更多的愉悦和意义,让有限的旅游时光变得更为充实。

但是愉悦和意义却有冲突的地方,这不是说获取意义会让你不愉悦,也不是说表层的愉悦没有意义,而是说如果你花时间去追求巨大的体验意义,一旦失败你就得不到意义体验,而本来你是可以将有限的时间用在一些简单且容易实现的愉悦体验上的。很多人都希望自己在旅途当中增长见识、心有所属、精神受教、实现人生的提高甚至是升华，但是能实现自己初期目的的又有几个人呢？相反如果你把时间都花在一些诸如骑车观光、划游船、温泉疗养之类容易得到愉悦体验的项目上，却又没有机会取得巨大的意义，最后又会厌烦这样的体验。在有限的旅途当中，到底该采取哪种做法呢？我建议是应该将刚才说的两种做法结合起来，既要有一个稍大的目标，又要适当做一些容易得到愉悦体验的小事。这样如果实现了目标，无形当中取得了令人神往的意义，旅游世界会更加充实，但即使是失败了，还是能够从一些简单的体验中感受愉悦，不会什么都没有得到。为了让旅游更加充实，我们要将追求愉悦和意义结合起来，尽可能地感受愉悦，又不放弃获得意义的机会。如此这样，才可以获得更完整更有价值的旅游体验。

### 2. 研究产生新概念：旅游爱好者

（1）定义

在日常生活中"兴趣爱好"经常作为整体而出现，其实二者之间有着一定的差异。"兴趣"作为心理学重要名词，是指一种认识、探索某些活动的心理倾向。兴趣以需要为基础得到发展，具有相对稳定性，是推动人们认识、探索事物的重要动机之一。当兴趣发展为从事某种活动的倾向时，它将成为一种爱好。爱好以兴趣为前提，是对兴趣的进一步行动。爱好不仅是对事物优先注意，重点是表现为实际行动。比如一个人对舞蹈有兴趣，但是由最初喜欢欣赏舞蹈到自己亲身去学习舞蹈，此时的他对舞蹈的兴趣已经发展到了爱好的程度。有兴趣不一定是爱好，但是爱好一定很有兴趣，爱好是兴趣的进一步行动。

笔者通过对文本资料的分析发现，在旅游者当中存在着一类群体，他们不单是对旅游有兴趣，而是钟爱旅游中的某一活动并付诸行动，甚至达到痴迷的程度，类似于"发烧友"。比较明显的有探险旅游者和部分竞技旅游者，这类群体在旅游过程中所表现的行为和普通旅游者相比具有差异性，他们有着不一样的动机，追求的体验也和大众旅游者不相同，因此笔者将其分开讨论，命名为"爱好者"，代指旅游者当中热衷某一类活动的群体和个人。

（2）趋近操弄体验

旅游爱好者分布于各个旅游场域，每个旅游场域都有这类群体的踪迹。他们钟爱某一活动并付诸行动，甚至达到痴迷的程度，这其中以探险旅游者和部分竞技旅游者最为明显。通过对爱好者的游记编码分析发现，专项旅游爱好者在体验过程中大多时候本身没有愉悦感，相反却是痛苦、不舒服、不自在，类似这些体验更无多少意义可言，但是这一群体仍旧乐此不疲。经过文本的编码分析笔者认为，专项旅游爱好者在体验过程中追寻的体验类型是"趋近操弄"，所谓趋近就是无限接近其所要追求的目标但是却永远达不到重合，操弄则是把持玩弄的意思。编码发现这一体验类型主要表现在反复强化、意识消失、不断投入、自我满足、易被诱惑、专注等方面。

### 3. 研究产生新概念：自我寻求

文本分析过程中发现，旅游者在体验过程中对环节的关注是有侧重点的，不同类型的旅游者关注的重点不相同，大众旅游者和旅游爱好者的差异最为明显，笔者以"自我寻求"这一概念来区别二者。文本分析显示，大众旅游者更多追寻体验的结果，如果没能得到相应的体验感受，体验主体会有相应的情绪产生，呈现出"以物喜、以己悲"的状态。相反，旅游爱好者注重对体验过程的品味，不在乎体验结果失与得、好与坏。例如徒步爱好者，最后可能没能达到终点，他们也忠于这一过程；马拉松爱好者没能取得名次，但是依旧热爱，一直坚持下去；钓鱼爱好者投入很多精力，没能钓到鱼或是收获很少他们也不以为然，而是专注等待的过程；摄影爱好者拍摄很多照片，或许没有一张符合自己要求的，但是下次依旧继续。

### （三）选择性编码：核心式登录发现核心类属

选择性编码又称三级编码或核心编码，这一阶段要确定资料的主要线索，在已发现的主类属中经过系统分析找到核心类属，核心类属应占据中心位置，相对于其他类属能发挥统领性作用，可以最大程度上将所有研究结果囊括其理论框架之内。与此同时应识别核心类属和其他类属之间的联系，厘清层次结构，以此形成一个较为完善的理论。

通过主轴编码笔者发现，场域之下大众旅游者体验生成有四个层次：感知→认知→情感→精神，此处体验类型层次不同于马斯洛需求层次理论，旅游体验有层次之别，但无先后之分。从"感"的深度共挖掘出 3 种旅游体验类型，分别是愉悦、意义、趋近操弄。

基于对编码概念类属的逻辑梳理，笔者总结核心类属为在地旅游体验的主要类型及生成机制。通过这一核心类属来统领已发现的概念是较为合适的。至此已完成编码工作，笔者带着已提取的旅游体验类型核心类属回到原始数据资料当中，再次验证其合理性。

### （四）故事线：整合类属建立理论，阐释旅游体验类型

本文经过三级编码确定了在地旅游体验的主要类型及生成机制这一核心类属，围绕核心类属有 3 个维度：愉悦、意义、趋近操弄，4 个层次：感知→认知→情感→精神。此时应当联系其他类属并结合原始的研究资料，理解旅游体验类型所要表达的内容，创造出关于旅游体验类型的故事线。

为了统筹各类属形成一个简明的理论结构，通过分析资料发现以新概念"自我寻求"联系各类属较为妥当。因为具备不同自我寻求的旅游者，存在旅游体验类型的不同，其体验生成机制不尽相同，"自我寻求"能够有效地统筹各类属。大众旅游者重视体验的结果，是对体验结果愉悦感和意义感的追寻；旅游爱好者重视体验过程，是对体

验过程趋近操弄的追求；旅游体验的生成也与新概念"自我寻求"密切相关，自我寻求的不同，其体验生成机制具有差异性。

据此，笔者以"自我寻求"形成故事线，构成在地旅游体验类型理论框架。旅游体验类型及生成机制理论模型详见图4-7。

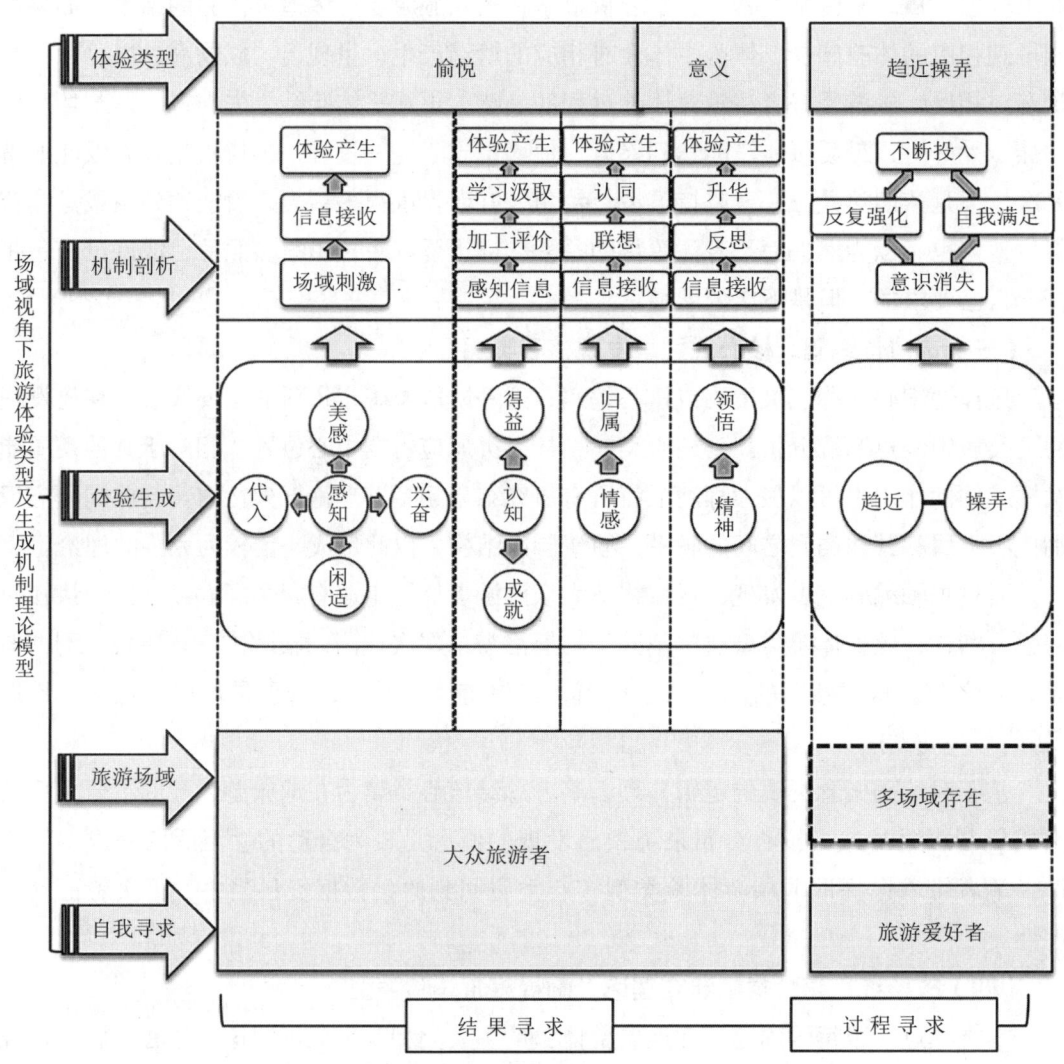

图4-7 场域视角下旅游体验类型及生成机制理论模型

## 六、旅游体验研究存在的问题和新理论的提出

### （一）旅游体验类型研究存在的问题和新理论推演

#### 1. 存在的问题

通过文献回顾可以看出，国内外学者对旅游体验类型尝试从内容形式、动机目的、

体验状态等多种角度进行分类。因为分类内容涉及众多,学科不同、视角不一,分类结果呈现多样化局面。虽然研究各有优劣,但是学者们对复杂现象进行区分的有益尝试是值得肯定的。针对目前旅游体验的研究总结有以下四点不足:

(1) 分类依据不明确

在分类结果上出现了交叉的现象,这表现在不同学者的分类上就是分类标准不一样,理论上分类结果应该不同,然而事实上学者们的分类结果出现了交叉现象。另外在同一学者的同一标准分类下,体验分类的结果很难具有排他性,往往一个体验类型包含另外一个体验类型的部分内容,出现了重叠的现象,二者之间的关系没有阐释清楚。如此一来,在体验类型的研究上出现了混乱的现象。

(2) 研究缺少规律性,标准单一

目前出现了动机、目的、内容、形式等单方面依据的分类,从现实层面来说,这些分类标准是无穷尽的。并且在具体操作上又将动机和内容又进行了混合,加之部分学者对体验原因和体验结果没有进行区别,旅游体验的研究由于逻辑层面的限制很难深入下去。截至目前没有出现比较认同的分类,分类停留在加一个再加一个或是今天改一个词明天改一个字的状态。目前的研究导致的一个结果就是:任何一个词加体验二字都可以成体验一派,这样的分类对体验研究无多少规律可循。

(3) 分类存在内容和结果不对等的嫌疑

通过对 experience 中英文词义详细的探索,可以发现"体验"一词随着词性不同,所产生的实际内涵有很大差异。现有旅游体验的分类如教育体验、娱乐体验等,虽然是强调体验结果,但是实际操作中却是按照体验内容去给体验分类,是体验旅游的范畴。

(4) 实用价值欠缺

目前对体验类型的研究割裂了旅游场域和旅游者的关系,导致分类结果缺乏对实践的指导。主要表现在两方面:其一,在地理学者研究的体验下,注重空间规划设计,忽略了人的感受,缺乏对旅游者心理以及情境的分析,可谓只见场不见人;其二,在旅游学者和心理学者研究的体验下,注重对旅游者的研究,而缺乏对旅游场的关注,可谓只见人不见场。

### 2. "感"是旅游体验分类标准

(1) 他山之石——地方感研究

目前旅游体验类型划分标准众说纷纭,此时应当借鉴学习其他学科的成熟思想。旅游体验分类标准和表达方式我们参考人文地理学对地方感的理解。这里有一个问题:人文地理学科对于人地关系的研究为何称为地方感而不是地方体验?

地方感作为人文地理学的重要概念,这种对地方深入的情感连接来源于主体与其所处环境的不断互动。地方感研究主要探索的是地方作为一个物理空间的体验质量问题,涉及描述人对"地方性"的认知体验和情感体验，以及人在体验过程中赋予地方的意义和价值。地方感最初起源于Wright（1966）提出的敬地情结（geopiety），"敬地"阐释的是人们对自然的敬仰和尊重。段义孚（1976）基于"地方"概念的基础明确提出"地方感"一词，指明了人与地方之间具有依赖关系，地方感是作为主体的人对地方特质的依附。Steele（1981）指出地方感是一种主观体验，这种心理体验包括激动、快乐、开阔等。随着地方感的研究逐渐深入，涉及的范围也随之拓宽，对地方的定义越来越多，其中最为经典的是：地方＝空间＋内涵，即真正的地方是一个既包含客观上的空间意义，又包含主体赋予的内涵意义，二者共同构成一个特殊空间。

之后众多学者例如Shamai（1991）、Hay（1998）、Bradley（2001）、Pretty（2003）等相继对地方感的概念、影响因素、维度等众多内容进行了详细的分析，具体内容详见表4-7。通过对学者的不同观点的分析，我们可以得出地方感生成机理即：人与地方之间互动作用的形成物。作为人与地方的心理联系，地方感的主体是人，人对地方具有创造性，地方不能脱离人而独立存在，因此地方感具有主观性，会因个体的差异而有所不同；地方感的客体是地方，地方本身的特性会影响主体的主观体验。Soini（2012）指出，地方体验和地方感具有非常密切的关系，地方感的获得在时间上有一个从过去到未来的跨度。通过以上内容的阐释，我们可以厘清地方体验和地方感的关系：地方感是地方体验实现后的结果，是一种情绪抑或是情感的存在，而地方体验则是获取地方感的一种方式。对于地方感维度问题学界流行分为2个维度：地方依恋和地方认同。

表4-7 地方感定义内容

| 作者 | 定义 | 研究内容 |
| --- | --- | --- |
| Wright（1966） | 敬地情结（geopiety） | 阐释人们对自然的敬仰和尊重 |
| Tuan（1977） | 地方本身所具有的特质及人们自身对地方的依附，地方与人之间存在着一种特殊的依赖关系 | 地方的客观特征：地方性（place identity）或可意象性（imagability）<br>人们的主观认知：即地方依附（placeattachment），又称地方依恋 |
| Steele（1981） | 人与地方相互作用产生的一种特殊的心理过程，是由地方产生的并由人赋予的一种体验，这种心理体验包括刺激、兴奋、快乐、开阔等 | 1. 地方<br>2. 地方感概念、影响因素<br>3. 地方感产生的影响（长期、短期）<br>4. 地方感改善的途径 |
| Hay（1998） | 在某一个地方生活或者成长，认为在此环境中安全以及舒适，并对其产生认同的一种感受 | 1. 居住时间长短与地方感<br>2. 生长周期的年龄段与地方感<br>3. 个体、家族以及文化层面的地方感 |
| Bradley（2001） | 个体或群体对空间环境的一种普遍态度，是一种复杂的社会心理结构，它组织着个人的信念、情感和行为意向 | 构建出一个认知、情感、意向的三维的地方感（态度）概念模型 |

续表

| 作者 | 定义 | 研究内容 |
|---|---|---|
| Pretty（2003） | 人与地方的联结的关系的总称 | 1. 地方认同（placeidentity）<br>2. 社区感（sense of community）<br>3. 地方依恋（placeattachment）<br>4. 地方依赖（placedependent） |

地方感早期的研究情境是居民视角下的日常生活世界，随着地方感影响的逐渐增大，旅游学者根据地方感定义将其引用到旅游世界中。如今地方感作为旅游学科的一个重要概念，在旅游体验的研究中发挥着重要作用。谢彦君等众多学者指出旅游学研究的范式：旅游即体验。体验与个人心理、地方情境密切相关。从时空特点分析，旅游具有异地和暂时两个特征；就异地特征而言，旅游者跨越了空间，旅游目的地成为旅游者给予情感和意义的地方，这是旅游体验生成的基础。旅游者地方感的最初获得是凭借亲身的关注、感受，在不断地对目的地的动态接触中获得。旅游者通过体验这一方式认识和了解地方，目的地被旅游者理解并赋予意义，旅游者内心也同时会对旅游目的地有情感上的联结，旅游的价值也因此得到升华。

从生成的角度分析，旅游体验和地方感生成的路径一致，均是人与场相互作用的结果。旅游体验可以作为方式或者是途径存在，但是同人文地理学的地方感一样，方式或是途径并非重点，体验的结果才是旅游者所追求的最终目标。旅游的根本基础在于旅游世界与生活世界的差异，而这个差异主要体现在旅游场域（旅游目的地／地方）的独特性，"感"正是旅游者对这种独特程度的认知与评价。有关旅游体验的探讨我们最终应该回到一个问题上来，即：体验是旅游者个人寻找的异于生活世界某种独特类型的"感"。

（2）"感"是旅游体验分类标准

分析总结后笔者认为：旅游中的体验具有过程性和结果性双重特征。旅游体验由两部分构成：旅游体验过程、旅游体验结果。旅游体验是经由心理过程而产生的心理状态，前期是心理过程，后期是心理状态，心理状态是心理过程的结果，当然个性心理特征也参与其中。旅游体验状态既是旅游体验过程的结果，也是新的旅游体验过程进行的潜在背景。以往旅游体验研究更多关注结果而不是过程，没有确认和区分过程和状态（结果），重心多在后者，忽略了过程。所谓旅游体验分类准确地说是旅游体验状态（结果）分类。心理状态是指心理活动在一段时间内出现的相对稳定的持续状态。它有四个特征：直接现实性、综合性、流动性和趋变性。由此基于心理学知识我们就找到了旅游体验研究的清晰路径：过程包括认知过程、情感过程、行为（外在行为）过程；状态研究则要体现直接现实性和综合性，基于心理学走向旅游学。依据旅游体验整体的核心特征进行分类，整体包括旅游体验动机目的、内容、心理感受等方面，从中找到最重要的核心的特征，并以此命名旅游体验，这样对理解旅游体验和指导实践都是高效的。整个过程就像给一个故事取名字，我们就是给旅游体验取名字，所有的旅游体验落实到一个"感"（sense）字，××感是所有旅游体验命名的标准表达方式。"感"（sense）来源于地方感，英文 sense of place（段义孚），有两重含义：一是地方固有的特征；二是人们对一个地方在某种意义上的依附感，前者是认知，后者是情感。在此我们给"感"下定义："感"代表旅游体验中体现出的意义和情感内容。比如仪式感就是仪式或者仪式性事件所提供的相关意义和情感被旅游者感受到而形成一种心理状态，共睦态就是仪式感构成的一个核心状态；异地感就是旅游者在场体验的内容都贯穿了异地这个共性，同时也是旅游者所追求的一个主题，异地构成了旅游最大的意义。

这种分类方式的优点：①体现旅游体验的整体性、突出特征性。②避免了单一标准导致的无限、无意义分类。③旅游意义突出，对实践有高效的指导性，比如仪式感、异地感、穿越感可以直接指导业界打造对应的旅游产品。④契合体验经济时代特征，例如国家层面使用的幸福感、获得感、安全感等。⑤规范了旅游体验分类的表述，提升了概念使用效率。以往分类没有"××感"的提法，多用"××体验"或者干脆没有词缀。前者易混淆概念层级，体验是上位概念，它的分类是下位概念，规范的表达必须在字面上加以区分，不能用同一个词语。后者由于没有统一词缀导致语义识别度低，概念理解和使用效率低下。从技术角度看，没有"感"后缀的旅游体验分类表述都可以判定为不准确，甚至错误。缺点是难以掌控，无法按照标准进行逻辑推演并得出同类的其他内容，以此展开的旅游研究自然不轻松。这也恰恰说明旅游体验分类研究的重要性。以"感"为旅游体验研究的突破口，研究积累××感将大大推进旅游体验研究。

### （二）旅游体验研究方法困境和破局

#### 1. 旅游体验研究方法困境

目前对旅游体验研究资料的获得多来自场后体验，比如问卷、游记等，并由此得出旅游体验的共性结论，尤其以场后体验研究结论代表在场体验结论，这在逻辑上不成立。旅游体验研究方法上的困境有两方面：①研究者无法直接观察旅游者大脑内部心理活动，如果在旅游者体验进行的过程中直接发问则直接破坏了体验。②由于前边提到的原因，旅游研究者无法在场进行研究。由此只好研究旅游者场后体验，并有意无意地把研究结论推及在场体验。研究者根本没进场，被研究者已经离场，却要研究在场体验，这成为旅游体验研究的最大困局，我把这种情况称为：空场尴尬。

#### 2. 内省法是破局旅游体验研究方法困境的最佳选择

在游客体验过程中直接观察或者访谈难度极大，这是用场后研究结论推及在场研究结论的主要原因。心理学史上的内省法可以破解这个难题。

内省法是心理学创始人威廉·冯特最早提出的,他也是构造心理学的领军人。构造心理学把心理学的研究对象定为直接经验,内省法便成了心理学研究的基本方法。行为主义心理学否定对意识经验的研究,把心理学定为研究行为的科学,主张用刺激—反应方法进行研究,完全否定了内省法。

20世纪50年代后期,随着认知心理学的兴起,意识又被带回到心理学中,自我观察法重新受到心理学家的重视,并获得了新的发展。内省法是指人对于自己的主观经验及其变化的观察,要在不同的情境中观察经验的变化,也要在同一情境中重复观察心理经验。

内省不是指在心理现象发生的那一刻进行观察,而是指对心理现象所遗留的"最初记忆"的观察,所以这样的内省过程不会妨碍心理现象的进行。内省法也就是自我观察法,由于主观性太强,也因为这一点曾经被心理学放弃。

黑箱理论认为人的大脑如同一个黑箱子,只能通过外部观察和实验来推测其功能及特性,无法直接研究。观察自己大脑中进行的心理过程和机制无法做到,在这个意义上人脑就是黑箱,但是观察心理内容和状态也就是对自己的主观经验及其变化进行观察可以做到,如同在黑箱开了个小窗。旅游体验主要是主观经验及其变化,不是心理机制,所以旅游体验研究可以进行自我观察,这就是心理学的内省法。内省法有两种:研究者自己观察自己和被研究者自己观察自己,共同点是都必须经过严格训练。生活中旅游研究者同时也可以是旅游者,训练旅游研究者在自己旅游过程中进行自我观察完全可以做到,而不必训练其他旅游者使用内省法,这是旅游体验研究的优势所在,尤其在发现行为现象方面优势明显。内省法的主观性强的缺陷可以用其他客观性强的研究方法弥补,内省法发现旅游体验现象及其变化,其他方法检验和佐证。

旅游倦怠和异地感概念理论的诞生就是本人在旅游过程中用内省法发现并提出问题,然后辅以其他研究方法完成的。

# 第五章 异地感研究

## 一、绪论

### （一）研究起源

在旅游中存在一种现象：到了一个旅游目的地喜欢寻找或者游览和自己原居住地不同的景色，或者是喜欢去体验当地特色，类似于当地美食以及当地特色表演，甚至有的旅游者总会发出类似"这里和家里真不一样"的感慨，旅游者在旅游过程中喜欢去寻找新奇、特殊的景观以及潜意识与原住地进行比较的行为引起笔者的注意。谢彦君认为旅游的核心是"体验"，离开了体验的旅游无根可寻。旅游体验研究是整个旅游学研究的最核心、最基本的研究内容。而且在旅游社会学研究领域当中，无论是游客对异地的"旅游凝视（tourist gaze）"，还是旅游经营者为了吸引游客提供的"舞台真实性（staged authenticity）"，又或是旅游者逃离生活世界、寻找旅游世界的放松，都体现了旅游者在社会和文化差异中寻找与惯常环境相差别的文化体验的现象。综上可知，无论是在学界还是在旅游世界中，我们都能发现旅游者在目的地体验过程中对差异性追求的现象，而对这种现象隐藏在背后的内在机制以及其产生的旅游体验结果有何特殊却尚无研究。因此本文尝试基于旅游体验的视角提出一个新范畴——异地感，即本文的核心研究对象，尝试解释上述现象的内在机制以及心理过程，并对其概念、构成、形成机制、影响因素以及唤起情境等进行探索。

### （二）研究意义

#### 1. 理论意义

旅游体验的内在过程受人与外界环境氛围所影响。旅游体验不仅受目的地在场感受的影响，同样受旅游者自身经验影响。旅游者通过对周围环境的感知与认知，并且在体验过程中潜意识会与以往的生活体验进行对比，产生出一系列的感受，比如陌生感、新奇感、愉悦感等，而此现象引起笔者的注意与思考，因此本文提出异地感，以期能解释上述现象。现阶段对旅游体验中异地感的研究尚属空白，但不可否认异地氛围对旅游者的吸引力以及旅游者在异地的体验的重要性。本文的理论意义如下：

第一，以往对于旅游者与目的地之间的关系之间的研究是基于人文地理学当中的地方感，将其直接应用到旅游学科当中，却并没有进行理论验证，因此本文基于学科独有性的发展，从旅游体验角度出发，提出一个新范畴——异地感，以期解释旅游者与目的地之间的特殊关系，丰富旅游体验的研究内容。

第二，尝试从新的角度出发，为旅游体验研究提供新的思路。本文尝试在旅游体验视角下研究旅游的"异地性"，对"异地"进行重新解读。并且对"异地感"这一概念进行深入的探讨与分析，将为旅游体验研究提供新思路，为研究旅游者与目的地之间的关系以及旅游者的情感体验提供借鉴意义。

第三，针对旅游开发过程中过于重视开发目的地独一无二的地方特色，导致知名度较低、地方特色不突出的目的地旅游发展受到阻碍的现象，异地感的提出可为此类型目的地提供理论指导。

### 2. 实践意义

第一，对这一现象的研究有利于旅游管理部门对此类现象的关注。通过对这一现象进行研究，可以把实际问题提升到一定的理论高度，寻求更好的理解，掌握旅游异地感的形成条件或者规律，也有利于旅游企业和旅游景点更好地把握不同游客的旅游需求。

第二，对这一现象的研究也有利于目的地形象的建立。基于体验视角，以营造异地氛围为主导，设计独特有特色的旅游目的地形象。一方面，当地居民可以利用当地的传统特色设计一些旅游产品或者表演项目，以突出当地的特色；另一方面，旅游企业可以设计一条特色的旅游线路，以此来吸引游客。

## 二、文献综述

### （一）生活世界与旅游世界——主体视角的转化

旅游的一个显著特点是旅游者总是离开惯常生活地方前往另一个地方，最后仍然返回惯常生活地方，这同时体现了旅游的两个特征：暂时性与异地性。旅游的暂时性、异地性让旅游者不断地在"在家"与"非家"的状态下转换。既然在不断地转换，为何旅游者仍然乐此不疲地继续这种行为，其中一个原因是旅游者享受这种"在家"与"非家"的差异感。为了更好地区别这两种状态，本文采用谢彦君（2006）提出的"生活世界"与"旅游世界"两个概念。生活世界（lebenswelt）最早是由现象学家、哲学界胡塞尔提出，而与"旅游世界"相对应的"生活世界（日常生活世界）"，与胡塞尔的生活世界是有区别的，更准确地说是胡塞尔的生活世界中的一部分。

所谓的生活世界是对胡塞尔提出的生活世界做了一点点、仅仅在外延上的修正，也就是指仅针对旅游世界的日常生活世界。如果将其严格划分，也就是将胡塞尔的生活世界分为旅游世界和日常生活世界，为了方便，在旅游学科中，用生活世界代指日常生活世界。此外，生活世界与旅游世界的区别不在于其物质性，在于主体视角的转换，旅游者的"旅游世界"对他者来讲是"生活世界"。正是这种视角的转化，才使得他者的"生活世界"成了旅游者的"旅游世界"（龙江智，2010）。对于居民（生活世界）来讲，对环境的要求比较侧重于经济发展水平、公共设施、就业、文化教育、医疗卫生等方面，也就是功利性视角；对于旅游者（旅游世界）来讲，更侧重的是旅游体验，是一种集审美、愉悦、新奇等综合的体验。与居民相比，旅游者并不是特别看重目的地的经济发展、就业等现实问题，他们追寻的是与生活世界有差异的活动或者体验，也就是超功利视角。因此旅游世界得以存在的前提是生活世界。人们旅游世界中看待事物必然是采取与生活世界完全不同的视角，但是生活世界不会因为旅游世界的消失而消失，它是实实在在存在的世界。而如果没有生活世界，则旅游世界是不存在的，旅游世界是以旅游者视角看待他者的生活世界才得以产生。因此从这个角度理解，尽管旅游者和居民所观看的客观物体会有重叠，但是由于二者的视角以及认知经验的区别，其产生的体验存在差别。

**（二）旅游体验研究综述**

体验作为一种主观的、无形的、连续的、高度个人化的现象（O'Dell，2007），可以指两种不同的状态：一种是瞬间生活经历（Erlebnis），另一种是经过反思和规定意义的评估体验（Highmore，2002）。Gram（2005）认为体验是指个体在情感、身体、精神或智力水平上参与的事件（Pine & Gilmore，1999），以及在参与过程中留下这些令人深刻的印象。学术界对旅游体验的研究可追溯到20世纪60年代，Boorstin是研究旅游体验的第一人，他认为旅游体验是一种流行的消费方式，一种追求真实的体验（Boorstin，1964）。而麦肯耐尔认为，旅游体验是人们对现代生活困窘的一种积极回应，旅游者为了克服这些困境而追求一种对"本真"的体验（Macnell，1973）。为了更好地解释旅游体验中的异地感，本文需要对旅游体验的各种性质以及研究进行总结与评价，以便梳理异地感在旅游体验研究中的位置。

**1. 旅游体验的定义与本质特征**

（1）旅游体验的多维定义

旅游体验是一个复杂的心理过程，给其提供一个简洁的定义是一项困难的任务，因为它可以包含各种复杂的元素（Jennings，2006；Selstad，2007）。游客体验不同于日常体验（Cohen，1979，2004；Graburn，2001），旅游涉及与地方相关的复杂体验、记忆和情感（Noy，2007），可以说，这是旅游者个人寻找的地方或自我的体验的方式。Stamboulis & Skayannis（2003）侧重于现场体验，将旅游体验定义为游客与目的地之间的互动，目的地是体验的场所，游客是体验的参与者。Larsen（2007）认为，旅游体验应该被定义为一个与旅游相关的事件，其重要性足以被长期记忆。O'Dell（2007）对旅游体验的论述总结指出，体验涉及的不仅仅是游客，旅游业也是通过对目的地的控制和文化的展示而产生、上演和消费体验的一部分。

Li（2000）回顾了关于旅游体验的各种不同定义，总结认为旅游体验是一种精心设计和创造的消费行为，一种对普通生活问题的反思，一种对异地真实性的探索，以及一种多方面的休闲活动。Li 认为尽管不同的学者对旅游体验的定义界定不同，但有一共同点即：游客的体验对个人来说意义重大。Selstad（2007）将旅游体验定义为一种新奇/熟悉的组合，涉及个人对身份认同和自我实现的追求。然而，个体以不同的方式体验相似的活动和环境（Pine & Gilmore，1999）。因此，由于旅游体验具有高度的主观性，只能通过对相关的具体个体和体验发生的特定场景的反思来进行解释（Jennings，2006）。这些定义大多是指在目的地的体验，但 Wing（2011）认为旅游体验是指个人对其参与的旅游活动的主观评价和经历（即情感、认知和行为），包括旅游活动的开始之前（即计划和准备），其间（即在目的地）和旅程结束（即回忆）。随后国内学者谢彦君提出旅游体验是旅游者身处旅游世界中与其旅游情境深度融合时所获得的一种身心一体的畅爽感受（谢彦君，2004）。以及国内学者孙喜林（2016）将旅游体验定义为通过旅游主体与客体的互动，并由主体主动建构的经历和主观感受。从上述关于旅游体验的定义可以得出，旅游体验是一种复杂的主观感受，具有主观建构性以及对个人意义重大。

（2）旅游体验的本质

自从"体验经济时代"一词产生，关于体验的本质以及内涵是学术界一直探讨的问题。旅游学界对体验的研究最早始于 Cohen（1979）的文章《旅游体验的现象学研究》，首次用现象学的视角研究旅游中的体验。谢彦君（2004）在其著作中提出旅游学研究的核心是旅游体验。关于旅游体验的研究核心问题是回答旅游的本质是什么。关于旅游体验的本质特征，国内外学者有以下观点：Culler（1981）认为旅游是对异国文化符号的追寻，指出旅游体验是对旅游地景观符号的体验，强调的是旅游体验的认知意义；谢彦君（2004）从心理学视角出发认为旅游体验是旅游者的心理过程甚至是思想过程，是旅游者主观的建构与解构过程，进而提出旅游体验是审美愉悦的休闲体验；赵刘、程琪等（2013）从哲学的角度思考，认为旅游体验本质是追求自由；樊友猛、谢彦君（2017）对旅游体验的内涵进行分析，认为旅游体验具有具身性、情境性、流动性和生成性等本质特征。孙喜林（2016）将旅游体验分为刺激体验与安乐体验，其本质对应于刺激寻求与安乐寻求。尽管关于旅游体验的本质的研究尚未有一致的结论，但其研究无论是直接还是间接都体现出旅游是对差异性以及愉悦性的追求，为异地感的存在提供了理论基础。

**2. 旅游体验类型研究**

早期学者认为旅游者外出旅游追求的是类似的旅游体验，但是随着旅游的发展，旅游目的地类型的多样化，发现不同的旅游类型或者旅游目的地会给旅游者不同的旅游体验。学界对旅游体验的分类进行的相关研究如表5-1、表5-2所示。

表5-1 旅游体验类型研究

| 研究者 | 年份 | 划分依据 | 旅游体验类型 |
|---|---|---|---|
| 科恩 | 1972 | 现象学 | 休闲、排遣、获取经验、试验、存在体验 |
| 窦清 | 2003 | 旅游者需求 | 情感、文化、生存、民族风情、学习、生活、自然、梦想实现和娱乐体验 |
| 邹统钎 | 2003 | 旅游动机 | 娱乐、教育、逃避、美感和移情体验 |
| 谢彦君 | 2005 | 体验内容 | 审美、补偿、遁世、极端、认知体验 |
| 赵刘 | 2006 | 旅游动机 | 逃避型、审美型、娱乐型、教育型、创造型、宗教型体验 |
| 宋咏梅 | 2006 | 旅游需求 | 娱乐消遣、逃逸放松、知识教育、审美猎奇、置身移情体验 |
| 李晓琴 | 2006 | 体验内容 | 情感、知识、实践、转变经历体验 |

表5-2 旅游体验层级研究

| 研究者 | 年份 | 划分依据 | 旅游体验层级 |
|---|---|---|---|
| Prentice R | 1998 | 体验内容 | 享受自然、摆脱紧张、学习、价值共享、创造体验 |
| 黄郦 | 2004 | 体验深度 | 表层、中度、深层体验 |
| 龙江智 | 2009 | 意识深度 | 感官、认知、情感、回归、灵性体验 |
| 佟静 | 2010 | 参与程度 | 初级、失衡、一般、形式、最佳体验 |
| 黄向 | 2014 | 心理结构 | 孤独、成就、高峰体验 |

上述研究关于旅游体验的类型以及层级研究主要结合了心理学、现象学和人类学方法，从调查资料所反映的心理需求开始研究，在旅游动机的基础上，对特定旅游活动参与者的体验偏好进行描述和比较，并依据体验类型对旅游者进行细分，建立了旅游体验与旅游环境和旅游活动之间的关系，探讨了旅游体验偏好和旅游者个性特征之间的关系。此外，王晓丹（2010）认为旅游仪式感是旅游体验的一类，是旅游体验的一种结果，基于此本文认为异地感同样作为旅游体验的一种结果，是属于旅游体验的一类。

### （三）地方感研究综述

由于异地感与地方感在名称以及感知要素有部分重叠，故对地方感相关研究进行梳理，目的在于更好地区别异地感与地方感。地方感是人文地理学中研究人—地方情感联结的重要的概念。1970年，Tuan将"地方"一词引入人文地理学中，从此展开了对地方感（sense of place）的研究。随后，地方感被应用于环境心理学、游憩学以及建筑学、旅游学等多个领域。

**1. 地方感概念研究**

人与地方之间是一种复杂的抽象关系，而地方感是人文地理学中描述人与地方之间这种抽象关系的一个综合概念。Wright（1966）首次提出 geopiety（敬地情结），用于表示人对自然界和地理空间产生的敬重之情。地方感是一种综合的、多维的概念（Canter，1991; Low&Altman，1992）。地方感是人与地方相互作用的产物，体现了人与地方/居住地在情感上的深切联结（Tuan，1974）。从产生过程看，地方感来源于人与地方之间的互动，由主体赋予其意义的一种情感体验，并且在不断地发展；从内涵看，地方感是人经过时间的沉淀，对地方形成的个人身份的认同以及情感上的依恋。从广义上讲，地方感涉及对地方和相关地方特征的识别和情感依附（Green，1999）。

在人文地理学中，地方感主要的研究对象是居民与居住地，主要是基于现象学与存在主义，强调人类对地方的主观体验及感受，形成对地方的认知、意向以及评价（林嘉男、许毅璇，2007）。不同的学者对地方感研究的主题不同，整体来讲，地方感有两种含义：一是地方所固有的特征，即地方性。地方性（placeness）是一个地方的特色，是一个地方有别于其他地方所具有的独特性质（唐文跃，2013）。简言之，一个地区在自然环境、人文历史、风俗文化等方面形成了自己独特的、不同于其他地区的特征。二是人们对地方形成的情感上的依附，即地方依恋。地方依恋是指个体/群体与环境的一种积极的情感联结（Altman&Low，1992; Williams et al.，1992），更多强调的是情感成分。Lavrakas（1981）认为地方依恋包含两种类型的依恋：根植性（rootedness）、联结性（bondeness），根植性是指与居住的时间较长的地方产生的依恋，这种依恋比较容易与家乡产生；联结性是指与邻居或者周围的朋友之间产生的情感上的联系。Riley（1992）强调地方依恋是人与景观的情感联结，这种联结超越了认知、偏好和判断。人文地理学对地方感的概念主要强调的是地方，个体经验是地方感产生的重要原因，因此对地方产生意义的对象可能集中在诸如交通基础设施、社会文化、自然风光、社交联系、娱乐设施、社区或政府服务等各个领域。而作为离开日常生活的旅游者，其在旅游世界中的活动，强调的是旅游体验。如果说居民对居住地的认知与依附，是随着时间的推移日益形成强烈的地方感，那么旅游者对目的地的涉入程度较浅，其是否会形成地方感，这是值得商榷的一个问题，同时也是本文研究对象提出的原因以及问题思考的入口。

**2. 地方感形成机制**

（1）地方感维度

查阅相关文献发现，地方感维度划分是学界一直研究的热点，现有的研究认为地方感是一个多维的概念，但具体的维度构成却仍然没有一致的观点。Shamai（1991）认为地方感是指人对一个地方的态度、感受和行为的多维概念。Jorgenson 和 Stedman

(2001)认为地方感是包含认知、情感和意向方面的多维态度。认知维度是指物理环境传递的信息，情感维度是对地方的情感依恋，而意向维度是指动机组成部分，而不是环境中的实际行为。同样环境心理学家也认为地方感是一个多维的概念，包括地方依赖（place dependence）、地方认同（place identity）、地方依恋（place attachment），但其实这些维度之间存在一定程度的重叠。也有学者认为地方依恋包括地方认同与地方依赖，在概念之间的逻辑关系上没有形成一致的观点。

（2）形成机制

对于地方感的理论研究中，地方感的形成是一个重要的研究内容。地方感是一种包含多种概念的复杂和综合的现象，其产生与地方创造的意义有关。Hay（1998）认为地方感的形成与地方的社会和地理环境以及审美和居住感有关；Smaldone（2006）认为居民的居住时间是影响地方感强度的一个重要因素，居住时间越长地方感越强烈；Corcoran（2002）通过对欧洲边缘城市居民进行研究，发现地方感是通过居民们的共同回忆和生活经验累积形成的；唐文跃（2009）通过对南京夫子庙的游憩者进行调查研究，发现游憩者地方依恋的形成机制是唤起和评价过程；唐文跃（2013）提出古村落居民地方依恋的形成主要有继承、积淀以及干扰三种机制。对已有的研究分析可知，不同的学者提出不同的地方感形成机制，一方面，由于不同的学者研究的视角以及案例地不同，导致研究结果的差异；另一方面，反映出关于地方感的形成至今仍没有一致的观点。对于地方感的形成机制研究，由于不同的学者有不同研究视角，导致研究结果并不完全一致，但可发现有一共同点：个体在地方的经验与停留时间是地方感形成的关键。

### （四）现有研究中存在的问题

文献分析可知，早期学者主要以日常生活的生活世界作为其情境研究地方感，即从居民的视角研究。随着对地方感研究的深入，认为地方感并不仅仅针对当地居民，而是包括类似游憩者、游客等在地方短暂停留的人。但有些学者将在地方长期或永久居住的居民认为是"局内人（insider）"，类似游客等短期进入地方的人认为是"局外人（outsider）"，作为"局外人"的游客不会与地方形成强烈的情感联结。

异地感与地方感的区别：第一，主体的视角不同。异地感产生于旅游世界中，对于旅游者而言其在旅游目的地中主要是超功利视角，旅游者看重的是景观的独特以及旅游氛围的好坏；而地方感最早是针对居民提出，居民的视角主要是功利视角，比如看重交通、卫生设施、学校质量等基础设施，尽管旅游者与居民所感知的因素有重叠，但产生的体验不同。第二，旅游者难满足地方感产生条件。Steel认为地方的精神或个性构成了地方感，可看出地方感的概念强调的是地方，时间是影响其产生的重要因素；异地感产生的重要因素是距离，异地感强调对目的地与惯常环境之间的差异的追寻，而非时间积淀。第三，旅游世界的独特性。旅游是一种跨越时空的行为和过程，并且这种过程是建构在一个相对较封闭的世界,这个相对封闭且有自己特色的现象空间即旅游世界(谢彦君,2017)。旅游者在这个不同于生活世界的特殊世界里感知、行动以及思考,其在此世界中所经历的事以及感受,或者完全不同于生活世界,或者其性质和方向发生了变化。这是因为旅游者的根本动机以及周围环境使旅游者对事物的理解出现了新的价值判断标准。第四,旅游者时空跨越的双重性。旅游者从居住地到旅游地的时空的跨越,既是物理上的跨越,又是精神上的跨越。时空跨越的双重性,也在潜意识里不断地提醒旅游者是在异地进行相应的活动。不像当地居民,"外来者"的认知让旅游者随时可以从异地抽离出。

旅游体验的研究更多的是利用事后旅游回忆的方式逆推旅游的在场体验,存在结果不真实的可能。本文发现异地感是基于心理学的内省法,在旅游过程中通过观察自己与别人,发现旅游者在旅游过程中感受整个环境时,最吸引人关注的是与惯常环境不同的景色,或者是新奇的事物,并强调自身的"异乡人"身份,潜意识里将在目的地中体验的事物与以往的经验进行比较,进而产生的兴趣以及兴奋、新奇等感觉,由此引起对与旅游者这种特殊行为以及行为背后内在机制的关注。本文尝试用"异地感"这一概念描述旅游中的这种现象以及内在机制与心理过程。

## 三、研究设计

### (一)研究方法的选取

在社会研究方法中主要有两种类型:定量和质性研究,而二者的区别就是数据化与非数据化。定量研究使我们的观察更为准确,而且资料较容易集合、对比和得出结论。相比之下,质性研究更适合从当事人的角度出发,探究和解释当事人的心理活动、结构和意义,而且强调研究者对研究过程和结果的影响,要求研究者不断反思自己的行为。

本研究通过对现象的思考,以及与地方感的对比,认为旅游的暂时性以及涉入程度低导致在旅游过程中并不是所有人都会对目的地产生地方依恋,但却发现旅游者在旅游过程中,追寻与惯常生活环境有差异的景色,并且在游览过程中与居住地进行认知差异比较,进而产生一种复杂的心理状态。本文用异地感来表示旅游者的这种特殊的心理状态,并对其内在机制进行探索。基于相关文献综述和思考,本文进一步明确研究问题:

- 异地感是否真实存在以及其理论支撑;
- 什么是异地以及异地的解读;
- 异地感的概念以及构成是什么;
- 异地感如何产生以及影响因素有哪些;
- 异地感在实践中的应用。

首先,本文的研究对象是异地感,并尝试解释什么是异地感、异地感的构成以及如何形成异地感。对于这种问题的思考属于探索性研究，探索性研究一般用于以下研究目的：满足研究者的好奇心和更深刻地了解某事物的欲望；探讨研究主题的可行性；发展该主题后续研究方法。因此，基于研究方法的理论基础和研究对象的性质，本文更适合采用质性研究的方法。其次，由于关于异地感直接相关的研究较好，本文辅助以逻辑推演的方法对异地感的概念以及产生进行分析。再次，异地感是旅游者的主观心理感受，用量化研究是很难解释清楚，因此本文采取逻辑推演与质性研究相结合的方法。质性研究是将研究者本身作为研究工具，采用多种数据收集方法以整体方式探索社会现象，采用归纳法对数据进行分析，形成理论（陈向明，2000）。最后，为了更进一步地对研究对象进行研究，采用质性研究中的文本分析法作为本文的主要研究方法。文本分析法是指通过对文本本身的文字、符号、语境等来解析、鉴别并做归类整理，在此基础上挖掘文本间接的、潜在的动机和效果（巴比，2014）。本文通过搜集网络文本（游记、评论、博客等）来获取丰富、有内涵的资料，并运用文本分析法对资料进行归纳和总结。因此，文本分析法较适合本文对异地感的构成以及影响因素进行探索性研究。

（二）资料收集

本研究主要采取网络文本的数据收集方式，包括网络游记、网络评论与网络新闻等形式，但网络游记是主要的资料来源。Clawson 和 Knetsch 旅游体验模型包括五个不同但相互作用的阶段——预期、到目的地之间的旅行、现场活动、返回旅行和回忆。首先，按照时间的顺序，旅游体验可以分为入场体验（旅游前期待体验）、在场体验（旅游中愉悦体验）与出场体验（旅游后回忆体验）。20 世纪 90 年代，研究人员开始使用基于体验的研究方法，以更好地理解游客体验。根据旅游体验的分类，旅游研究方法也具有针对性，这些方法包括游客在日记或回答问题时将自己的想法和感受记录下来。此外，现今有部分研究者将研究视角转向旅游者的在场体验，通过即时方法调查现场实时体验，但是这种研究方法是专注于特定的旅游地点和部分旅游体验，而且这种方法容易打扰旅游者的体验（Cutler&Carmichael，2010）。其次，网络文本的特点是游客大都是在旅游结束后，将其旅程中的所遇、所思、所感通过文字记录下来。互联网的快速发展以及网络分享平台的便利性、传播性、虚拟性，使其成为游客展示其真实体验和想法的途径。最后，本文的研究对象是旅游者与目的地互动过程中产生的异地感，其产生的阶段属于在场体验阶段，为了保证研究的客观性和弥补由于研究者能力不足导致缺乏足够的可信度，需要相应的实证现象来验证异地感是否真正存在，以及其内涵是什么。因此，综合上述分析笔者选择网络文本作为本研究的资料来源。

本研究为了确保网络文本资料的丰富性，通过多个旅游网站搜集样本资料，包括携程、马蜂窝、新浪旅游、途牛以及去哪儿等多个知名网站。由于本文的研究对象的是旅游体验中的异地感，为了保证样本资料的丰富度、可信度以及符合主题性，尽量以保持价值中立的态度搜集资料。但在浏览各旅游网站的游记过程中发现，新浪旅游、途牛等网站所涉及的游记或是带有明显的广告痕迹，或是图片较多，抑或是涉及旅游体验的描述较少，因此本文的核心网络文本资料来源于携程、马蜂窝两大网站，其余的网站是辅助资料来源。

此外，笔者在样本资料收集过程中按以下原则进行选取：①可信度原则。以游记浏览量 5000 以上为基本原则，保证资料的认可度和可信度。②时间原则。为了保证样本资料发布时间的及时性，本文选取 2017—2018 年度之间的游记文本，最新的样本资料有助于保证更清楚地了解现阶段游客的真实体验。③内容丰富性原则。一篇完整的游记需要包括游览线路、目的地风貌、游客感受（身体、心理），基于此，笔者剔除掉部分文字描述太少、图片太多等不完善的游记，以便后续研究。④广泛性原则。由于样本资料收集的目的是对异地感进行实证验证，因此在样本资料收集过程中涉及较多类型的旅游目的地，不局限于某一个或某一类目的地。尽可能广泛地收集样本资料以弥补笔者能力不足导致的研究对象不足的问题。通过以上原则对网络游记进行筛选，本研究最终获得 40 篇游记，以此作为本研究的样本数据，总篇幅近 14 万字。

### （三）文本资料预处理

由于样本资料中存在景点介绍、转折词甚至是标点符号过多的现象，为了让后续研究顺利进行，在研究初始本文对样本资料内容进行了预处理。第一，剔除掉过多介绍各景区来源以及过多描述饮食做法的文字，让文本内容更具有研究性，比如塔什库尔干塔吉克自治县古名蒲犁，喀什地区古称疏勒，西部与塔吉克斯坦相连，西南与阿富汗、巴基斯坦接壤。第二，剔除掉文本内容中过多的连接词、转折词等，比如"可是""并且""于是"等词组。第三，为了尽可能保证样本资料的完整性，尽可能不对文本内容进行修改，但由于学术研究的严谨性，适当替换英文或其他不恰当的用词，是研究者必须要进行的环节。游记中存在部分网络用词，笔者将会替换成意思相近的词语，比如"international"替换成"国际化"、"style"替换成"风格"等。经过文本内容预处理的样本资料，总篇幅为 112 530 字。为了方便后续的研究与编码，将预处理后的样本资料进行分类编号归档，对所获网络文本资料按照来源网站的首字母大写进行编号，比如资料来源于携程网，则编号为：XC-YJ-XX，以此类推。

### （四）资料分析

编码是资料分析的最基础的步骤，也是本研究最重要的一个环节。编码是将数字或字母在文本资料中相应的内容旁边，是文本资料中最基础的意义单位。Strauss（1987）提出编码分为三个过程：开放式编码（open coding）、主轴式编码（anxial coding）、选择性编码（selective coding）。开放式编码是指对所收集的资料进行初步的分析；主轴式编码是对开放式编码不断地进行比较和分析，并对其进行进一步的分类和聚合使其更加具有指向性、理论性;选择性编码是指经过深度分析和挖掘从主轴式编码中提炼出核心范畴(吕洋洋、白凯,2014)。同时围绕本文核心研究对象,对文本资料进行编码的基础上,运用类属分析与情境分析对资料进行深度分析。类属分析是指在资料中寻找反复出现的现象以及解释这些现象的重要概念的过程。在这个过程中首先将相同属性的资料归于同一类别,并对该类别以概念命名,最后结合理论和情境进行进一步的分析。根据本文的需要,主要是对异地感的构成以及异地感的唤起情境进行编码分析。

## 四、旅游体验中的异地感

### (一)"异地"重新解读

法国学者让·梅特森(1996)认为"旅游是一种休闲的活动,包括旅行或在离定居地点较远的地方逗留,目的在于消遣、休息或为了丰富他的经历和文化教育"。爱思特认为"旅游是非定居者旅行和暂时性的居留所引起的现象和关系的总和"。冯乃康认为"旅游是以前往异地寻求审美享受为主要内容的一种短期的生活方式"。谢彦君认为"旅游是个人利用其自由时间并以寻求愉悦为目的而在异地获得短暂的休闲体验"。谢春山认为"旅游是异地的休闲行为"。同时,徐菊凤、曹诗图等学者也从不同角度对旅游概念进行辨析。尽管不同的学者有不同的见解,但从其概念中可发现一些共同点,比如异地、休闲、短暂、体验学术词语不断地被提及,对休闲、短暂以及体验等内涵学界中已有较为清晰的解答。尽管旅游的异地性与暂时性已被学界广泛认同,但旅游的异地性其实没有得到明确的解释,较少学者对其进行分析。

《汉语词典》对"异地"的解释为:"异乡外面的地方,不是自己的家乡的地方",这种定义是以家乡为对照,即去除家乡的地方即为异地;那随之而来的问题是何为"家乡"?家乡是指自己小时候生长的地方或祖籍,以此为基础定义的"异地"适合于从未离开过家的人,而那些为了工作而居住在非家乡的地方的人并不适合该定义。"异地"顾名思义,"异"代表着差异、区别,潜在含义是需要有参照物进行对比,许多学者将这个参照物认为是自己长久居住/工作的地方,而这个空间的大小却很难划分,因此对旅游的异地性的特征,学界也有许多争议。谢彦君认为:异地很难用具体的物理距离来衡量,只能根据其个人经验以及精神层面去判断;1995年世界旅游组织将"惯常环境"引入旅游的技术性定义当中,以此来代替以往出现的"日常工作/生活环境";但马波(2005)认为"异地"与"惯常生活环境"很难区分,因此可以用"空间上的展开"来表述"异地";张凌云(2009)以一种新的视角对"惯常环境"与"非惯常环境"进行解读,认为其是两个相对的概念组,惯常环境与非惯常环境构成了人的活动环境/空间,而旅游正是在非惯常环境中的一种短暂的休闲体验,即潜在意义此时的"异地"的参照物为"惯常环境","非惯常环境"对旅游者来讲是"异地"。

总的来说,首先,按照形式逻辑的思维,异地必然是有参照物,没有参照物何来"相同"和"差别",没有参照物就无所谓"异地"或是"本地"。其次,异地很难用物理距离来描述,由于现代生活的流动性,导致人们的生活环境的不确定性,因此很难以某一准确的物理距离来衡量"本地"或"异地"的真实距离。最后,异地强调作为主体的个人的心理体验的重要性,异地很难用准确的语言来描述,但它又在人心中有一种准确的衡量标准。因此,本文在总结前人研究的基础上对旅游的异地性进行重新解读,认为异地是指个体惯常生活环境以外的地方。旅游的异地性体现在旅游者从自己的惯常环境中出发,前往异地进行旅游体验,最后回归到惯常环境,只不过其时间上发生了变化,但其初始地方没有改变。对旅游者来讲,不是距离远近决定其异地性,即使是在自己居住地很近的公园里,只要能让自己产生差异的体验,对旅游者来讲就是异地。在此也有学者对惯常环境中"环境"代表的是空间还是地方提出了疑问,而Covers(2008)对此进行了论述,认为空间是一个物理概念,而地方是一个人们对其进行建构的情境,是有个人的认知经验和意义的,体现了人的经历和情感,因此对异地的重新解读用了"地方"这一名词,笔者认为更加准确,对于异地是很难进行技术性定义的,对其进行概念性定义较容易理解。

### (二)异地感的含义与概念

关于旅游者与旅游目的地互动的体验研究,以往的研究直接将人文地理学概念"地方感"引入,但是经上述分析可知,旅游体验不同于一般经验,否则旅游体验没有必要单独提及以及研究,因此是否可直接将居民视角的地方感拿来用于旅游研究当中,是一个悬置的疑问,但以往的研究将此问题忽略。地方感是发生在生活世界中的体验,而旅游者与旅游目的地的互动体验是发生在旅游世界中,称之为旅游体验,因此笔者有理由认为其直接应用于旅游学科存在其不合理性。此外,Wing(2013)在其调查过程中发现,许多旅游者表示有兴趣到不同地方去,研究表明,追求新奇刺激驱使许多人去旅行,并在旅游决策中起着重要作用。那些不断变换目的地的游客都是追求新奇的人(Feng&Jang,2004),他们可能会因为各种刺激而自我成长,比如刺激、冒险和惊喜。孙喜林(2016)认为旅游的本质是以好奇心为核心的刺激寻求需要,是指旅游者喜欢寻求具有新奇性、差异性的环境,以此来满足自身的好奇心和需要,异地的未知性与神秘性吸引着旅游者乐此不疲地前往体验。基于旅游的本质以及旅游者追求新奇刺激的心理,笔者认为旅游者有追寻异地感需要,以及异地感在理论上有存在的可能性。

#### 1. 异地感的含义

现如今,很多人觉得旅游越来越没有意思,尽管去了不同的地方,看了不同的景观,但是其结果都差不多,因为许多古迹都是重建的、现代都市千篇一律、自然风光远没有照片里的那般亮丽，旅游体验不再令人印象深刻。针对这种现象，自媒体以及网络评论中出现"异地感"一词，用以解释为何旅游中出现倦怠以及无趣的感受。在体验经济时代，不仅日常生活中强调体验的重要性，在旅游世界中旅游体验的重要性不言而喻，而旅游体验质量下降的原因是旅游目的地没有满足旅游者的求新、求异的动机。

笔者在网络上搜索"异地感"发现，已有网络用户对"异地感"进行讨论，这表明，异地感在现实生活中是存在且重要的，这些评论给予笔者后续研究很大的启发。

为了更准确地界定和研究异地感，提出以下几点假定：首先，异地感是发生在特定情境中，仅指向于旅游情境，因此对日常生活和工作的异地感不再加以赘述；其次，异地感的提出，是基于旅游学科独有性，是属于旅游学科的独有概念；再次，异地感产生过程包括旅游者与目的地的物质基础和环境互动过程中的感知、情感与评价；最后，异地感是旅游者在目的地在场体验与原住地认知经验比较产生的差异，强调的是旅游者的认知比较。因此本文将异地感定义为旅游者在与旅游对象物进行互动时，通过亲身参与或者观看等行为与惯常生活环境进行差异比较而产生的一种复杂的心理状态，包括认知、情感等因素，其中认知因素占主要成分。这种心理状态是对应于惯常生活环境的认知而产生的差异，是目的地特征和旅游者的主观感受共同作用的产物，是旅游者经过一系列心理活动后出现的较为稳定的状态。异地感概念中所出现的心理距离是指主体与客体之间的主观上的距离，包括知识、经验、意见、态度和情感之间的距离；以往的文献表明，心理距离作为一种主观上的距离，包括时间、空间以及社会文化距离，直接对心理距离进行测量很难，研究往往通过对时间、空间距离等进行间接测量。对异地感进行定义时运用了"心理距离"这一概念，一方面，并不是所有异地都能让旅游者产生异地感，而是要与旅游者有一定距离的异地。距离不仅会导致目的地景观与常住地环境之间的差异，也会影响旅游者对目的地的认知与了解。尽管空间上距离的接近会让感知的文化差异减小，但其文化距离不会消失（Ryan，2002），即单纯的物理距离很难描述清楚到底多远才具有吸引力和能感知到差异。另一方面，异地感作为一种主观的心理状态，包括认知、情感以及行为等多种因素，而心理距离不仅能影响旅游者对目的地的感知，还会影响旅游者对目的地的审美以及理解与解释，更重要的是对旅游者认知过程的解释。

### 2. 异地感的概念模型

社会建构主义认为，个人在社会文化背景下以及与其他人互相交流时构建自己的知识和认知（马天、谢彦君，2015）。旅游体验是主体与客体的互动产生的一种体验，并且是以主体的主观建构为核心，其过程是一种动态过程：环境—情境—意境—心境。因此本文在借鉴前人研究以及文本资料的基础上，认为异地感是旅游者通过对目的地感知、感受、审美以及判断等产生的一种相对较稳定的心理状态，包括旅游地环境、体验以及旅游者的解释。为了更易于理解，本文提出关于异地感的概念模型（见图 5-1），认为异地感是一个包括主体、过程、客体以及产生情境的多维概念。首先是参与者（主体），谁产生了异地感，它的程度以及是否有个体与群体差异；其次是过程，认知、情感、行为是如何表现的；再次是客体，主体产生异地感的对象；最后，发生情境，异地感有产生情境以及情境独特性。

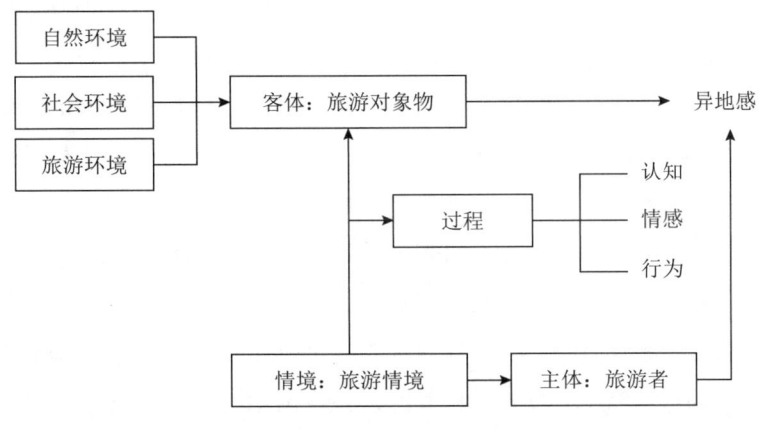

图 5-1 异地感的概念模型

（1）主体——旅游者

旅游者作为旅游产生的主导因素，没有旅游者就没有旅游、旅游世界，更没有所谓的旅游体验。旅游世界之所以存在，是因为其满足了旅游者的需要，而这种需要的满足带有很大程度的主观性，不同的人有不同的需要，自然其需要得到满足的程度不同。异地感不是物理环境本身固有的，而是存在于旅游者对环境的理解中，这种理解是通过体验目的地环境与惯常生活环境差异而建立起来的，因此异地感概念的第一个维度，即主体——旅游者，强调的是旅游者与目的地环境互动时通过认知经验比较产生的一种主观感受。首先，按照旅游活动"三体"理论，旅游者作为旅游活动产生的主体，是旅游活动的重要一部分。而旅游体验是旅游者在旅游过程中产生的主观情感感受，因此，旅游者在旅游体验产生过程中起到至关重要的作用。旅游体验中的异地感作为旅游者与目的地互动过程中产生的一种心理状态，旅游者的主体地位是毋庸置疑。其次，异地感包括个体对旅游目的地的感知以及情感评价，而且旅游者对目的地的感知与日常生活中对环境的感知是不同的，因为在前往目的地之前，旅游者在意图上就非常明确的要体验一系列的感知过程，为此，他/她做好了一系列精神和物质上的准备，在出行之前就培育了浓厚的期待之情，带着好奇与想象前往异地。这个过程对唤起个体的记忆作用更强，通过对目的地的感知以及个体的知识经验，唤起个体对惯常生活环境的记忆，进而进行心理结构调整，形成一种复杂的心理反应。再次，异域体验是旅游者出行的动机之一，旅游者希望从"单调、枯燥、无聊"的生活世界逃离出来，前往旅游世界体验"差异、新奇、愉悦"。最后，在陌生环境中的异地感不仅会让旅游者感受新奇与兴奋，还会让旅游者进行反思与感悟。异地感在旅游者与目的地环境互动的过程中产生，并受旅游者的旅游动机、知识经验以及目的地亲身体验影响。

（2）过程——心理过程

旅游目的地对旅游者而言不仅仅是空间环境，旅游者在与目的地互动的过程中赋予其意义。异地感是旅游者与目的地之间在互动的过程中与惯常生活环境的认知经验进行比较产生的，这种差异越大异地感越强烈，因此旅游者个体对目的地的认知、情感和行为影响异地感的产生。同样异地感强调的不是目的地环境本身，而是旅游者对环境的理解。此外，异地感是旅游者在旅游过程中产生的一种心理状态，而个体的心理过程是在心理状态的背景下进行的，心理过程的表现是心理状态，因此异地感的第二个维度涉及的是旅游者与目的地互动的心理过程以及性质。根据以往对旅游者的心理过程的研究，通常在不同的理论以操作化定义当中分为认知、情感以及行为。本文中异地感的概念类似于社会心理学的其他概念，如态度和偏见，包含情感、认知和意志等特征。但尽管如此，异地感的心理过程的认知、情感与意志并不是相互独立的，而是相互联系、相互作用，分为三部分是为了更清晰地分析异地感的概念。

A. 异地感中的认知

体验是人类认知世界的开始，它帮助人类感知事实、形成印象以及感悟生命立场。反过来讲，认知帮助人们认识这个世界以及理解这个世界（王林，2017）。认知是人类一切心理活动的基础，感觉和知觉是认知的基础，同样旅游者对目的地的认识和审美判断是基于认知活动。图式发展是游客认知的基础，旅游者初到目的地，怎样产生反应，皮亚杰所提出的 S → AT → R 公式（图式理论）可以解释，即外部刺激（S）被个体同化（A）到认知结构当中（T），进而做出反应（吕宁，2010）。更详细的理解是，旅游者通过一系列认知活动（感觉、知觉、记忆、想象以及思维），并且利用自己的知识与经验对感知的信息进行加工与评价的过程是游客的认知体验过程。也就是说，旅游者的大脑接收到外在信息，经过进一步的加工与处理，进而转换为心理活动，随后去支配自己的行为（龙江智，2009）。而本文异地感心理过程中最主要的成分就是认知成分，旅游者通过对目的地外部事物的感知、理解，引发联想与想象，通过个体的记忆，与日常生活世界的认知体验进行差异比较，进而进行评价，这种感觉包含对过去环境的陈述与评价。

个人建构社会信息，使其最大限度地连贯和易于处理（Sears、Freedman 和 Peplau，1985），这些信息被组织成一系列的认知或模式（Bartlett，1932），其中包括关于特定对象或自我的知识和信念。异地感中的熟悉与陌生同样是一种认知成分，陌生与熟悉是个体与环境互动时的一个认知过程。旅游者初到目的地，会对周围的事物进行观察，在观察过程中不单是对外部刺激的简单接收，而是会有一个处理过程，陌生的环境一方面让旅游者产生新奇感，另一方面会产生不安全感；而随着时间的推移，旅游者对周围环境慢慢熟悉，此时，其对周围环境的体验慢慢变成情感体验。异地感强调的是认知差异，在旅游者与目的地互动过程会与个体原有的认知图式进行对比，Mandler（1984）的情感理论认为心理图式和实际刺激之间的差异，或者组织良好的计划和事件的实际过程之间的差异——更容易引起人们的兴趣，唤醒本身既不是积极的，也不是消极的，但当差异得到满意的解决时，将会有积极的体验，反之则会有消极的体验。此外在自我身份或者信念中，异地感会让旅游者不断地加深对自己家乡的认同，因为在异地感产生过程中需要不断地将对惯常生活环境（记忆、思想、价值观、偏好、分类）的认知融入对目的地环境的认知当中，进而加深对自我的认同感。

B. 异地感中的情感

Tuan（1977）认为情感（emotion）与思想（thought）是体验的构成成分，异地感作为旅游者与目的地的一种互动体验，其必然涉及情感成分。心理功能包括思维、情感、感觉和直觉，而情感是带有价值判断的功能（Calvin，2017）。环境心理学家认为由于个体对环境的解释进而导致产生不同的情绪，因此异地感中的情感成分是伴随着其认知成分而产生，是指旅游者对目的地的人/物/环境所产生的情感以及判断。旅游者产生的异地感不仅只是停留在认知层面，基于认知产生情感，这种情感更多的是旅游者对目的地事物的兴趣，而兴趣外在表现则是对事物的趋近，想去探索与了解事物，兴趣带来的情绪反应却并不是单一的积极情绪，也可能产生消极情绪。比如：某游客认为大连是一个滨海城市，如果其惯常生活地属于内陆，其到目的地的评价除了是原本认知的大连是一个滨海城市，通过观赏与游览进一步对大连形成判断：不同于惯常环境，进而产生兴奋、愉悦等情感。异地感包括新奇、兴奋、陌生、不安全感等一系列情感，异地感产生的前提是与自己惯常生活环境有一定心理距离的目的地，这种距离让旅游者与陌生目的地之间的互动过程中产生的不一定完全是积极的情感，甚至存在孤独、不安全以及无归属感等消极情感的可能性。尽管异地感包含情感成分，但不是主要的成分，并不像地方感产生是由于居住时间的长期积淀对地方形成强烈的情感依恋，由于旅游的暂时性、异地性的特征，使得异地感产生并没有涉及强烈的情感依恋。

C. 异地感中的行为

异地感心理过程的第三个维度是行为层面。在行为层面上，异地感通过行为来表达。研究表明，认知和行为意向是正相关的（Winter，2012）；Dunkley（2011）认为个人和集体记忆影响了游客重游目的地的意愿。异地感过程的认知、情感维度对行为维度产生影响，异地感强调的是差异性、特殊性，正是这种特性吸引旅游者前往目的地旅游,并且与这种类型的目的地产生行为上的接近/疏离。一方面,旅游者的一个旅游动机就是体验异域风情,远距离的目的地天生有一种吸引力,吸引着旅游者前往目的地旅游,即使这样会付出较大的时间和经济成本,旅游者也乐此不疲;另一方面,旅游者在旅游过程中产生的异地感,反过来又是一个良好的旅游体验,一旦时机成熟,旅游者很可能再次前往该目的地,继续探索其他景点。

（3）客体——旅游对象物

异地感并不是旅游者本身完全主观想象和社会建构的一种心理状态,旅游地环境为这些想象与建构设定界限并赋予形式。首先,异地感产生的前提是旅游者到达目的地,通过观看或者亲身参与等行为与目的地环境进行互动的过程产生,离开旅游地,异地感则无法产生。其次,不是所有的目的地都能让旅游者产生异地感,而是与旅游者有一定心理距离的目的地。旅游者天生的好奇心以及在长期对日常生活中的景观的审美疲劳,驱使旅游者想要外出寻求差异,寻求不一样的美景。Shumaker 和 Taylor（1983）认为物理环境是满足特定需求的景观属性,目的地环境在旅游体验中扮演着不可或缺的角色。旅游目的地环境不仅包括自然环境（动植物、空气、噪声等）以及人文社会环境（经济、政治、教育、文化、与他人的互动等）,还包括旅游设施、服务以及活动等旅游环境（唐文跃,2007）,旅游者与上述目的地环境因子互动产生异地感。目的地的自然环境可以促进活动,提供社会互动,影响旅游组织的观念。Eisenhauer 等人（2000）认为自然环境和社会互动之间存在着互惠关系;游客被视为从日常环境中逃离前往目的地,受到目的地的空间和文化特征的驱使（McCabe&Stokoe,2004）,因此社会环境同样重要。在实证应用中,研究者询问被调查者（旅游者）为什么目的地对他们有特殊意义,在回答中分为两类:"家庭和朋友相关的原因"（36.9%）和"环境特征和地方特色"（34.2%）,从研究中可看出旅游地环境对旅游者体验的影响。但 Tuan 认为,一个没有体验的物理环境是"空白",没有自己的重要特征:"当人们赋予其价值时,无差别的空间开始变为现实"（Tuan,1977）。目的地环境是客观存在的,不以人的意志为转移,但同时也是旅游者想象的区域,比如有许多旅游者是为了看到"不曾见过的海洋",或者为了"体验少数民族风情"等。这些目的地客观存在的环境,正是旅游者产生异地感所依赖的客体。因此,异地感作为旅游者与目的地环境互动的产物,它既离不开客观存在的目的地环境,也离不开主观赋予其意义和价值的旅游。

（4）情境——旅游情境

异地感作为旅游者在旅游过程中产生的一种主观的心理状态,其产生具有情境指向性,产生在旅游情境当中,非其他情境,而不同旅游情境的独特性使得主体产生的异地感也具有相应的差别。国内学者谢彦君（2005）认为旅游情境是对旅游者的心理形成"周围型刺激",并且认为旅游氛围情境和旅游行为情境构成了旅游情境;赵南

（2010）认为在旅游过程中，由于旅游者感受到旅游情境与日常生活世界之间的差异，进而其感知与体验也会发生相应的变化，这也从另一方面支持了异地感的存在。旅游情境作为旅游者与旅游地互动产生的心物环境，其具有物质性和精神性（屈册、马天，2015），二者共同作用产生旅游体验，而建构不同的旅游情境，对旅游者的异地感的产生有相应的影响。换句话说自然情境中，旅游者异地感可能更多的是对较少见过的自然风景的审美与着迷；历史情境中旅游者异地感可能更多的是对过去的回忆与比较。

### （三）异地感的构成成分

异地感作为旅游者产生的一种心理状态，是在一段时间内较为持续且稳定的心理活动。从文章上篇构建异地感的概念模型可知，其构成成分是融认知、情感和行为等多种成分为一体，这些心理活动很难分清具体发生时间，因为人的心理状态的形成不是单一要素，而是存在认知、情感、意志等多种成分。只不过异地感中认知成分所占比重多一些，但情感以及行为成分也有重要的作用。只有认知、情感以及行为达到高度一致，才能产生异地感。笔者通过分析相应的文本资料，从中提取出异地感的构成成分：现场感觉与想法（on-site sensory and thoughts）、对比与反思（contrast and reflections）、回忆与想象（memories and fantasies）、积极情绪与消极情绪（Positive/negative emotions）、个人身份（personal identification）、识别与感悟（recognition and sentiment）等成分。

#### 1. *现场感觉与想法*（on-site sensory and thoughts）

旅游的基本特征是异地性与暂时性，异地性的特征意味着旅游者要离开惯常生活环境前往异地亲身参与体验，因此按照时间顺序旅游完整的过程应包括旅游前（入场前）、旅游中（在场）、旅游后（出场），游客在旅游过程中的在场体验是旅游体验中重要的一个环节。而异地感作为旅游者在旅游体验过程中产生的一种复杂的心理状态，也就是异地感产生必须是在场的前提。旅游的独特之处是强调旅游者的在场性，亲身实践所获得的经验才能称为旅游体验，从这一点可看出旅游者现场的感觉与想法对旅游者的体验质量的影响较大，而旅游的现场的感觉与想法的特别在于对另一种自然景观或文化的特质进行体验产生的主观感受。笔者在整理网络文本的过程中发现，异地感作为旅游者与旅游地环境互动的产物，其形成离不开对目的地的感知，这就要求旅游者需要调动全身的感官去感受外在环境。基于此，旅游者在目的地的现场的感觉（on-site sensory）与想法（thoughts）构成异地感的基本成分。只有基于现场的感觉与想法，旅游者对外部环境的视觉、嗅觉或听觉的感官体验才是旅游者形成更深刻的体验的基础。异地感的产生需要旅游者在场体验，需要旅游者亲身参与。现场的感觉和想法是无法单纯用想象来完成的，它需要旅游者在目的地体验才能产生。

#### 2. *对比与反思*（contrast and reflections）

对比是异地感的重要构成成分，异地感的概念本身就隐含着参照物以及比较的过程。旅游者在目的地互动的过程中，会不断地进行对比，但这种对比不局限于某一个参照物，也不限定于某一时刻，表现为对比对象的多样化与抽象化，对比时间的不定化。旅游者不仅对比目的地与以往惯常生活环境的物理环境与社会环境，还进行氛围对比。国内学者周广鹏、余志远（2011）认为旅游世界的构成要素包括旅游者、景观、他者、活动以及氛围情境。氛围情境对旅游者建构旅游世界具有重要的影响，由此可体现出旅游氛围影响旅游者的旅游体验质量，旅游者在旅游过程中不仅会比较客观存在的物理特征或环境，还会比较主观的氛围环境。此外笔者在对样本资料进行编码的过程中发现，生活节奏的对比也是一个维度。异地感中的对比主要有三个维度：物理和社会特征、氛围环境、生活节奏，而且重要的不是对比的对象与结果，而是在对比的过程中不断地加深旅游者对目的地产生的差异感，进一步加深旅游者对自我的反思和个体身份的认知。

反思（reflection）意味着在与目的地互动过程中，旅游者对所观看、体验的一系列活动的感悟。旅游者在区别于日常生活世界的旅游世界中产生异地感，其在不断对比的过程中，同时也在不断地进行反思，或是对于过去生活的感悟，或是对未来生活的向往等。当旅游者前往自然景观的目的地游玩时，不仅体验不同于日常生活世界的大自然之美，还进行反思。在异地人们更注意自己内心的感受，可以让人们暂时摆脱生活的枷锁，去思考关于人生的问题。换句话说，异地感不仅仅涉及认知层面上的比较，而且通过审视和观察目的地的人或物，来对自身生活或自我进行反思，它甚至以一种主体无意识的方式影响着旅游者的思维和想法。

3. 回忆与想象（memories and fantasies）

记忆与体验的联系可以追溯到环境心理学的早期研究当中（Fridgen，1984），随后的研究认为记忆与自身的建构有关。Crawford（1992）在其研究当中提出：主观的重大事件、被记住的事件以及它们随后的建构方式，在自我建构中起着重要的作用；并且通过记忆——过去的经历或体验才与现在的经历或体验相关联，由此产生了难忘的体验（Wing，2011）。旅游世界中的环境特征与旅游者心理上的认知有关，这种认知是基于原有的认知经验，而记忆是认知系统的中心（Rehm、Naus，1990），异地感主要是基于目的地与惯常生活环境的认知差异产生。旅游者在目的地时，对目的地的认知是基于以往的认知图式，而认知图式的形成是基于旅游者的记忆，因此旅游者以往的记忆是异地感的一个重要的成分。正如 MFW-YJ-23 所描述，对墨尔本的印象也是基于以往的游玩的城市的印象产生。当旅游者到达一个陌生的地方时，首先会调动记忆里面相似的地方进行对比，进而进行情感评估，而评估过程影响对目的地的态度。如果评估的结果是正向的（差异），则对目的地形成积极的态度，如果是负向的（无特色），则对目的地形成消极的态度，进而影响旅游者的行为意向。

人们从决定外出旅游的那一刻开始，想象的种子就在内心里发了芽，随着旅程的进行,想象伴随着旅游者全程。Urry 在其著作《游客凝视》中谈道:由于文化全球化的进程,旅游者选择目的地和实践,与文化生产、社会进程、地域文化想象有着深刻的辩证关系(卢桢,2011)。亦可这样理解:目的地与客源地的文化距离是旅游者想象的源泉,是吸引旅游者前往的一个缘由,而旅游者为了印证原有的想象,就会在目的地时凝视符合他想象的、独具特色的风景,而这些独具特色的凝视对象,反过来同样会唤起旅游者身在异地的认知,不断地提醒自己是在体验不同于日常生活的愉悦感受。异地感作为一种主观的感受,旅游者经过对目的地各种符号的凝视和想象的印证过程,以及对目的地景物不断生产和建构符号,强化自身处于异地的认知,进而上升为个体的主观的心理状态。

**4. 积极/消极情绪**(positive/negative emotions)

异地感作为旅游者的一种心理状态,其必然包括情感成分,而情感成分外在表现为情绪。心理学家认为情绪不仅包含主观感受,还包含思想和行为(Peterson,2010)。情绪又分为积极情绪与消极情绪。笔者据网络文本资料的情感成分分析,积极情绪表达得较多,如快乐、兴奋、新奇,消极情绪较少回忆起,如恐惧、孤单、沮丧。在描述一种情绪后,游记博主通常会提供更多的旅游经历细节来支持他们的说法。这反映在他们对"我"的个人定义中,因为他们经常提到这种情绪的重要性。它还拓宽了探索性行为,并创造了确认或纠正最初预期的学习机会(Fredrickson,2001)。此外,积极性会产生更准确的知识,从而成为一种持久的个人资源。异地感中的情感成分,很难仅用某一种情绪来表达,而是多种情绪的综合。总体来讲,异地感中的情绪分两类:一类是先于认知产生的情绪,并且是独立的,这类情绪的代表是旅游者对目的地环境的初始的、快速的反应,比如对目的地周围景观、建筑的形状、比例、颜色、图案产生的惊奇感、新奇感等(Zajonc,1984)。另一类是基于认知产生的情绪,这类情绪在异地感中起着更为重要的作用。当旅游者处于一个陌生的环境当中,旅游者需要去了解和认识周围的环境,这个过程包含着分类和无意识的思维判断(Kaplan,1989)。如果旅游者不对景观加以主观上的解读,客观上的景观不会有任何象征意义的存在,因此目的地环境唤起旅游者的情绪,是以旅游者对其"符号"意义的解读为基础,是基于认知才产生思维判断。而这两类情绪外显表达为积极和消极情绪,异地感包含着复杂的情绪成分,正如 MFW-YJ-17 所描述前往较为陌生的地方,会让自己更为激动和兴奋,因为都是全新的体验;而 XC-YJ-14 认为异地的体验是喜悦和孤独交织,并且当前往周围环境都陌生的地方,往往还会伴随着不安全感、害怕等情绪。因此,异地感中的情感成分是融喜悦、兴奋、孤独、害怕等积极和消极情绪为一体。

**5. 个人身份**(personal identification)

当人在进行自我叙述和处理问题时,他/她必然会进行认知行为,将自己定位于事件发生的世界当中。这些行为包括问代名词的问题，比如我是谁？我在哪里？正如 William James 所指出的那样，事件发生的世界不是一个繁花似锦的混乱世界，而是一套松散有序的环境系统或生态系统（Sarbin，1983）。身份是心理学的核心概念，是描述个人在社会和政治环境中的地位的一种方式，即"我们认为自己是谁、判断他人与自己是什么关系等"（方明，2017）。并且身份作为确认和识别某人的特征的总和不是一成不变的，而是随着社会情境以及个人经历的改变进行相应的建构（余志远、沈晓婉，2013）。旅游世界作为生活世界的溢出，其具有天然的吸引力。生活世界枯燥、乏味，甚至各种规则和制度的束缚，让旅游者想逃避生活世界去陌生的旅游世界。在旅游世界中的旅游者的角色，让其卸下了许多身份的"枷锁"，在旅游世界中做真实的自己。旅游者在不同文化、背景、地域等目的地通过亲身参与、观看等行为，发现自身与他者之间存在的差异，从中找到自我、发现自我以及建构自我，进而具象化为个人身份，简而言之，身份就是自我的具象化的展现，而自我包括多个身份（陈文斌，2016）。自我概念是个体思维和概念的集合，由个人身份与社会身份构成，个人身份是指个体的独特特征；社会身份是指凸显的群体分类，比如民族（粟进英、郑莉莎，2015）。Ryan&Deci（2003）认为人们在特定的社会政治背景下，形成了适应特定的地点和时间的感知。

Urry（2002）认为旅游本质上是体验"差异"的行为。对于旅游者而言，将自我定义为"我者"，而将目的地的人与物定义为"他者"，当旅游者前往异地体验时，对异地的他者的描述和理解，是置身于在我者的文化、规则以及习惯之外的（钱俊希、张瀚，2016）。旅游者在异地的体验与感悟，从潜意识就将自我与他者分离开来进行。异地感作为旅游者与环境互动过程中的认知比较与情感体验，在其形成过程中包括个人身份的不断认知与建构，尤其是在发现与当地居民的文化或生活有较大差异时，不仅对个人身份的认知会更加明确，而且在不断的反思过程中认识自我。比如 XC-YJ-08 将其定位为异乡人，这种身份建构是与"他者（当地居民）"进行比较产生，并且在这种身份的认知下反思，希望在异地能得到更多的温暖，并且保持善良。异地感的产生不仅是由于外界环境的刺激，重要的是旅游者对"自我"的认知。从游记 XC-YJ-13 的描述中体现出旅游者认为自己对当地居民而言是"外来者"，旅游者以现代人的身份去审视他者的生活和建构他者的身份，这种审视和身份的认知反过来加深旅游者异地感的强度。

### 6. 识别与感悟（recognition and sentiment）

异地感产生是基于对目的地的识别，区别出目的地与惯常生活环境的独特性，而这个过程伴随着旅游者对目的地的认可以及自我感悟。本文中认为异地感中的识别与感悟成分是指旅游者对目的地景观/文化的认可度以及能区分出该目的地与其他地方的不同（地方性认同），并基于旅游者记忆与体验、现场感受以及目标和价值等因素产生的对目的地景观的感悟。异地感属于旅游体验中的一类，而作为异地感的体验包括对目的地环境的认可、满意以及亲切感,亲切感是指旅游者在观赏景观过程中精神层面上对环境的感觉(段义孚,转自宋秀葵,2017),并不是感官上的体验,而是精神层面的体验。旅游者融入当时的氛围,身心浸入体验,由于自身的知识与经验以及在场体验,旅游者有感而生的敬佩自然或者感叹历史文化的积淀,或者对当地的生活方式以及地方特色的认可等,因为异地感是旅游者在旅游体验过程中产生,离不开对目的地的理解和认可,或者是自身的想法。

### (四)异地感的产生

#### 1. 异地感产生的起源:好奇心和需要驱使逃离日常生活

科恩(1972)提出,大众游客对异地环境的浓厚兴趣以及游客对超越自己文化世界的强烈体验愿望是旅游产生的原因。简而言之,吸引游客的实际上是另类景观、另类生活方式和另类文化所具有的那种陌生和新奇。旅游者每次出游都是一次从惯常生活环境前往异地的空间的跨越,惯常生活环境与旅游地之间存在的差异是吸引旅游者前往旅游的一大原因,同样也是一次体验新生活和差异的机会:新奇与陈旧、变化与常规、自由与约束,这些差异的存在让旅游者的体验大不相同(谢彦君,2005)。如何解释旅游者的上述行为,学界一直致力于研究该问题。谢彦君在其《旅游体验研究———一种现象学的视角》中在解释旅游行为的模型中提出,旅游者行为的根本动力是由于旅游者生理或心理的失衡所产生的旅游内驱力,其在个体意识层面上演变成旅游需要,旅游需要导致旅游动机,进而影响旅游者的行为。

孙喜林(2016)从心理学角度出发,认为旅游本质是以好奇心(Curiosity Motive)为核心的刺激寻求的需要。好奇、探索、操弄被认为是人类基本的心理驱动力,它们是由生活环境对个体的刺激引发,是属于个体的先天的、内在的驱动力。心理学上认为刺激寻求存在两种类型:普通刺激寻求和高级刺激寻求,对旅游者来讲主要是以好奇心为核心的高级刺激寻求,具有新奇性和差异性,换句话讲即求新、求异(孙喜林,2016)。而成人由于知识经验的丰富,周围普通的刺激满足不了其需要,而此时旅游恰好是满足其好奇心需要的一种方式。其实旅游行为的产生,其直接的心理原动因是人的动机,而隐藏在动机背后的原因则是人的需要。据心理学分析,旅游动机的产生受两方面的影响:单一性需要和复杂性需要的结合;好奇心。单一性需要是指旅游者在旅游过程中寻求标准化的旅游设施和服务;复杂性需要是指人们寻求新奇、变化等,即人们游览从来没有去过的地点;好奇心顾名思义是指旅游者喜欢对新环境进行探索。旅游者外出旅游的动机是多种多样的,很难用一种动机描述清楚,但就好奇心驱使的旅游行为的产生,其必然存在好奇、探索和审美等动机,表现在行为上即旅游者喜欢到一个地方时参观或游览有特色的景点,以及体验异地的文化和风俗。正如俗语所讲"熟悉的地方没有风景",分析其原因无外乎两点:第一,心理距离太小,此时个体与周围的环境关系是过度的实用和功利性，导致个体对周围的环境失去审美的视角。因为经验距离太小，旅游者无法摆脱日常生活中的习惯态度，导致失去其审美的心理距离；第二，审美疲劳，尽管旅游者和居民观赏的景观是相同的，但是由于当地的景观对居民而言缺乏新奇性和复杂性，使其对当地的风景失去了兴趣。第三，日常生活的枯燥、乏味以及各种规则的束缚，让旅游者产生逃离日常生活的需要，前往旅游世界体验新奇、异域的风情，体验不一样的生活，转换自己的心境。上述三点原因也解释了异地感产生的起源。旅游者的好奇心和逃离枯燥乏味的日常生活需要，导致旅游者期望去异地观赏异域风景，体验异域文化。而在旅游者与目的地的直接体验当中，这种需要则转化为现实的情感体验。旅游者在目的地游玩过程中，与原住地的认知经验进行比较，来寻求异地的自由与价值的满足。异地感产生起源关系图如图5-2所示。

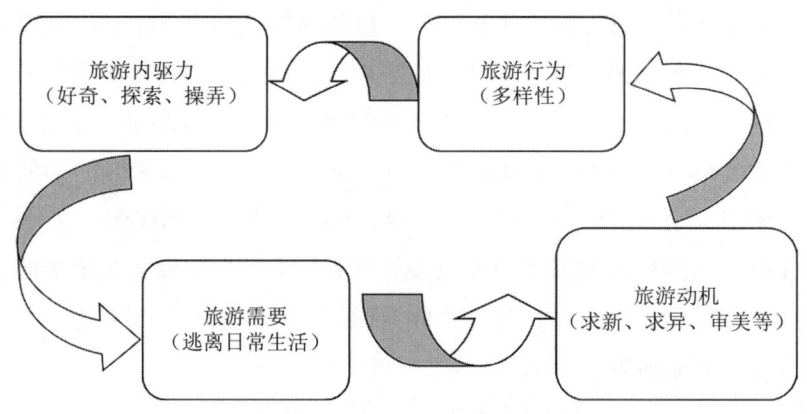

图5-2 异地感产生起源关系图

**2. 异地感产生的机制：距离—唤起—评价机制**

从异地感起源分析，异地感源于好奇心和需要导致逃离日常生活；从产生时间分析，产生于旅游体验过程中，尤其是在场体验，在体验中感知环境与建构意义。国外对旅游体验的研究中还涉及目的地意象（destination image），旅游地意象的形成依赖于游客的感知和体验，因此旅游体验研究的一个重要研究视角是目的地意象（唐文跃，2013）。意象（mental-image）最早是由 Boulding（1961）提出，认为意象是由体验、态度、记忆和即时感觉组成的心智图（mental picture）。而最早将意象引入旅游学科可追溯到 Hunt 的博士论文当中，从此，目的地意象在旅游学科中得到广泛的应用（白凯、赵安周，2011）。目的地意象（destination image）是指旅游者对目的地的认识、印象、感知以及观念的综合体（Crompton，1979）。Gunn 在 1972 年首次提出旅游目的地意象的分类：原生意象（original image）和诱发意象（induced image），前者是指没有实地参观和到访时对目的地的意象可通过报纸或视频形成；后者是指通过宣传材料或者实地参观后形成，此类意象更主要的是旅游者通过宣传材料或者亲朋好友的口碑传播，受诱导前往目的地参观的过程。随后 Fakeye（1991）和 Crompton（1991）在 Gunn 的研究基础上，认为目的地意象有三类：原生意象（original image）、诱发意象（induced image）以及复合意象（complex image），该研究认为除了前两种意象，旅游者到达旅游目的地之后形成的意象即复合意象（complex image）也十分重要。Pike&Steven（2002）提出目的地意象研究的核心假设是目的地意象在个人旅行购买相关决策中起关键作用，并且个体旅行者对旅行购买的满意/不满主要取决于他对目的地的期望的比较，或者先前保存的目的地图像，以及他对目的地的感知体验。目的地意象形成的过程是受个体的知识、经验、态度以及情感等多种因素的影响，其主要是指对目的地的感知体验。目的地对旅游者而言最重要的特征是其可识别性与可解读性（Lynch，1960）。Nairn（1965）也认为个体生来就有一种需要，这种需要是识别周围环境并与其建立一种关系。而异地感的形成过程包含旅游者对目的地的环境感知、识别以及与原有的认知意义/解释比较产生的情感评价过程，并且主要与日常生活经验、目的地景观有关，比如目的地环境与惯常生活环境差异较大时，包括自然环境、人文环境以及由于旅游氛围环境的差异，异地感的感觉会更强烈。基于此可发现异地感是旅游者内在和外在活动的集合，先对外部环境或事物给予注意并感知，然后转化到旅游者的内在心里世界，内外经过多次的互动后达到一种认知、情感、行为高度一致的心理状态。因此笔者大胆假设异地感形成是经过旅游者对目的地形成的意象，并且受惯常生活环境的认知经验影响，进而形成对目的地特殊的情感体验，这个过程包括对目的地的识别、对比以及情感评价。异地感的产生机制如图 5-3 所示。

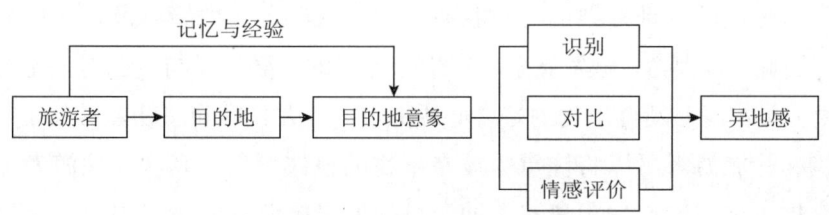

图 5-3 异地感的产生机制

旅游者对距离的感知不仅会影响旅游者的出游决策，并且还会影响旅游者在旅游目的地的认知行为和意象的形成，而心理距离是感知距离一个重要的维度（曹晶晶，2018）。异地感强调的是旅游者对目的地与惯常生活环境之间的差异的感知，而目的地与惯常生活环境的差异不是客观的物理距离所决定，而是受个体的心理距离的影响。心理距离是异地感产生的不可缺少的一个条件，可以说是其产生的必要条件。心理距离是指以自我为中心，主体与客体在时间、空间和社会方面的主观距离（Trope & Liberman，2003）。美学大师 Edward Bullough 在 20 世纪上半叶提出"心理距离说"，用于解释美学中关于其本质的争论。该理论认为审美主体与客体要保持适当的心理距离，审美活动才能够得以顺利展开，这样是为了摆脱生活世界中的功利视角，以审美视角去欣赏美的对象。在美学中的心理距离说中，还包含以下含义：审美心理距离，是指审美态度与日常生活中的实用态度之间的差异；经验距离，是指主体与客体之间的经验差异，即客体的陌生感；客体与现实对象之间的距离（差异），是指主体对客体陌生的感知等（马大康、张书端，2007）。此外Edward Bullough认为适度的经验差异是审美主体欣赏艺术品的最佳条件，并且提出"差距"和"超距"两个概念，意思是心理距离过低或过高，都不能令审美主体享受到愉悦感（赵志军，1996）。而后延伸到社会心理学当中，认为心理距离的产生与物体或事件在时间、空间、文化和概率上的感知距离有关，其主要含义是现实的构建水平（Trope，2007）。在心理学中，将解释水平理论（Construal Level Theory，CLT）与心理距离联系起来，该理论核心是关于心理距离如何影响个体思想和行为。按照该理论，心理距离越近，对现实的心理解释就越具体、层次越低；心理距离越大，对现实的理解就越抽象、层次越高（Trope，2007）。综合上述观点，心理距离不仅影响旅游者对目的地的感知距离、影响旅游者的出行决策，还影响旅游者对目的地景观的审美以及理解。

异地感作为旅游者的主观的情感体验，并不是所有的旅游目的地都能令旅游者产生异地感。笔者在上述研究的基础上，设想能让异地感得以产生的一个重要的因素是心理距离，不是简单的物理距离，而是旅游者对目的地的主观的心理距离。首先，异地感是对惯常生活环境以及目的地的经历和认知，并在此基础上比较目的地与惯常生活环境的差异所形成的一种复杂的心理状态，它对旅游者的情绪以及自我调节方面有重要的作用。因此，能刺激/触发旅游者产生差异感的，必然是与自己有一定距离的目的地，这是由人类本身对新奇事物的好奇心所决定的，并且客观事物能够超出个体需求和目的的范围，让旅游者可以将注意力放在事物的整体形象。其次，旅游者（主体）与目的地（客体）之间的心理距离，有助于目的地对旅游者的吸引力，满足旅游者好奇心的需要。Lee（2007）认为文化的相似性和空间的距离影响着游客的旅游意向，这也表明旅游者喜欢寻找有差异感的旅游目的地，而且还会影响旅游者对目的地环境的解释水平。解释水平理论（CLT）认为个体与物体之间心理距离的远近对其解释现实有影响，心理距离越远旅游者对目的地的感知和解释会更加抽象以及情感化，能较大程度发挥想象去创造它。从这个角度理解，异地感是旅游者对目的地较高层次的解释和感悟。Francesco&Fabio（2013）通过对遗产地旅游体验的研究发现，与当地游客相比，国际游客对遗产体验的理解程度要高得多，从研究结果分析得知，心理距离较远的旅游者旅游体验较为情感化、整体化以及高度建构化。心理学中的唤醒理论认为，人类不同的活动需要不同的适度唤醒水平（黄希庭、郑涌，2014）。一方面，按照旅游者对距离的知觉分析，存在一个适度的距离使得客体对主体的吸引力程度最大。因为距离过近，环境的同质性偏大，满足不了旅游者的好奇心，因此即使身处异地，异地景观唤起旅游者的情绪水平较低；距离过远，无论是出游成本高，还是目的地过于陌生，让旅游者产生不安全感，都会阻止旅游者出行。另一方面，从旅游者对目的地环境的解释与体验进行分析，心理距离过大，超出旅游者想象、理解范围，旅游者很难对其产生共鸣，很难投入进行体验；而心理距离太小，则旅游者会陷入"不识庐山真面目，只缘身在此山中"的现象，这种情况旅游者很难摆脱现实生活中的实用和功利性视角去观赏周围环境，与生活世界中的体验无法区分，旅游世界中的审美体验无法展开，导致旅游者的异地感很难被唤醒。距离与吸引力关系图如图5-4所示。

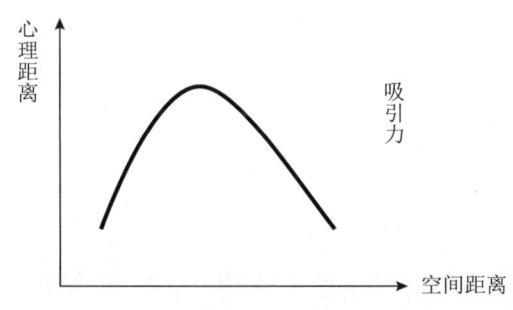

图5-4　距离与吸引力关系图

与旅游者具有一定心理距离的目的地环境不仅可以唤起旅游者的注意（Ban&Lee，2011），还可唤起旅游者个体的记忆，个体的记忆可以通过其他地方的具有地方性质的环境所唤起，即使个体从没有经历过这些真实的地方，也能唤起个体的记忆，比如个体对相似环境的对比。麦金托什和普伦蒂斯（1999）描述了旅游的三个过程：现在与过去的比较、获取知识和思考自己过去的经历，从侧面验证了记忆在旅游体验中的作用。记忆、想象与情绪的唤起程度不仅与旅游者的经验知识相关，同时受目的地的环境与以往体验的环境之间的差异的影响，这种唤起存在于与旅游者有一定心理距离的目的地的体验中。由心理距离的刺激唤起旅游者对过去与现在的比较，是异地感形成的重要过程。在旅游体验当中不仅要理解现在，人们需要以更多可以体验到的形式与过去进行比较（Timothy，1997）。可见，旅游者异地感的产生是基于旅游者眼前场景的认知与过去经验的比较与评价。那些与旅游者有适度心理距离的景观或文化，唤起了旅游者的记忆、想象与比较，进而与以往的大脑中的经验进行比较，而这种比较与评价离不开对现场场景的深入感受与理解，是记忆、想象、比较等多种心理反应共同作用的结果。如果这种比较结果是存在差异，令旅游者兴奋与满意或陌生与不安全，那么就形成异地感；如果比较结果是几乎无差别，那么则会产生无趣、乏味的情绪，此种情况下，异地感则很难产生。因此，异地感的本质是旅游者对目的地环境与惯常生活环境之间的差异性、特殊性的感知与情感体验。当旅游者在目的地体验过程中，通过识别、判断目的地的地方性，形成目的地意象，并将目的地意象与以往的认知经验进行比较与评估，便产生了异地感。旅游者的旅游体验质量不仅受记忆、想象、比较等唤起程度的影响，也受旅游者现场体验与以往体验的差异程度影响。因此，在某种旅游情境中距离—唤起—评价机制（见图5-5）是异地感形成的重要途径和机制。

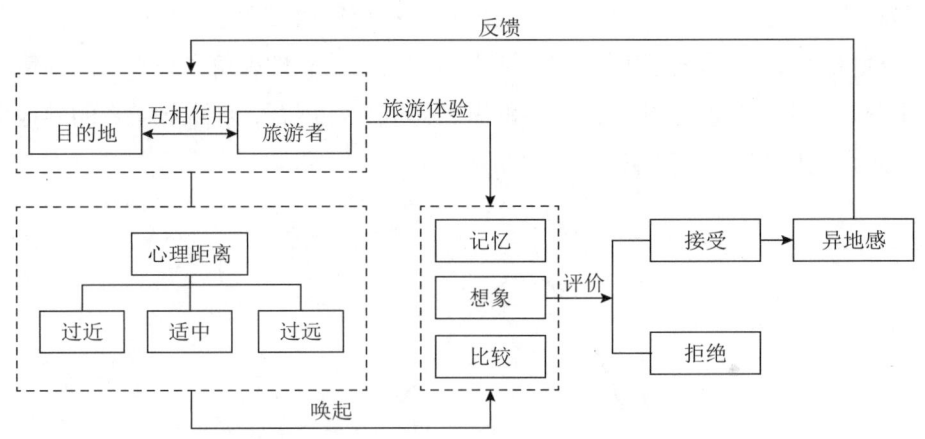

图 5-5　异地感形成：距离—唤起—评价机制

### 3. 异地感与情感评价

环境评价是个体对周围环境以及情境中所接受的信息价值的评价。异地感包括旅游者对目的地的环境感知、识别以及与原有的认知意义/解释比较产生的情感评价过程，因此旅游者对周围环境以及情境中所接受的刺激以及对其的理解与评价和异地感产生是相互关联与影响。情感评价与个体的情绪相关，是指个体对环境中所唤醒的情绪品质的判断，譬如：环境是愉快的还是不愉快的，是兴奋或是沉闷的，无聊的或是有趣的等（徐磊青）。旅游者对目的地环境的情感评价有助于或者阻碍异地感的产生。异地感是对差异性的体验，如果目的地环境让旅游者感觉沉闷或者无趣，那么唤起旅游者产生异地感则较为困难；反之，则有助于唤起异地感的产生。

情感评价是基于情绪的唤起，而情绪是环境刺激所唤起的情绪，直接指向的是环境或环境中的实体（滕瀚、方明，2017）。Russell（1990）在对情感评价的研究过程中，提出情绪分类模型，认为情绪包括两种类型：愉悦度与唤起度，这两种情绪组成了情绪的环状模型（见图5-6）。横坐标（愉悦的—不愉悦的）与纵坐标（唤起的—非唤起的）相交叉组合成四种类型，本文在基于逻辑推演与文献资料的基础上，认为异地感中涉及的情绪品质的判断，主要集中于Ⅰ、Ⅱ象限的情绪，旅游者在对环境进行评价时，愉悦的、兴奋的以及自在的、满意的等积极情绪对异地感唤起作用较大，这也与旅游的刺激寻求与安乐寻求的本质相符。旅游者对环境的情感评价，不仅仅是对当前环境的感知,也与出行前的期望以及目的地环境与惯常生活环境之间的差异相关,如日常生活工作的乏味让旅游者的情绪唤起水平降低,而目的地环境的安静、自由让旅游者感受到差异,有助于提升其唤起水平,产生相应的情感评价。异地感正是基于对差异性的体验,与惯常生活环境具有差异的环境更容易唤起异地感,因此旅游者对目的地环境的情感评价影响旅游者产生异地感。反之,旅游者异地感的产生反过来会影响其对环境的情感评价,表现为积极情绪的异地感会让旅游者对周围环境的情感评价比较积极,如高兴的、愉悦的、自由的等;而表现为消极情绪的异地感则会让旅游者对周围环境的情感评价比较消极,如害怕的、恐惧的等。

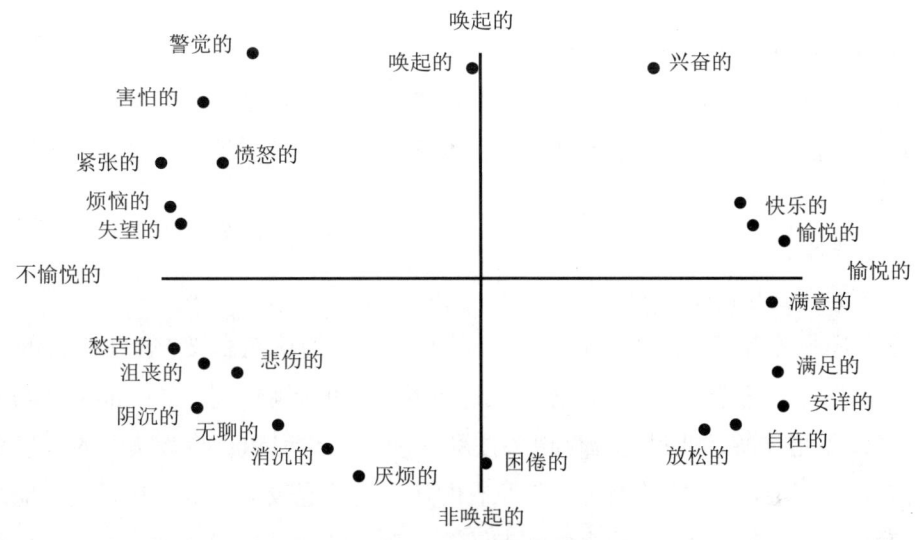

**图 5-6　Russell 情绪的环状模型**

资料来源:黄希庭,郑涌.心理学十五讲.2版,北京:北京大学出版社,2014

**4. 异地感的动态演变过程**

异地感作为一种心理状态,并不是一成不变的,而是经历动态—稳态这一过程。旅游者的异地感是经历过一系列的认知、情感以及意志等心理活动而逐渐产生的一种较为稳定的心理状态。旅游者异地感的产生离不开旅游者对目的地环境与惯常环境之间的认知差异、产生的情绪体验以及与环境相互作用的意志行为,而且人体情绪的唤起具有周期性的变化,即人体的情绪是在激情与平缓中不断地变化,很难长期维持一种情绪状态。旅游者的异地感被唤起之后,随着时间的延长以及对目的地周围环境的熟悉,由一开始的新奇事物刺激的激情状态,激情状态往往伴随着强烈的生理变化以及较为明显的外部行为展现,如旅游者一开始兴奋地喊叫以及"疯狂"拍照,慢慢演变成为较为稳定的心理状态,这时候的异地感表现得较为理智(见图 5-7)。

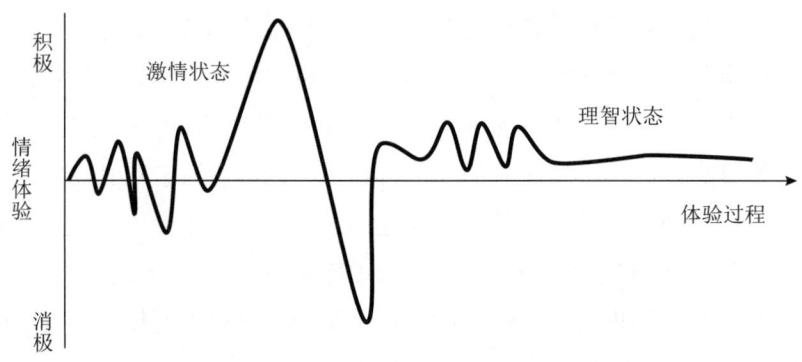

图 5-7 异地感的动态演变过程示意图

**5. 旅游体验中异地感的影响因素**

异地感源于旅游者的好奇心,是通过旅游者与目的地环境互动产生的主观感受,不仅受其知识经验、文化水平、个性特征以及社交的影响,还受目的地景观、旅游活动方式等客观因素影响。

(1)主观因素

A. 个人的知识与经验

异地感是旅游者对目的地的环境感知以及与原有的认知意义/解释比较的情感评价过程。个人的知识与经验是异地感产生过程的重要的影响因素。McIntosh 和 Prentice(1999)早前就指出游客通过选择性地关注和匹配个人知识和经验所获得的信息来产生自己的体验。知识经验丰富的旅游者其原有的认知经验也较为丰富,其对目的地选择的要求也较高。Chronis(2005)认为旅游者游览一个目的地结果就像是一个"文化叙事",它是由目的地提供的信息、个体的历史知识和他们通过想象追随这一叙事的个人斗争丰富和完成的。上述研究都表明个人的知识经验对旅游体验的影响。异地感作为旅游体验的一类,最主要的成分是认知成分,主要是通过认知比较产生,同样受个体的知识经验所影响。此外 Cook McLeary(1983)在其研究中表明认知距离和真实距离的失真受到知识和经验的影响,进而影响旅游者对目的地的感知体验。综上,第一,不同年龄、性别、职业以及文化程度的旅游者具有不同的知识与经验,导致旅游者对目的地环境的解释和认识是不同的,进一步导致对目的地的感知不同。第二,旅游者以往的旅游经验会在个体的记忆中保存下来,形成旅游者的认知图式,当旅游者出行经历较多,其认知经验就更为丰富,在选择目的地和目的地体验过程中的要求就会更高,其情绪唤起就较为困难,所谓"见多识广",其新奇感和差异感等情感的唤起困难度提升,异地感就较难产生。

B. 旅游者类型

不同类型的旅游者对旅游的要求不同,自然产生旅游体验的差异性。一方面,异地感的形成基于旅游者对目的地的感知，而旅游者自身的文化、性格、动机、心理情况以及期望是目的地感知的重要影响因素（Kevin Lynch，2001）。Cohen按照旅游者对精神意义的追求将其分为休闲型、转移型、体验型、试验型以及存在型，不同类型的旅游者对景观的要求不同。休闲型和转移型的旅游者对新奇事物的好奇心低，他们更享受易于掌握的旅程；而体验型、试验型以及存在型的旅游者喜欢寻求异域真实的景观。对于前者，由于其心理特征，其异地感唤起强度较低，而对后者，异地感唤起强度较高。另一方面，不同旅游者的个性心理特征不同。心理学认为，人的个性特征（兴趣、爱好、态度、情绪、偏好等）直接影响人对周围环境的感知（唐文跃，2013）。个性指的是人的整体的心理面貌，是一个人经常发生的、相对稳定的心理特征和非倾向性特征的总和（胡华，2009）。美国心理学家S.Plog根据旅游者的个性心理特征，将旅游者划分为自我中心型、近自我中心型、中间型、近多中心型以及多中心型。按照S.Plog的论述，自我中心型的旅游者表现为束缚、自律，并且不喜欢冒险和求新，喜欢前往较为熟悉、有安全感的地方旅游；而多中心型的旅游者富有冒险精神、自信、追寻刺激与新奇，喜欢前往与惯常生活环境有较大差异的地方旅游（谢彦君，2011）。基于此分析，并不是所有类型的旅游者都能产生异地感，异地感的产生源于旅游者的好奇心和需要，因此旅游者越靠近多中心型的类型越容易产生异地感，因为此类型的旅游者在出行前选择目的地主要以寻求差异为动机，对目的地的期望与靠近自我中心型的旅游者有较大的区别。

C. 心理距离

心理距离是异地感产生的一个重要的影响因素，甚至是产生的必要条件。心理距离的产生与物体或事件在时间、空间、文化和概率上的感知距离有关，其主要含义是现实的构建水平（Trope，2007）。心理距离属于跨领域范畴，其以自我为参照点，向不同维度延伸，主要包括四个维度（见图5-8）：①时间距离（temporal distance），过去或未来距离个体多长时间；②空间距离（spatial distance），客体在空间维度上与个体的距离；③社会文化距离（social-cultural distance），个体与社会客体/文化的亲疏程度/差异程度；④假设性（probability），事件发生的可能性，或者事物存在的可能性，较多指事物与个体现实生活的距离（华生旭，吕厚超，2012）。在个体的日常生活中，并不是只有一种距离产生作用，而是多种距离综合作用，因此时间、空间以及社会文化距离结合起来定义的心理距离用来解释异地感更合适。一方面，随着全球化的进展，物理距离对人的影响越来越小，但心理距离却并未因为时空距离的减弱而消失，反而因为现代化的进程、意义和内涵的丧失，心理距离日益加大（董培海、李伟，2013）。异地感是基于时空落差或心理距离导致的差异，并在此基础上形成的新奇感、充实感、实在感。另一方面，按照解释层次理论，心理距离越近，对现实的心理解释就越具体、层次越低，心理距离越大，对现实的理解就越抽象、层次越高（Trope，2007）。Liberman和

Shapira（2009）发现个体对于新奇事物的解释水平较高。Foster（2009）通过对被试者接触新事物的次数进行实验发现，被试者接触新事物次数越多，越关注事物的细节，反之，被试者开始接触新奇事物关注的是事物的整体和高层次等方面，实验结果表明：个体对新奇事物的解释水平较高，换句话讲，事物与个体的心理距离越远，个体对其解释水平较高。异地感作为旅游者在与目的地互动过程中产生的认知、情感与行为高度一致的心理状态，由于一定的心理距离和独特的旅游情境唤起旅游者的心理反应，较高的心理距离导致旅游者对现实的解释是较高层次的，即关注目的地的环境的整体，产生较为抽象的情感体验和内心感受。

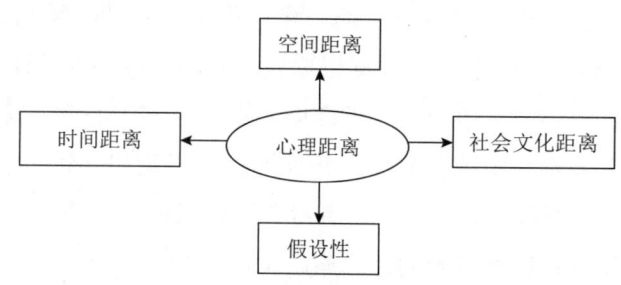

图 5-8　心理距离的维度

（2）客观因素

A. 环境的差异

居住地与目的地之间的环境的差异是吸引旅游者的一个重要的因素，这种差异不仅包括自然环境，还有社会文化环境。从自然环境上，"白马秋风塞上，杏花春雨江南"，这种自然的差异性包含了气候、地理条件、自然景观的不同，给予旅游者感官上的异地感体验，满足了旅游者欣赏别处的美的心理期待，体验到了不同韵味的美，在大自然中获得了暂时的满足和忘我体验。旅游目的地之所以吸引旅游者前往，重要的是由于目的地存在独具特色的、具有吸引力的自然或人文等旅游资源。地域差异导致旅游资源在宏观层面上形成明显的区域差异特征，正是由于这种差异吸引旅游者前往目的地，才形成了旅游者大规模的空间流动。自然环境的独特性，导致目的地形成地方特色与独一无二的风景，并且对地域性居住环境和建筑风格产生影响，如傣族特色的居民建筑是源于自然、融于自然、顺应自然，是其民族文化所在，也是旅游者感知意象的来源。从社会人文环境上，人文旅游资源是社会人文环境重要的构成内容，是由人类历史文化活动积淀所产生，其形成不仅受民族、历史、文化的影响，同样受自然环境的影响，由此产生地域之间的差异（谢彦君，2011），而这一差异特征同样是吸引旅游者前来的重要原因。异地感可以理解为旅游者对目的地与惯常生活地之间差异的体验，而这种体验的重要方式是对环境差异的感知，由于目的地与客源地之间的距离，导致二者在自然环境与社会人文环境产生较大的差异。

B. 参与旅游活动的内容和方式

旅游者与目的地互动的一个重要的途径和方式是参与旅游活动，这是旅游者感知和体验目的地的重要途径，因此旅游者选择出行的时间、方式以及活动内容对其旅游体验产生直接的影响（唐文跃，2013）。异地感包括旅游者对目的地环境的感知、比较与评价，旅游者出行的时间决定了目的地自然景观的特征，对游客感知景观产生间接的影响；旅游者旅游方式、活动内容以及线路安排影响旅游者与目的地之间的互动，进而影响旅游体验，影响体验过程中的情感评价。

C. 异地感类型以及唤起情境分析

旅游体验发生在以一个个不同的情境构成的旅游世界当中，对于旅游者而言，旅游情境不仅是其观赏、游玩以及体验的环境，还是唤起旅游者注意、记忆以及情绪的重要的"刺激物"。旅游情境作为异地感概念中重要的维度，它可以促进/组织旅游活动的展开，有助于旅游体验质量的提升/降低；旅游者在欣赏目的地的景色以及感知环境时，不同情境中的景观唤起旅游者以往的记忆与经验，进而对目的地产生不同的情感。

异地感的唤起受旅游者的心理距离与旅游情境双重影响，且心理距离依赖于特定情境以及情境中人的心态（汪丁丁，2014）。寻求不同旅游情境的唤起异地感产生的因素，有助于进一步理解旅游者与目的地环境之间的关系。通过旅游者描述的不同情境中的感受，探索出旅游情境中吸引旅游者的因素以及不同情境中的异地感的区别。在对网络文本进行分析的过程中发现，不同的目的地情境旅游者产生的体验不同，且异地感的唤起受心理距离与旅游情境共同影响。通过类属分析法，将异地感产生情境分为自然景观情境、人文历史情境，按照体验内容，将异地感划分为浅表型与体验型。

## 五、异地感的类型及唤起情境分析

### （一）自然景观情境：寻求别样的美

自然景观欣赏是旅游活动中最重要的组成部分，欣赏自然的雄伟与威严，同时也观察人作为自然之子的灵性和性情（陶玉霞，2018）。都市生活中千篇一律的高楼大厦以及枯燥乏味的工作生活，让旅游者迫不及待地想要摆脱这种快节奏的生活。而自然山水、原始环境等自然景观不仅让旅游者远离都市生活的喧嚣以及摆脱工作的压力，而且让旅游者感受到大自然的优美与辽阔，让旅游者在大自然中体验自己理想的生活。惯常生活环境与自然景观环境之间的紧张与放松、枯燥与有趣、封闭与辽阔等的心理感受上的差异，让旅游者在目的地体验上的愉悦之感更加突出。康德的美学是以自然审美为基础而建构，俗语中"自然风景美得像一幅画"，类似这种语言的表达是自然审美中的一种欣赏方式。尽管旅游偏好受旅游者个体差异的影响，但人们似乎天生对自然有着某种偏好，寻求不同于日常生活中的自然之美，在大自然中感受放松、感受愉悦、感受生活。

**浅表型异地感**

空间距离使得目的地与生活地之间的气候和景色产生差异，让旅游者感受的是直接的刺激和感官冲击，自然环境的差异让旅游者较为明显地产生异地感。惯常生活环境与目的地之间的环境的差异，让旅游者产生的是较低层次的异地感，属于浅表型异地感，这种类型的异地感是指旅游者的体验层次较低，感官上的冲击让旅游者感受到愉悦，主要是娱乐型、审美型体验。正如XC-YJ-16认为地域的差异让自己似乎有了穿越的感觉，该感叹人类的伟大。此外对空间距离的相关的研究在文献中比较少见，更多的是与视觉表征有关。例如，Walmsley和Jenkins（1992）发现，与居民相比，游客在认知地图上包含的特征更少。同样，Young（1999）发现国内游客在空间元素方面有更详细的认知地图，而国际游客对这个地方有更抽象的印象。笔者在分析文本资料时发现，在自然景观情境中游客关注的要素或者说吸引旅游者的是自然的美景、真实性、安静的环境以及有特色的动植物。此外，在自然情境中，旅游者更多的是感官上的体验让自己感觉到身处异地，进而产生异地感。

自然景观情境下的异地感是对跨越物理空间形成的天然的景观差异感知与比较形成的，其离不开对大自然的审美与欣赏，而自然审美的形成离不开个体的"经验距离"，即客体对象（自然风景）与现实生活的距离。只有以这种审美的态度欣赏大自然的美景，才能形成较为印象深刻的体验。也可以说，空间距离导致的自然景观的差异以及旅游者与自然景观对象物的"经验距离"为异地感的形成提供了条件，因为空间距离引起的心理距离影响旅游者对目的地的感知和理解。空间距离感具有足够的主体间客观性（汪丁丁，2014），一方面，空间距离对旅游者的认知产生了阻碍作用，但是加强了旅游者的想象能力，其神秘与陌生产生了巨大的吸引力；另一方面，旅游者物理空间的转换实现了心境的转换，在大自然的优美风景中，处处体现出不同于惯常生活环境的景色，让旅游者的心境从忙碌的工作生活中转换到轻松愉悦的自然审美状态中。就自然情境而言，心理距离受空间距离的影响，客源地与目的地之间的距离差异导致旅游者时时刻刻感觉自己处在这个异地的氛围当中，感受到异域感，自己似乎融入又似乎以一个"他者"的身份在观察整个环境。

### （二）人文历史情境：追寻别处的生活与过去

McIntosh和Prentice（1999）描述了人文历史情境旅游体验过程：现在与过去的比较、获取知识和思考自己过去的经历。然而，这些过程之间并没有明显的区别，并且可能重叠。例如，Goulding（2001）发现，将现在和过去以及新出现的记忆和其他个人因素进行比较，会使个人为逃避而怀旧。同样地，作者认为知识的获取是通过审美来实现的，但是Chronis（2005a）认为人文历史情境体验中的收获是知识的获取、审美的欣赏以及对生活的逃避，而且这三个方面是截然不同的体验层面。因此对于人文历史类旅游目的地，对旅游者而言也是一种生活的逃离，只不过这种逃离是时间的逃离。在旅游体验过程中与过去的对象的关系中所唤起的思想和感情得到了永恒，这些事物/对象被吸收到日常生活或"纯粹的生活"中，然后从记忆中消失。因此，Tuan（1980）提出，过去的事物扩展了人类在时间和空间上的全部生活，让那些在当下经历过这些事物的人重新体验他们的脆弱感。按照这种观点，具有历史的目的地建筑、展览等成了其他人情感、思想和工作的载体，代表了通往古老文化和价值观的大门，人们可以渴望，或者至少可以与之联系（Voase，2007）。要理解现在，人们需要以许多可以体验到的形式与过去进行比较（Timothy，1997）。这种人文历史情境不仅包括作为遗产保护的古建筑、古都，也包括古村落等类型。

**体验型异地感**

人文历史情境有时间的积淀，从而变得底蕴、内涵深厚，像一本生动的历史教科书展现在游客面前，在这种情境中产生的异地感属于体验型异地感。体验型异地感是指体验程度较深，不同于浅表型的感官冲击，旅游者为了追寻心中的"别处"或者"过去"，并且依赖于旅游者的知识与经验，以及对目的地文化或历史的解读。人文历史情境由于时间的积淀，吸引着旅游者去追寻历史，从现代"穿越"到过去，去体验当时的生活，这种现象被称为"当代对历史的追求"（Goulding，1999）。

首先，Belk（1997）认为好奇心是各种消费行为背后的推动力。对很多人来讲，前往历史古迹目的地游览的目的是更好地了解那个时期和年代的生活。旅游者通过各种途径对那个时代的地方进行了解，就如一位博主所述"而我的这一站，便是要在古堡里寻找逝去的旧日时光"（XC-YJ-09），在了解的过程中产生"穿越"之感，不断地强化自身处于异地甚至是异时空中，似乎是穿越到历史当中，这种身心浸入的情感让自己感受到时间的逃离，以及与现代生活的差异。

其次，较近/较远的社会文化距离增加了对目的地的有形/无形属性的兴趣（Poria Butler，2004）。Suh和Gartner（2004）也有类似的发现，他们发现，较近的社会文化距离增加了人们对地理位置有形属性的兴趣，而较远的社会文化距离增加了人们对地理位置无形属性的兴趣。古村落千百年来传承下来的风俗习惯以及文化是吸引旅游者前往的一个原因，尤其是随着全球化的进行，人们生活在大同小异的都市中，特别向往去体验与世隔绝的古村落中的生活。古村落经过历史的洗礼和文化的变迁，代表一个地域的灵魂，而正是这种先天的条件，让旅游者从"钢筋水泥""快节奏"般冷酷的都市前往富有"人情味""慢节奏"的古村落中，这种氛围的差异，让旅游者感受到安静与温暖。

温度,是这次旅行的主题,在清凉的夏日里,体会到了温暖的浓浓人情。(XL-YJ-38)

再次,与过去的联系可以成为游览古迹的强大和吸引人的力量,这本身就是一种有益的体验(Chronis & Hampton,2002)。而 Masberg 和 Silverman(1996)把与过去的联系定义为一种对过去生活的更深层次的认知和情感理解,根据这种认知和情感理解,一个人间接地体验了过去生活的感受。

最后,旅游者在人文历史情境中游览相当于处于文化叙事中,这种文化叙事由目的地景观提供的信息所形成,通过旅游者的历史知识以及他们通过想象力追随这种叙事的个人斗争而丰富和完成。在这一过程中,游客对特定历史时期的先验知识将在叙事建构中起到促进作用,并减弱他们对故事的跟随能力。想象力似乎是将消费者与叙述联系起来的必要条件,在这个角色中,想象力是快乐的源泉,不同于现实中存在的时刻,而是从现在回到过去,时间的距离让一切变得神秘与有魅力。历史故事与旅游者通过发挥想象力,形成更完整的叙事,努力去了解目的地历史故事,使得特定历史时期的各个方面都充满了活力。譬如:

如果物体或事件位于遥远的过去或未来(时间距离较远),相对于现在,它们被认为是遥远的。解释层次理论通常是针对未来事件的,因为选择与过去没有关系,但是对于人文历史情境来讲从定义上来说与早期/过去有关,所以对此类型的解释过程必须参照过去(这个过去包括目的地的过去以及个体过去的经验)。例如,不同年龄的游客出于不同的原因可以游览同一个历史地点。老一辈的游客可能会去回忆,而年轻的游客则会从完全不同的角度来看待这次旅行(Poria,2006)。Podoshen 和 Hunt(2011)最近将心理距离定义为时间距离(就最近的文物古迹而言),因此心理距离的定义是相对的,而不是固定不变的。基于此人文历史情境中的心理距离是由时间距离与社会文化距离双重解释。此情境下的体验型异地感是基于时间距离、社会距离引起的心理距离,心理距离导致旅游者差异的感知。对于历史古迹来讲,时间距离让旅游者感受到现在和过去的差异,感受到历史留下的痕迹,感受过去,回忆过去,将自己带入目的地的历史当中去,去体验不一样的感觉,让人似乎远离了现代生活的禁锢,去自在地欣赏历史的美和艺术,对于这种类型的目的地是基于现在与过去的对比产生异地感;而对于古村落,尤其是与旅游者本身社会文化距离较远的地方,一方面,社会文化距离导致的差异是吸引旅游者的一个因素;另一方面,社会文化距离唤起旅游者对目的地生活方式、文化与原住地之间差异的感知,正是这种差异让旅游者产生异地感。对于人文历史情境中的异地感,受旅游者个人的知识经验、偏好以及情感投入等的影响,在大的时间距离与社会文化差异背景下产生的异地感,依靠当时的旅游氛围情境与主观建构产生,由于时间和文化的积淀,导致此类目的地具有先天的优势,让旅游者基于自身的文化和知识经验去想象和感受当时的氛围，形成较深层次的异地感，不仅仅是对新奇性的感知，而且将自身投入当时的氛围当中，甚至是仿佛自身生活在别处，体验当地的生活方式、体验历史中的故事。此外，笔者在分析文本资料的过程中发现，旅游者在人文历史情境中关注的要素有：地方特色以及历史建筑物、慢节奏生活氛围、惬意的环境、历史的印证、文化的差异以及充满历史和故事的街区等。

### 六、异地感在旅游规划中的应用

对旅游者来讲，异地感是建立在目的地与原住地之间的差异比较的基础上，可以说是一种对差异性的体验。这种心理体验不断强化自身处于异地的感受，同时是一种人的意识行为，并且这种体验需借助现场的感觉、联想与想象以及会议与对比展开，是建立在回忆之上的想象性建构与认知差异比较。异地感从旅游体验角度出发，不仅强调旅游者与目的地环境互动过程中的主观感受，包括旅游者的认知、情感以及行为意向等方面；还强调旅游目的地环境、目的地的特色以及其营造出的异地氛围同样是重要的因素。旅游者的这种内心体验是围绕着景观体验展开，因此目的地的景观规划对异地感的产生至关重要，而对于旅游管理者而言，可将异地感理论运用到旅游规划当中去，以提高旅游者的旅游体验以及满意度。

首先，现如今旅游规划开发时存在"灯下黑"现象。所谓"灯下黑"现象是指某一地周围目的地品牌知名度过高，导致该地被周围目的地的知名度所遮盖，造成该地吸引力下降甚至无人知的现象。比如长春与哈尔滨，旅游者大多认为看冰雕去哈尔滨，但是无人知长春同样可以观赏冰景。现在旅游规划者过于重视有地方特色或品牌知名度高的目的地，而忽视这些地方特色不突出的目的地。异地感可为存在"灯下黑"现象的目的地提供相应的理论指导，有助于旅游规划重视旅游者的体验、态度以及改善过于重视品牌知名度高的目的地的现象。

其次，旅游者对目的地的态度有助于旅游规划者进行更合理的规划。而异地感可以帮助旅游规划者更好地了解旅游者对于旅游开发的态度与意见，旅游者对目的地景观的认知、情感评价、意义以及体验能反映出旅游者对旅游开发的态度。因此旅游规划者在进行旅游规划时考虑旅游者的认知、情感以及体验，更容易让旅游者对其旅游规划方案产生共鸣与认同，有助于旅游规划方案的实施和执行。

最后，旅游者追求的是旅游世界与生活世界的差异，因此目的地特色是旅游者体验的关键要素。而旅游规划的重点是开发旅游目的地的地方特色，无论是自然景观，还是人文历史，在规划过程中总会不断地强调地方特色的重要性，归根结底是为了增强目的地吸引力。旅游者异地感可以认为是差异性的体验，目的地特色也是其产生的一个重要条件。异地感可以为目的地开发地方特色、营造异地氛围、保护目的地环境和文化提供指导，有助于解决目的地商业化、舞台化的问题。

异地感是从旅游体验角度出发，为旅游者与目的地环境研究提供一个新视角，具体的旅游规划方面的意义如下：

1. 异地感应用在景观设计中

旅游者对目的地景观的感知、情感评价以及体验的满意度，对旅游规划设计的意义重大。旅游规划者应了解旅游者所关注的景观以及景观的意义与价值，因此了解旅游者在不同的旅游情境中异地感产生所关注的要素以及异地感唤起的要素有助于旅游规划者设计更具有吸引力的景观。

2. 异地感应用在目的地形象设计当中

目的地形象对旅游目的地的发展和竞争力提升有重要意义。目的地形象的构建依赖于旅游者认知，异地感是旅游者对目的地的专业性认知。

3. 异地感应用在知名度较低的目的地规划中

针对上述存在"灯下黑"现象的目的地，即使旅游吸引力比不过品牌知名度高的目的地，但是可以重视已经身在该地的旅游者的旅游体验，让游客在此地感受到异地感，而这种异地感恰恰是出行前没有想象到的体验。对于此类型的目的地，旅游规划者在设计规划方案时考虑的是如何让旅游者产生异地感，而不是仅仅重视地方特色，吸引旅游者是一方面，重要的是如何让目的地留住旅游者，无论是将目的地当作中转站还是其他目的的旅游者。

## 七、研究结论与展望

### （一）研究结论

本章以旅游体验过程中的异地感为研究对象，采用逻辑推演以及质性研究的方法对异地感进行探索性研究，并对异地感的含义、概念、构成以及产生过程进行探讨。

本章从理论上以及经验角度阐述了异地感存在的可能性，认为异地感作为旅游体验的一种类型，或者说异地感是旅游体验的一种结果，其终极核心是对应旅游的"刺激寻求"的本质；并首次提出并确定异地感的概念，认为所谓异地感是指旅游者在与自身有一定心理距离的目的地进行互动时，通过亲身参与或者观看等行为与惯常生活环境进行差异比较而产生的一种复杂的心理状态，包括认知、情感等因素，其中认知因素占主要成分。异地感的概念模型是由旅游者（主体）、旅游地环境（客体）、过程以及旅游情境构成，其过程分为认知、情感与行为部分。异地感的构成有现场感觉与想法、对比与反思、回忆与想象、积极情绪与消极情绪、个人身份、识别与感悟等成分。

心理距离是影响异地感形成的重要因素，异地感形成机制：距离—唤起—评价机制。异地感是一个动态演变过程，由初始的激情状态到后续的理智状态。

不同旅游情境中产生的异地感是不同的。旅游目的地情境分为自然景观情境与人文历史情境，异地感划分为浅表型与体验型两种类型。自然景观情境下，由于空间距离影响心理距离的感知，心理卷入度低，此时唤起旅游者较低层次的异地感；人文历史情境中，时间距离与社会文化距离共同影响心理距离，心理卷入度与较深层次的异地感正相关。

### （二）研究局限与展望

本书第一次明确提出异地感的概念，由于对异地感的研究较少，以及笔者能力所限，必然存在许多不足。

异地感作为一种主观的心理状态，是较为抽象的概念，容易让人感觉虚无缥缈、难以掌控。

在研究方法上用逻辑推演与质性分析相结合的方法对异地感进行探索分析，得出的结论仍然有限。参与观察与深度访谈会对异地感的研究更深入。

本书基于学科独有性角度，提出专属于旅游学的概念——异地感，下一步可以编制异地感量表，有助于了解旅游者的体验以及进行目的地景观设计。我们应该从学科发展角度，明确旅游体验的概念体系，这样有助于从逻辑上梳理有关旅游体验的相关内容。像仪式感、异地感、倦怠感等可以认为是旅游体验的结果。旅游体验是一级概念，而仪式感、异地感、倦怠感属于二级概念。

# 第六章　旅游者的道德行为分化

旅游学术界对旅游中的文明行为、道德行为关注较少。谢彦君教授曾经指出，旅游所具有的异地性和暂时性两个特征往往诱发旅游者行为表现出明显的异乎寻常的倾向性，即责任约束松弛和占有意识外显。其中道德感弱化是一个重要表现。以往的研究中，几乎都把道德弱化作为已经得到证明的立论，研究的内容是沿着此立论而展开的，诸如道德弱化行为的表现、旅游者道德弱化发生的原因、道德弱化行为的危害以及如何加强旅游道德的建设等。道德的心理构成应该包括三部分：道德认知、道德情感和道德行为。人一进入旅游世界就变成了道德白痴或者道德沦丧了，既无智商和知识，也无怜悯和羞耻心，这说不通，逻辑上难以成立。我们的研究只限于道德行为层面，能够取得的证据也限于行为层面。目前没有证据认为旅游者的道德认知和道德情感会在旅游世界中发生变化。

## 一、旅游世界和生活世界

生活世界原是现象哲学的概念，最早由胡塞尔提出。19世纪以来，西方社会唯科学主义的滥觞、物质主义的奴役、技术主义的肆虐和功利主义的追求，使社会发展陷入困境，使人的生活逐渐失去意义和价值，最终导致人及其生活的异化。现象学大师胡塞尔提出"生活世界"的最初动因是出于对唯科学主义滥觞的反思，出于对社会和人的异化现象的抵制。胡塞尔认为导致这场深刻的人性危机的根源在于科学世界在自己的建构过程中，偷偷地取代并遗忘了生活世界。所以，他提出"生活世界"的概念是相对于"科学世界"的。他认为生活世界是这样一个概念，"它在精神领域中占据着独一无二的位置，我们生活在自己的具体的周围世界之中，而且我们的一切关注和努力都指向这个世界，指向纯然发生的这个精神序列中的一个事件"（胡塞尔，1988）。从这个意义上，生活世界是与理念化、数学化的科学世界相对立的一个世界。胡塞尔的后继者如海德格尔、舒茨等人虽然对生活世界使用不同的称谓，但他们所谈论的生活世界是指"处于有组织的社会活动和自觉的精神活动之外的个体的日常生活，即每个人都在从事的衣食住行、饮食男女、婚丧嫁娶、言谈交往等自在的、重复性的日常生活。"（衣俊卿，2000）在无论胡塞尔还是后继者所指的生活世界中，人们没有被科学、技术、制度所束缚或异化，而是回归到原本的人性上来。本文将放弃这些哲学家对"生活世界"的内涵，仅仅借用其外壳。我们所说的生活世界不具有哲学意义的高度，所谓的生活世界，是指普通人的日常生活世界。换句话说，我们也可以把生活世界理解为潜在的旅游者日常所居的世界，它包含了构成潜在旅游者日常生活的所有事件的总和，但唯独不包含（或充其量仅仅局部地包含或重叠于）旅游世界的事件。龙江智（2008）认为我们所谓的生活世界实际是从胡塞尔的"生活世界"抽离出来的一个局部、一个溢出。正像谢彦君教授指出的那样：我们对胡塞尔的生活世界做了小小的、仅仅表现在外延上的修正，那就是，我们所指的生活世界是专指相对于旅游世界的日常生活世界。

"旅游世界"这一概念在国内最早由谢彦君教授提出并使用。谢教授从两个维度展示旅游世界与日常生活世界的差异："首先，在空间上，旅游世界总是生活世界的一种暂时的隔离，先是离开它，然后再回归它；在这个背离和回归的过程中，旅游者的行为发生了变化。其次，在时间上，旅游者在异地所度过的时间，相对于（日常）生活世界所拥有的完整（甚至圆满）的时间而言，将是永久性的逸出或漏损。"这实际上就是旅游的两个外部特征：异地性和暂时性。旅游世界到底何时才得以存在呢？龙江智博士在文章中从个体和群体两个方面论证了旅游世界和生活世界既是相互分离，又是不可分离的。对个体而言，当他以旅游者的身份脱离了生活世界，就进入他的旅游世界；对人类群体而言却只有一个生活世界，而没有旅游世界。他认为旅游世界与生活世界并不是绝对分离的两个世界，个体的旅游世界总是与他者的生活世界重叠和交叉，所有的旅游世界原本都是生活世界，旅游世界之所以成为旅游世界，只是因为旅游者用另一种视角来看待他者的生活世界，即主体视角的转换。龙江智博士认为从生活视角到旅游视角的转换本质上是心境的转换，即从生活状态转向心游状态。正是由于这种心游状态，旅游世界才呈现出与生活世界不同的特征。所以旅游的本质在于旅游者处于一种心游状态。也可以理解为从生活世界进入旅游世界并不是由旅游的两个外部特征决定的，而是由旅游的本质决定的。这和前面的论述是一致的。只是对于旅游的本质，学者们还没有达成一致的意见。例如，最有影响力的是谢彦君教授提出的旅游是以愉悦为目的的休闲体验；孙喜林（2012）认为旅游的本质是刺激寻求和安乐寻求，而处于这二者之间的正是生活世界。另外还有一些从经济视角（葛立成）、文化视角（申葆嘉、沈祖祥）、仪式视角（纳尔逊·格雷本）来探寻旅游的本质。

## 二、旅游世界中的道德研究

### （一）旅游世界中的道德概述

一般意义上，道德是一种社会意识形态，是人们共同生活和行为的准则与规范。道德准则是人们用于判断对和错的态度和信念。道德往往是衡量行为正当与否的观念标准,具有善恶价值的判断。道德不是与生俱来的,人们是在不断成长的过程中逐渐形成了自己的是非观念。并且一个人的道德准则与其生活的文化背景息息相关。一般一个社会都会有其公认的道德规范。道德可分为"公德"和"私德"。公德是指与国家、民族、社会等有关的道德,是人类在长期社会生活实践中逐渐积累起来的、为社会公共生活所必需的、最简单、最起码的公共生活准则;而私德则指个人品德、作风、习惯以及个人私生活中的道德。简单地讲,无论公德还是私德,有利于他人和社会的就是道德的。道德行为,是人们在一定道德原则和规范的约束下,在个人利益和社会整体利益关系上,从本人意志出发自主选择的行为。

在探讨旅游者一些负面行为的时候,无论是日常生活、媒体报道还是学术研究都常常会使用到"不文明行为"这一概念。文明,简单地说就是人类发展进化的程度,文明行为是人类进步、开化的行为,是有益于他人和社会的行为。事实上,这在本质上与道德是相同的。只不过,通常所说的文明行为,是指人们在社会公共生活中符合社会公德的行为。而不文明行为则指在很大程度上由于人们对公共观念的缺失而造成的一些行为举止,也就是不符合公德的行为。本文使用的道德概念,是广义上的,包括公德和私德。并且在行文过程中并没有严格地区分公德、私德和文明行为,都笼统地使用"道德"这一概念。

旅游世界中的道德问题,可分为广义的和狭义的两个方面。广义的是指旅游的过程中正确处理各利益相关者之间关系的规范和准则;狭义的则仅仅指在旅游世界中旅游者个人的道德行为。王德刚、张若阳(2010)认为旅游道德问题是旅游过程中各个相关者之间的利益关系在道德层面的集中反映。旅游道德则是指能够被参与旅游活动的利益相关者所接受、可用来调整各个利益相关者个体行为的意识和规范。其研究的对象包括旅游过程中的各个利益相关者,他们将其分为"旅游道德主体"和"旅游道德客体"。旅游道德主体主要包括旅游者、旅游企业、政府、媒体、社会公众等,旅游道德客体主要包括接待地社区、自然环境与资源、文化传统等。其研究内容也主要是从利益和责任博弈的视角进行探讨的。但是更多的研究还是从狭义的视角研究旅游者的道德行为。本文也只研究旅游者的道德行为。关于旅游者负面的道德行为的研究中较常使用的术语有"不文明行为""道德弱化""非道德行为""不雅举止"等。目前使用"不文明行为"的频率最高。但是,文明本身具有非常强的区域性,不同的文化背景下文明与否的判断标准差别较大,很多所谓"不文明行为"是由于文化差异引起的。虽然道德也存在文化的差异,但并没有那么强烈。而且日常生活中也存在不文明行为,并不能表现旅游者特有的行为。而"非道德行为"则人为机械地将旅游行为硬生生地划分成两个集合,非此即彼。"不雅举止"包含的范围过于广泛。笔者认为,旅游活动中涉及行为与规范的内容更倾向于道德范畴。而道德弱化也是现在应用较为广泛的术语。有比较才会有强弱,一个"弱"字，突出了旅游世界与生活世界的对比，能够清晰地表现旅游者特有的行为。因此，本文将使用"道德弱化"这一概念，即指与生活世界中相比，旅游者道德行为的负面特征。在以往的研究中几乎只关注了这些负面特征。

### （二）国外研究

对于旅游世界中的道德问题，国外的研究主要是从广义的旅游伦理方面进行的，并且涉及的领域较为广阔。西方国家基于"大众旅游"影响的全面反思和旅游可持续发展的内在需要，到20世纪90年代中期，旅游伦理研究已在旅游的生态问题、营销问题、可持续发展问题、人文和社会问题、旅游教育问题等方面广泛展开。各种旅游组织和旅游学者纷纷制定了各种"守则""指南""规范"，对旅游者、旅游经营者和旅游从业人员进行约束和规范。1985年世界旅游组织（UNWTO）通过了《旅游者守则》，1999年又制定了《全球旅游伦理规范》，以使旅游对环境和文化传统的负面影响最小化，同时使旅游目的地居民的利益最大化。此后，在旅游伦理规范、旅游职业伦理、性旅游、旅游经营者伦理和旅游企业组织伦理文化建设等方面的研究，也极大地丰富了旅游伦理的内涵。其后，又有旅游相关法规出台，为旅游者、旅游经营者和旅游从业人员都提供了一个伦理道德规范。综观国外的研究，虽已有了比较丰富的成果，但是，也有很大的局限性，多数是从某些角度针对旅游业的具体部门所涉及的伦理道德问题进行分析，主要是从利益的角度出发进行研究，而且规范、指南性研究较多，很少就旅游者旅游行为中的道德问题进行深入的研究。

### （三）国内研究

2000年李健提出，旅游伦理是人们在旅游活动中所应遵循的道德规范总和，得到了一定的认可，在很多相关文献中被引用。目前，国内在旅游伦理方面的研究还仅仅处于起步阶段。其研究主要集中在对旅游伦理的概念和内涵的探究、对旅游伦理体系的构建、对旅游生态伦理的研究等领域，或者针对旅游业某些具体部门所涉及的伦理问题进行分析。彭忠信认为旅游中的伦理问题包括旅游从业人员的职业道德、旅游者的道德行为和旅游活动中的生态伦理三个方面。目前这三个方面都有相关研究，其中对旅游者的道德行为研究较为丰富。这也正是本文研究的内容。

在中国知网中检索"旅游道德""旅游（者）（不）文明行为"等词得到的文献中，对于旅游者的道德行为研究的立论几乎都是旅游者道德弱化。关于旅游者道德问题的研究主要集中在旅游者道德弱化行为（不文明行为）的表现、危害、发生的原因以及如何加强旅游道德的建设。2006年8月到9月中央文明办、国家旅游局公布了"中国公民旅游不文明行为表现"：随处抛丢垃圾废弃物，随地吐痰、擤鼻涕、吐口香糖，上厕所不冲水；在不打折扣的店铺讨价还价，强行拉外国人拍照、合影；在教堂、寺庙等宗教场所嬉戏、玩笑，不尊重当地居民风俗等行为。研究者在此基础上对其进行总结分类，主要归纳出以下几类：旅游者在景区游览过程中随意丢弃各种废弃物污染环境、破坏资源、损坏旅游基础设施的行为，不遵守旅游景区（点）有关游览规定、不讲秩序的行为（李萌、何春萍，2002）。另外，还有行为不雅、言语粗俗，忽视社交礼仪，不尊重旅游目的地的风俗习惯的行为。（旷乐，2007）其他研究者关于旅游者道德弱化表现的描述也不外以上几类，只是细节有所区别（刘丽莉，2007；肖佑兴，2007等）。

旅游者道德弱化行为的危害巨大，对旅游业的健康发展产生巨大的负作用，并且对旅游资源、自然生态、社会风气等诸多方面都会带来负面影响。以往的研究中主要归纳出以下危害：①破坏自然生态环境，损毁旅游资源，缩短旅游地旅游产品的周期。②激化与旅游目的地社区和居民的矛盾对立。旅游者的到来，无疑会给旅游地的社会文化带来冲击，加之一些旅游者对当地的传统和习俗的不尊重等行为容易引起当地居民的反感，深化与当地民众的矛盾。③影响旅游者的旅游体验质量。旅游者道德弱化行为产生的后果会破坏几乎所有游客的美感意境获得，极大地减弱旅游者的旅游兴致。④破坏社会整体的道德环境，败坏社会风气，旅游在一定程度上为色情、赌博创造了条件（保继刚、楚义芳，1999）。因为旅游而兴盛起来的色情、赌博业在一定程度上扩大了犯罪事件发生的频率，有些居民甚至模仿某些旅游者在旅游世界中表现出来的并非真实的生活方式，古朴的民风逐渐消失，优秀的传统道德观念也日渐淡泊，道德环境严重恶化。⑤损毁客源地的总体形象。这在出境游中表现尤为明显。旅游地居民往往通过旅游者对客源国产生第一印象，尽管一部分人的行为并不能代表整个国家和全体国民，但第一印象往往会以偏概全，负面的刻板印象一旦形成，就很难扭转和改变。⑥对旅游者自身安全的影响。例如随意攀爬就容易导致身体意外伤害，自身的道德弱化行为可能会引起他人的不满而受到攻击等伤害（旷乐，2007；郑江宁，2008；肖佑兴，2007；胡映、刘轶，2007；田勇，1999）。

现在对旅游者道德行为弱化原因的研究越来越丰富，学者们已经从生理、心理、历史、文化、经济及环境等多角度对旅游者道德弱化行为产生的根源进行探究。例如，学者秦志英的研究深入到生理层面，他认为中国人从食物构成上比西方人食用高蛋白、高脂肪、高能量的食物少，这导致中国人在身体素质上相对较差，对饥渴劳累的耐受性也差一些，在旅途疲惫不堪之时，也就顾不得体面，从而无法顾及举止和礼仪了（秦志英，2007）。余建辉、张健华从经济学视角出发来研究中国游客不文明行为的原因。他们认为旅游者采取各种不文明行为总是能带来不同程度的预期收益，中国旅游者在国内发生不文明行为所要面临的经济性成本、行为性成本和信誉性成本都非常之小，甚至可以忽略不计。总的来说，旅游者发生不文明行为的预期成本要小于预期收益，这就是旅游者发生不文明行为的原因（余建辉、张健华，2009）。但综观以往的研究，还是从文化、管理的视角研究旅游者道德弱化原因的居多，这些原因主要包括以下几种：①历史文化传统原因。a.中国长期的贫穷和资源短缺所导致的"争抢意识"。虽然现在吃不饱穿不暖的时代已经过去,但人们对新生活和高尚生活的需求依旧旺盛,当公共物品的产权界定不十分清晰的时候,人们长期形成的习惯性的"争抢"就会显现出来,挤公交车、插队等。b.中国人浓郁的"小农意识"。几千年来的农业文化使现在许多国人身上的"小农意识"仍然根深蒂固,比如耍小聪明、爱占小便宜等。c.家族本位观念。中国文化大多是在家族观念上筑起的,在传统观念中,除了家族,就没有了社会生活。所以,在公共场合,中国人往往只注意自身和亲友的环境卫生而忽略大环境(肖佑兴,2007)。d."文革"时期的历史影响。在"文革"时期,"讲卫生"是资产阶级情调,"守秩序"是缺少革命精神,这些是一定要禁止的。尽管"文革"早已结束,但其留下的历史影响,只能通过一段较长的时间才能慢慢被彻底涤清,无法被快速抹除(杨国兰,2008)。②各地文化的差异。这一点尤其体现在出境旅游中,中西方的文化差异导致文明判断标准的差异从而造成旅游者所谓的不文明行为(杨国兰,2008;刘丽莉,2007;郑江宁,2008;肖佑兴,2007等)。③旅游者自身的道德文化修养不足、基本素质不高(旷乐,2007;胡映、刘轶,2007;郑江宁,2008)。④旅游者的心理角色影响。旅游者在旅游中接触的主要是陌生人,他们的相遇相处只是偶然的、短暂的,这些人都是与自己不经常往来或不必然发生关系的人。旅游者远离了自己熟悉的环境,同时也是离开了熟悉自己的环境,在这样一个"宽松"的环境中,平时生活中的清规戒律的约束消失了,旅游者的道德感就会越来越淡薄。人性中潜在的"恶"的东西总在自觉不自觉地流露出来(谢彦君,1999;唐玲萍,2002;旷乐,2007;肖佑兴,2007)。⑤旅游管理不完善。我国的旅游产业发展尚不成熟,行业运作有待规范化,诚信机制尚待完善。这主要包括一些景区规划上的不完善,客观上导致旅游者的一些不良行为产生;一些旅游从业人员素质亟待提高,旅游者在旅游者时还要处处提防导游人员的"欺客""宰客"行为,也就无暇顾及不良习惯和行为小节了;缺乏严密、完善的监管体系,管理部门往往在"客人是上帝"的片面观念下处理时放任偏轻,这也在客观上助长了旅游道德弱化行为;社会对旅游者道德文明建设的宣传教育缺乏力度,这就难以营造出应有的旅游行为道德互律氛围,甚至一些旅游者连旅游中应遵守的起码的社会公德都不了解,根本没有意识到自己行为有违社会道德(田勇,1999;旷乐,2007;胡映、刘轶,2007)。另外,胡传东从旅游心理学的角度把这些因素归纳起来,分成了道德弱化的推动因素和道德弱化的拉动因素。即旅游者道德弱化行为的形成是来自内部的心理推动和外部的环境拉动共同作用的结果。

从以往的研究来看,人们对旅游者道德行为的阴暗面关注较多,而对旅游过程中的那些具有较高正面价值的行为却较少关注。现在,也有人注意到,在现实旅游世界中,也有超越基本道德底线而主动地承担起社会责任和环境责任的旅游行为。例如,由余志海发起的"多背一公斤"的公益旅游活动，实现了旅游者在旅游中对"传递""交流""分享"等理念的落实，在帮助他人的同时也获得了自身存在的意义。王寿鹏、旷婷玥在对此类行为的关注和以往研究批判的基础上，提出了旅游者道德行为连续体模型，按照行为的利害程度和道德水准高低把旅游者行为划分为五类，道德水平从低到高依次为：犯罪行为，即违背道德底线并且触犯法律的行为；劣迹制造，即各类不遵守道德行为规范的行为，也就是通常所说的不文明行为；劣迹收敛，是旅游者因自身学习或受到外界引导，有意识地收敛自己在旅游中的不道德行为，体现为道德行为有所改进但不彻底的行为状态，是一种过渡形态；道德自觉，是旅游者在旅游过程中自觉遵守道德规范，这类旅游者在旅游世界中的道德行为表现与其在生活世界的表现基本无异，能够做到"慎独"；卓越伦理，即主动寻求对他人、社会以及全人类的福祉承担责任，从而获得自身存在的价值，旅游者以其主动承担社会责任的行动而起到唤醒沉睡的旅游者道德意识的示范作用。

## 三、旅游世界中道德行为分化的影响因素

旅游世界是生活世界的一种暂时的隔离，旅游者从生活世界进入旅游世界，过一段时间再返回到生活世界。旅游的本质决定了旅游者在旅游世界中所追求的和在生活世界中不同，旅游者的心境和行为会发生变化。从逻辑上来讲，旅游者的道德行为可能会发生变化，也可能不发生变化，而发生变化又存在两种情况：道德弱化、道德强化。

### （一）影响旅游者道德行为改变的因素

旅游世界与生活的差别决定了旅游者在旅游世界中的道德行为发生变化的普遍性，这种变化也引起了以往研究者的关注。但是在以往的研究中，都把对这种变化的研究立论定位为道德弱化，事实是在旅游世界中道德强化的现象也是存在的。也就是说旅游世界不仅仅可以为旅游者提供道德弱化的情境，也可以为旅游者提供道德强化的情境。

#### 1. 旅游地的环境

旅游者离开家乡到达一个陌生的环境旅游，正所谓入乡随俗，旅游者的行为会受到旅游地环境的影响。

猎奇求新、满足好奇心是旅游者主要的旅游动机之一。所以一般来讲，对于旅游者来说旅游目的地都是陌生的。

旅游目的地是多样的，有文明程度高的，有神圣的，有文化底蕴深的，也会有比较落后的。在旅游目的地道德水平文明程度相对较低的地方，文明道德对旅游者的约束力减弱了。

#### 2. 参照群体影响

心理学研究表明大多数人存在着从众倾向，即个人受到外界人群行为的影响，从而

使自己的观点、行为符合公众舆论或多数人的行为方式。旅游者在旅游中摆脱了生活中条条框框的约束，面对的是旅游地的新规则，他们更容易受到外界群体的影响，使自己发生从众行为。

从众是人们普遍存在的一种心理。受到群体行为的影响，人们往往对道德的判断力是缺失的。在旅游中，如果遇到了一个道德规则缺乏约束力的群体，那么无论其生活中是什么样的人，是谦谦君子，还是窈窕淑女，这个时候都可能发生道德弱化。

### 3. 旅游同伴影响

旅游中的同伴是旅游者在旅游时接触最密切的人，是最能直接了解旅游者行为的人，所以旅游者会根据想要在同伴面前展示什么样的自己而改变自己的行为。

### 4. 旅游的内在动机

人们的需要激发产生动机，动机引发行为，也就是说动机决定着人对现实的态度和行为的方向。旅游动机就是在旅游需要的刺激下产生的。动机形成的原因通常可分为两大类：一类被称为"推力"，即内在需求引发的，另一类被称为"拉力"，即外在刺激引发的。前者用于解释人们为什么要旅游的内在的深刻原因。后者主要是指旅游目的地对旅游者具有吸引力的那些特点。前文探讨了旅游目的地的环境特征会对旅游者的行为有影响，而出游的内在心理原因对旅游者在旅游世界中的行为也会有影响。

### 5. 旅游者所代表的群体

旅游者从生活世界进入旅游世界，其原来的身份和角色会模糊化，从而使生活中所扮演角色所具有的约束力会降低。但旅游者在旅游中却可能因为某一明显的特征而成为某个群体的代表，旅游者的个体行为特征就会被放大成为这一群体的特征。

在旅游世界中，人与人之间的交往往往是短暂的，彼此的了解也不会像在生活中那么清晰全面，并且也不像生活中交往的圈子往往会有交集。所以旅游者常常会因为某一明显的特征成为一个群体的代表。而当旅游者不再只是单独的个体，而是代表了一个群体的时候，旅游者的行为就有可能发生改变。

### 6. 旅游世界中的角色

从文章一开始，笔者就一直在强调旅游世界和生活世界的不同。除了前文那些附加条件会影响旅游者的行为，旅游本身的特征也会使旅游者的行为发生变化。

旅游中没有了日常生活中的压力，也可以放下日常生活中的一些牵绊享受生活。享受生活是人们的梦想，但在生活世界中不容易做到，而旅游却能给人们提供一个实现梦想的机会，做真实的自己。

## （二）旅游者道德行为无变化的影响因素

在以往对旅游世界中的道德行为的研究中，并没有研究者把关注点放在道德行为无变化上，我们的研究发现了的确存在在旅游世界中道德行为不发生变化的现象。

### 1. 旅游者素质

旅游者的个人素质与其道德行为密切相关。在以往关于加强旅游道德建设的研究中，几乎都会提到"提高旅游者道德素质"这一途径。在访谈中也有多位受访者提到"个人素质"这一关键词。可以说一个人的道德素质是影响其道德行为最核心的因素。毋庸置疑，一个具有较高道德素质的人会更加注意自己的道德行为。

### 2. 旅游者成熟度

成熟是生活中使用非常广泛的一个词，但是关于旅游者成熟度的研究还处在比较缺乏的阶段。对旅游者成熟与否也并没有统一明确的界定。斯太瓦特（Sitewart）根据人们的富裕程度和旅游经验两个维度将旅游者分为四个层面：第一层面——纯观光型旅游者，其富裕程度较低，缺乏旅游经验。第二层面——追求理想经历的旅游者，其富裕程度稍高，并且具备了跨国旅游的基本经验。第三层面——开阔眼界的旅游者，富裕程度和跨国旅游经验都有较大提高。第四层面——完全沉浸的旅游者。也就是说，旅游者的成熟度由旅游者的富裕程度和旅游经验两个方面决定，这四个层面的旅游者成熟度是逐层提高的。李飞在研究中发现旅游者出游前准备与旅游者成熟度存在相关关系，他把出游前准备分为四个方面：深入性准备、态度性准备、保健性准备和基础性准备。其中深入性准备和态度性准备是区分旅游者成熟与否的重要标志。本研究中并没有一一测量这些指标，笔者在本文中提到的成熟度仅用旅游者的旅游经验这一变量来衡量，即经常出去旅游的，具有丰富的旅游经验的就是成熟的旅游者。访谈中发现成熟的旅游者在旅游世界中的道德行为发生的变化更小。

从访谈中笔者看到，旅游者在旅游世界中道德行为无变化的情况主要有两种：一种是旅游者素质较高，对自己的道德行为约束较强，无论是在生活世界还是在旅游世界都有较强的道德感，都不会做出违背道德准则的行为。另外一种是成熟度较高的旅游者，由于旅游经验丰富，他们对旅游本身的新奇感降低，在旅游世界中追求的更多是心境上的变化，而行为的变化不大。

访谈中受访者是根据自己以往旅游的回忆来回答提问的，并且大多表述的是自己的感觉。虽然笔者愿意相信受访者回答的真实性，但是笔者无法排除受访者无意识的可能。受访者可能并没有意识到在旅游世界中自己道德行为发生的变化，受访者也有可能出于对自己的保护心理而忽视了在旅游世界中的道德弱化行为（从得到无变化的访谈资料来看，受访者都是在旅游世界中和生活世界中道德准则有同样高的约束力），因为人们常常会存在自我服务偏见。所谓自我服务偏见是指人们常常从好的方面来看待自己，把功劳归于自己，把错误推给人家。戴夫·巴里指出，"无论年龄、性别、信仰、经济地位或种族有多么不同，有一件东西是所有人都有的，那就是在每个人的内心深处都相信，我们比普通人要强。"而有研究表明，在伦理道德上自我服务偏见表现得尤为突出，大多数人都认为自己道德素质比一般人高。在一个调查中有这样一道题目："在一个百分制的量表上，你会给自己的道德和价值打多少分？"50%的人给自己打分在90分或90分以上，只有11%的人给自己打分在74或74以下。所以，笔者选择的受访者也可能因为自我服务偏见而过高地估计了自己的道德行为，从而忽视了在旅游世界中的道德弱化行为。但是，既然逻辑上存在这种道德行为无变化的可能，我们就不能完全否定这些访谈资料的真实性。

### 四、旅游世界中的道德行为分化理论

#### （一）去个性化

在《中国大百科全书·心理学卷》中，去个性化被定义为：群体中的个人丧失其同一性和责任感，导致个人做出在正常单独条件下不会做的事情的一种现象。去个性化理论（Deindividuation Theory）是社会心理学者描述群体中个体心理与行为的理论，它起源于1895年法国社会学家古斯塔夫·勒庞（Gustave Le Bon）对群体的研究。他的著作《乌合之众》详细描述了个体在浸入群体之后所发生的转变。他认为个体浸入群体之后，所有人的思想、情感将会沿着同一方向发展，使个体的个性消失，从而形成集体心理。具有集体心理的群体会发展成为一种组织化的群众，古斯塔夫·勒庞称之为"心理上的群众"。而这种集体心理受到群体心理一致性规律的支配，具有本能的性质。Festinger、Pepitone和Newcomb（1952）首次将"去个性化"的概念引入心理学。他们在研究中发现，在去个性化的情况下，社会规范、个人评价等因素的约束力会减弱，从而使得受到这些因素抑制的行为增强。还可能会使人失去自我觉知能力，并导致个体丧失自我和自我约束。而当人们在群体中没有以个体形式被注意时，即匿名性时，去个性化现象就会发生。（Festinger、Pepitone、Newcomb 1952）。Festinger等人虽然强调了是个体浸入群体之后发生去个性化，即个性丧失，但是他们认为行为失控的原因是丧失个体性，正是丧失了个体性才使得个体从内在的道德束缚中释放出来。也就是说他们认为并非是群体心理替代了他们的个性，从而导致非理性的群体行为。Zimbardo（1969）认为去个性化的本质是：个体在匿名性、个体责任丧失、唤醒、感觉超负荷、新的或无组织的情境下减少了自我观察和自我评价，从而导致行为控制力的减弱。Diener（1976）在万圣节孩子玩"不给糖果，就恶作剧"游戏的实验中发现，结伴的孩子比单独的孩子多拿糖果的可能性要大一倍，而且那些匿名的孩子比那些被问及姓名和住处的孩子违规的可能性也要大一倍。即大部分孩子会因为群体的掩饰和匿名性而去个性化，因而会偷拿更多的糖果。由此，他认为去个性化是群体成员对自身个体性的觉察以及对自己行为的监控受阻碍的状态。通过津巴多（1979）的实验：让纽约大学的女学生穿上一样的白色衣服和帽子，目的是制造匿名性，然后让她们按键对一个女性实施电击，结果发现她们按键的

时间比那些可以看见对方并且身上贴着很大姓名标签的女生长一倍。我们也可以看到人们在匿名而去个性化时更可能抛弃道德约束，以至于忘记了个体的身份，释放邪恶的冲动，更不自控、不自律，更可能毫不顾及自己的价值观就做出行动（Rogers，1980）。然而，Postmes 和 Spears（1998）对 60 项去个性化研究做了分析，结果发现，在去个性化的条件下，被试不是表现出违反规则的行为，而是更多地表现出与情境规则相一致的行为。这与之前的去个性化理论是相矛盾的。在此基础上，Reicher、Postmes、Spears 等人提出了"去个性化效应的社会认同模型"，其基本观点是，去个性化并不是丧失自我，而是自我从个人认同转化为社会认同，其结果就是表现为对群体规则的遵守。去个性化的对立面是自我觉察，自我觉察的人会表现得更加自控，他们的行为能够清晰地反映他们的态度，几乎不会受有悖于自己价值观的呼声所影响（Hutton，1992）。Ickes（1978）的研究表明，镜子和摄像机、较大的姓名标签、个性化的着装和房屋等情境能够降低个体的去个性化，而增强个体的自我觉察。

去个性化理论中包括去个性化发生的条件、去个性化发生作用的机理以及去个性化对行为产生的影响等内容，而且学者们并没有达成一致的观点。我们可以看出，个体在群体情境和匿名性的情况下会发生去个性化，在去个性化的条件下，人们个体的身份模糊化，自我意识减弱，群体意识增强，从而顺从群体规范，更容易对情境线索做出反应。学者们在这些方面已经达成共识。本文使用去个性化的概念就是从这些共识出发，在此基础上进行深入探讨。

### （二）标签化

标签理论是解释越轨行为如何产生及其发展的理论。"标签"一词由莱默特（Lement）于 1951 年提出，他在《社会病理学》中将越轨行为的形成看成是一种由"初级越轨"向"次级越轨"再向"习惯性越轨"逐步发展的过程，并突出标签张贴的催化作用，奠定了标签理论的雏形。贝克尔（Howard Becker，1963）在《局外人》一书中系统地阐述了标签理论的主要内容，将这一理论发扬光大起来。他认为越轨行为者，就是被成功地贴上了标签的人。他在书中指出越轨既不是与生俱来的人性，也不是后天教化的产物，而是由于某些"局外人"被成功地贴上了标签，于是他们便成了越轨行为者。在贝克尔的拥护与提倡下，标签理论被发扬光大，进入繁荣时期，并逐渐成为 20 世纪 70 年代美国社会研究越轨行为的主要理论之一。标签理论根植于符号互动理论，认为越轨行为是社会互动的产物。标签理论认为一个人之所以成为越轨者，往往是因为在社会互动过程中，被有社会意义的他人如警察、老师、父母或亲朋好友贴上诸如坏孩子、不良少年的标签，这些标签会将被标签者与"社会的正常人"区分开来。这会成为他们自我形象受到长期损害的主要来源，他们会在不知不觉中修正"自我形象"，逐渐接受社会对他们的不良评价，并开始认同这些观点，认为自己是"坏人"，然后只好物以类聚，与其他的"坏人"为伍，共同相聚在一起，互寻协作，而孤立于传统社会之外，进行更加恶劣的越轨行为。久而久之，越轨行为者愈陷愈深，成为惯犯，最终无法自拔。标签理论强调社会对越轨者的反应，包括训斥、责骂、歧视惩罚等，认为社会的反应是促使初级越轨者最终陷入"越轨生涯"这一无底深渊的重要原因（王思斌，1999）。

标签理论主要用于对越轨行为的研究，在犯罪学中应用广泛。但也有批评者认为标签理论不能解释越轨行为的真正成因。首先在标签尚未出现之前，越轨行为已经出现了，Walter Gove（1976）认为标签的力量充其量只具有微量的影响，比不上个人因素及背景因素的重要，他还认为标签是越轨行为的结果，而非其原因。罗纳德（Ronald Akers）指出，标签理论片面强调人们心理上的反应，而忽视社会问题的本身的性质，不去研究问题发生的根本原因，而是把全部注意力都放在对问题的主观评价上，因而，对于从根本上解决和正确处理越轨行为它起不到帮助作用。

"标签"一词最初提出是在对越轨行为的研究中，标签理论是犯罪学中的重要理论。而提到标签化往往也带有贬义的色彩，标签化通常是用于批评媒体对某些负面事件和人物的不适当放大以及报道失衡，使得民众只见树木不见森林，继而以点代面，以偏概全，以定式思维来看待相关群体，以致会产生严重的偏见甚至排斥和鄙视。也就是说把仅是一个偶发的当事人无意的行为贴上某种身份的标签，就可能使一个平常的事件变成了一个严重的标志性公共事件。标签化似乎已经成为以偏概全、定式思维的代名词。但是对于标签化，笔者认为其在实质上就是贴上标签，标签化是归类，即将某人或某物定型化或者归入某一类，而不是将其视为一个独特的个体。它为去个性化的群体成员提供情境，也就是对去个性化后的群体成员角色的重新认定。被贴上标签后会产生一些效应，包括强化、自我认同、刻板印象等。存在两种标签化：即负标签化和正标签化。负标签化：个体被标注上坏的标签会促使被标者的行为更趋负面，正标签化：个体被标注上好的标签会促使被标者的行为更趋正面。

笔者认为标签不一定都是负面的，任何角色都可能有自己的标签。而标签化则是指贴上标签的动作。被标签者事实上是被放大了其某一特征，忽视了其他的个性，即用这一放大的特征把其归为一个群体，也就是说被标签者实际上被去个性化。因此，笔者认为所谓标签化的确会在认识上难以做到全面，标签化可能会使人们形成一种刻板印象，即社会上部分人对某类事物或人物所持有的共同的、笼统的、固定的看法和印象。也就是形成一种群体印象不是个体印象。人们虽然会产生刻板印象，但是当他们一旦认识某个特定的个体时，对他的评价受到刻板印象的影响即使有也微乎其微（Locksley，1982）。而对于被标签化的群体也未必总是导致消极的结果。正如标签理论认为的，被贴上"坏孩子""不良少年"标签的人会修正自己的行为，慢慢导致无法自拔的越轨深渊那样，笔者认为被贴上积极标签的群体也会修正自己的行为，只不过是使自己的行为更加积极。并且笔者也在以往的研究中可以找到相关的例证。积极的标签化会使人们产生更加积极的行为。Johnson & Downing（1979）曾经在佐治亚大学做过这样一个实验：给一些女生被试穿上护士的制服，然后让她们对其他人实施电击。结果发现，在实施电击时，穿护士制服的被试如果能够保持匿名性，那她们的攻击性就远不如说出自己名字和身份时的情况大。实验中，制服让她们得以去个性化，但她们并没有在此时对他人实施更大的电击。这是因为，护士这一形象就是对被试者的标签化，即对她们去个性化后的身份的重新认定。并且，在被试已有的认识中，护士应该是友善的代表，也就是说护士制服给她们一个积极的情境。而当她们被去个性化时，她们会很容易对护士这个身份做出反应，她们的行为不代表她们的个体，而是代表护士这个群体，因此，她们会实施更小程度的电击。实验中，被试者变得更加友善了，是因为她们在去个性化之后积极的标签化。在被试的认识中，护士是友善的代表，这实质上就是一种角色期待。所谓角色期待，是指社会对处在某一社会位置上的角色都有一定的要求，为他们规定了行为规范和要求，即社会对这一角色的期望。而当这些被试穿上护士的制服之后实施了较低程度的电击，表现得更加友善了，是她们对其角色的领悟，即个体对角色的认识和理解。个体往往会根据他人的期待不断调节自己的行为，塑造自己。心理学家罗森塔尔（1960）的一项教师对好学生的角色期待的实验，很充分地证明了角色期待的作用。经过8个月的时间，教师期待的"好学生"的成绩真的有了显著的提高。我们也可以理解为在实验开始时，这些学生在老师的心目中是被"好学生"标签化了，从而老师对他们产生了"好学生"的角色期待，而他们自己也在修正自己的行为，从而在成绩上有所提高。标签化实际上赋予了去个性化群体一种新的角色，而对这种角色的期待会影响其行为。

## 五、去个性化和标签化对旅游者道德行为分化的作用

旅游者从生活世界进入旅游世界就是一个去个性化的过程，旅游者在旅游世界中人们都脱掉原有身份的外衣，即不再担任他们生活中的角色，统统变成旅游者这个群体中的一员，他们由原来各种不同的角色都变成旅游者这个统一角色。他们对旅游地来说有高度的匿名性。这时，对他们而言，不存在对他们原有角色的强烈的自我角色期待，他人也同样不会对其产生角色期待。p-09放下了领导的架子，p-03忘记了自己在工作中不可或缺的角色，再不用绷着神经，想着自己的客户和订单了，他们都表现出了更真实的自己，在旅游的去个性化的条件下展现出了埋藏在心底的善。

旅游者在旅游世界中，尤其是在景区景点的时候会形成旅游者群体，在这样的群体情境中他们是完全去个性化的。这时，旅游者是以旅游者群体来展现示人的。此时，社

会规范、个人评价等因素的约束力都会减弱，从而使得受到这些因素抑制的行为增强。而且他们的行为产生的后果责任分散化，具备弱化甚至丧失自我评价的能力和自我约束的能力条件，可能做出在平时社会规则约束下不能做出的行为。旅游者群体成员之间相互影响，使旅游者处在唤起的状态，少数旅游者的道德弱化行为就很有可能引起共鸣，从而引发大规模的旅游者道德弱化行为。我国旅游者集体大闹的事件屡屡出现现象是个证明。这也就解释了衣冠楚楚的翩翩君子、窈窕淑女在旅游世界中毫无环境道德，所到之处一片狼藉的怪现象，因为这些行为通常并不代表他们的价值观，只是对当时的情境做出的反应而已。去个性化理论研究表明，去个性化的个体更容易对所处的情境做出反应。旅游者在旅游中或者因为对陌生的旅游地的匿名性，或者因为旅游者群体而去个性化，他们就会更容易对旅游地的环境做出反应，不仅会发生道德弱化，在积极的环境情境中，旅游者也会发生道德强化。

旅游者在旅游世界中是去个性化的，因此他们也更容易因为某个特征而被标签化。被标签化的个体在本质上还是去个性化的，只不过他们会因为这个标签而拥有一个角色。人们会对这个标签角色产生角色期待，旅游者自己也会对其产生自我角色期待，正像标签理论认为的那样，旅游者会因为被贴上标签而修正自己的行为，使自己的行为更符合人们对标签角色的期待。人们也会通过被标签化的个体对其群体进行认知，这时，被标签化的个体会因为对标签角色的认知和对标签群体的情感认同而修正自己的行为，因为在这种情况下被标签者往往会成为该群体的代表，这也正是那么多的出境旅游者为了维护中国形象而更加注意言行的原因。笔者认为，标签化对旅游者行为的影响是因为标签的不同而不同的，正标签化会使旅游者发生道德强化，相反，负标签化会使旅游者发生道德弱化。

## 六、研究结论

本研究从旅游者从生活世界进入旅游世界中道德行为变化的视角探讨了旅游世界中的道德问题。在前人研究的基础上，通过对深度访谈资料的分析，结合一些社会学、心理学的相关理论，在成文的过程中得出以下结论：

第一，旅游世界区别于生活世界，旅游者在旅游世界中的行为会有别于生活世界，旅游者的道德行为也会发生变化，这是毋庸置疑的，前人已有很多研究充分证明了这一点。旅游者从生活世界进入旅游世界道德行为的变化在逻辑上包括道德弱化、道德强化和无变化。本文通过对旅游者的深度访谈发现，这三种情况确实都是存在的。其中，成熟度高的旅游者，即经常出游的旅游者，和个人道德素质高的旅游者在旅游世界中道德行为不容易发生变化。

第二，通过对旅游者的访谈文本分析，笔者认为旅游者在旅游世界中的道德行为的变化情况受到以下外在因素的影响：旅游地的环境，同时旅游的旅游者的行为，旅游的同伴，旅游者所代表的群体，旅游的动机，旅游的特征。旅游者来到陌生的旅游地，其行为会受到当地环境的影响，在文明程度高、管理严格有序的地方，往往会发生道德强化，而在相对落后的地方更容易发生道德弱化，这也正是所谓的入乡随俗现象。在景区景点常常聚集着大量的旅游者，尤其是在热门景点和长假期间，这些旅游者的行为相互影响，出现道德弱化的情况更为常见。在旅游中旅游者和同伴接触最为密切，旅游者的行为也只有同伴了解最为真切，所以旅游者会视同伴的不同而改变自己的道德行为。旅游者在旅游中往往会因为某一特征而成为某一群体的代表，而社会对这一群体的期望和旅游者对所代表群体的感情认同会影响旅游者的道德行为。旅游者的内在动机会影响其行为，当旅游者怀着彻底放纵自己的动机出游时，更容易发生道德弱化行为。旅游中人们可以暂时脱掉生活中各种身份的外衣，忘掉生活中的各种烦恼和压力，做更真实的自己，人性中潜在的"恶"更容易在无意中流露出，但同时人性中还有潜在的"善"的一面，也同样更容易真实地流露。

　　第三，旅游者在旅游世界中道德行为发生变化的内在原因是去个性化和标签化。旅游者的个体身份模糊化而成为旅游者群体，去个性化的群体更容易对情境做出反应，即道德行为随着旅游地环境的变化而改变；也会顺从所谓的群体规范，即同时旅游的旅游者相互影响，常常会发生大规模的道德弱化。旅游者去个性化后也可能因为某个特征被标签化，这时，旅游者对这一标签的自我角色期待和社会对这一标签的角色期待会使旅游者的道德行为发生改变。

　　旅游者在旅游世界中道德行为可能发生变化，也可能不变化，变化可能是道德弱化，也可能是道德强化。究竟如何变化受到外在因素的影响，也有深层的内在原因，其中外在影响因素在内在原因基础上发生作用，内在原因是根本。旅游者道德行为变化的原理是去个性化和标签化。因为旅游者道德行为存在三种变化情况，所以我们称这种现象为旅游者道德行为分化。

# 第七章　深度旅游中的文化惊喜研究

## 一、绪论

### （一）研究背景

宋代诗人陆游的诗中《游西山村》中有一句是这样描写的"山重水复疑无路，柳暗花明又一村"，让我们感受了诗人正在迷惘之际，突然看见前面花明柳暗，几间农家茅舍，隐现于花木扶疏之间，诗人顿觉豁然开朗，其喜形于色的意外之感，惊喜之情。在旅游中，你是否也有这样的感受呢？随着我国经济的快速发展，在过去的几十年里，旅游已经成为普通大众都能消费得起的休闲方式。而近些年越来越多的人，尤其是中高产阶层的人群的旅游方式，已经不满足于上车睡觉，下车拍照的走马观花式的"到此一游"。仅仅追求异地的满足与新鲜感的普通的旅游方式已经不能满足他们对旅游体验的深层次追求与体验，深度旅游才是他们选择旅游的最优的方式。

作者自己曾在深度游台湾中，意外了解到台湾的医疗现状。随着对医生的专业技术、医护人员的服务态度和医院的配套设施的逐步深入了解，作者在好奇心理的驱使下亲身体验了一遍完整的医疗流程的事件。通过亲身发生在自己身上的事件，作者不禁对这种现象产生了好奇，并对这些内容进行了研究。通过查阅文献发现关于深度旅游的研究文献并不多，关于文化惊喜的概念在跨文化研究领域中曾有人提出，在跨文化旅游的过程中以及在跨文化旅游活动完成后产生了积极性文化后果和消极性文化后果。文化惊喜属于积极的文化后果，指的是在旅游过程中所遇到的现象或事物所引起的积极性的心理震动。所谓少见多怪，就是其通俗的表达，但这种怪是一种惊讶、惊奇，其实就是跨文化旅游者的一大追求，他们出国旅游的目的之一就是想获得这样一种意外效果。这种惊喜大致分两种情况：一是亲眼见到或亲身感受心仪已久的事物，验证或改变心里已有的该事物形象，在理性知识基础上增加感性认识，从而达到增长和丰富见识的目的。二是遇见完全没有预料到的事物，从而产生惊奇、惊喜、震动，大有意外收获，有一种不虚此行的感觉。作者在以后的资料查阅中并未其他关于文化惊喜的内容，也未找到对跨文化旅游中积极性文化后果文化惊喜的论证，并且它只是从增长见识方面进行阐述，并未强调发现。本文所研究的深度旅游中的文化惊喜与此不同，强调的是个体意义上的差异发现，不是简单的增加知识见识，发现过程有智慧感，并不是增加知识，可能在知识层面没有增加。基于现阶段深度旅游的背景、关于深度旅游和文化惊喜的文献资料以及作者的亲身经历，本论文选择深度旅游中的文化惊喜作为研究对象。

### （二）研究意义

#### 1. 理论意义

首先，丰富了深度旅游体验研究的相关理论。深度旅游已经成为旅游市场最重要的组成部分，深度旅游的产品不胜枚举，但目前国内外关于"深度旅游"研究的文章较少，对于深度旅游并没有给出一个统一、明确的概念，研究的深度和广度还有待提高。本研究通过对国内外深度旅游文献进行梳理、研究，分析何为深度旅游、深度旅游与文化的融合，丰富了深度旅游体验研究的相关理论。

其次，提出并验证了深度旅游中的文化惊喜现象。现阶段国内外对深度旅游与文化融合的研究主要体现在文化休克的理论。本论文通过对文化休克理论进行分析总结，提出深度旅游与文化融合不应只有文化休克理论，还应有文化惊喜理论。通过质性研究和实证研究相结合的方法，将文化休克与文化惊喜的进行对比，构建文化惊喜研究框架，从文化惊喜的角度分析深度旅游的重要过程。

最后，提出了深度旅游中的文化惊喜的影响因素。阐述了文化惊喜的原因、影响因素和对个体的影响，深度分析了旅游者的认知形成的机理，将文化惊喜现象科学化。

#### 2. 实用价值

首先，本研究为提高旅游者的体验质量提供有效参考。本研究通过探究深度旅游中的文化体验对旅游体验质量的影响，有利于引导旅游者在深度旅游过程中产生文化惊喜的体验，从而提高他们的旅游体验质量。

其次，本研究为完善旅游企业的服务营销提供科学指导。对深度旅游体验中的文化惊喜进行系统性研究，探索深度旅游中文化惊喜的影响因素，有助于指导旅游企业更好地识别那些有利于提高深度旅游满意度的积极的互动行为。对于那些能够产生消极旅游体验的旅游行为，旅游企业也能够在本研究结论的启发下对深度旅游中旅游者的心理进行科学的引导，从而规避消极互动带来的负面影响。

最后，本文的研究有利于满足人们在旅游中的全方位的体验需要，提升旅游质量，提高旅游品质。

### （三）创新点

①针对文化惊喜的现象，对比文化休克，提出文化惊喜概念，运用扎根理论研究文化惊喜现象。

②将基于非态度量表设计出的问卷，用于本论文的数据采集，以固定成熟的研究方法用于解释分析深度旅游中的文化惊喜现象，赋予了经典数据采集工具新的应用价值。

③提出文化惊喜的阶段和产生原因及其影响因素，拓展了深度旅游在文化研究领域的研究，揭示深度旅游中的文化惊喜现象的存在及形成机理。

## 二、文献综述

### （一）深度旅游的相关研究

#### 1. 深度旅游的内涵

深度旅游是现在越来越流行的一种旅游方式，人们在旅游中不仅能满足旅游的初衷游山玩水，更能从旅游中获得文化知识、自我认可。美国社会心理学家、人格理论家马斯洛人类需求理论曾提出，人都潜藏着各种层次的需要，共包括七种，即生理需要、安全需要、爱与归属的需要、尊重的需要、自我实现的需要、审美需要和求知需要。人处于不同的时期和不同的状态下，这些需要表现出来的迫切程度往往是不一样的。而深度旅游正是从人类的求知需求出发，成为现代人探索自我的一种方式。

（1）关于深度旅游国外的研究综述

深度旅游的英文翻译是 in-depth travel。西方把不是在一个相对有限的时间段内跑若干个景点，而是一次旅行只选择一个地点或少数地点进行深入的、深层次旅游的旅游体验称为"深度旅游"。通过文献查阅发现在学术期刊和国外网站中暂时没有关于"深度旅游"的进一步理论探索和论证，但对探险旅游、慢旅游和背包旅游等与传统的、大众化的旅游形式相区别的新的旅游形式却研究颇多。例如背包旅游简单来说就是没有约束的背着背包去旅行。背包旅游是一种全新的旅游形式，带有深度旅游的特点，游客一般是自由行，多数是独自出发，并且在同一旅游地停留的时间较长。综上所述，国外虽然对于深度旅游没有明确的定义和概念的界定，但是通过对这些新的旅游形式的研究，也可以发现一些深度旅游的特点。

（2）关于深度旅游国内的研究综述

通过对国内文献的梳理可以得知，1996年国内学者冯骥才是国内最早提出深度旅游概念的。他认为深度旅游是一种旅游方式的转变，旅游者不再满足于在旅游中停留在表面观光层面，而是对目的地的深层了解产生了更多的兴趣，更想要真正了解目的地的文化及其内涵。普通的走马观花的观光游旅行包括历史的、文化的、民俗的、艺术的、生活的、生产的等方面，已经满足不了人们的需求，旅游者更希望从异地或异国学到一些知识，并且通过旅行获得更深刻的认知，感受不同地区、不同国家所独有的深厚的、迷人的文化底蕴。他的定义首先是从文化层面出发的。1997年房立泉在邹城的旅游开发中，提出要在文化挖掘上下功夫，做大文化形成差异化，深度开发旅游产品，从而形成"山·水·圣人"的邹城品牌，提高邹城的社会公众影响力并获得直接和间接的经济效益，将邹城打造成历史文化名城。吴颖、邓祝仁（2006）从旅游动机提出：深度旅游就是后现代旅游者为了获得身心舒畅愉悦，实现自我放松、自我完善的旅游行为方式。杨坤武、明庆忠等人（2008）从旅游动机的角度提出：深度旅游是后现代思潮下旅游发展的趋势，是一种以人为本、彰显个性、追求认知、注重参与，以最终实现"人"与"地"合二为一的旅游行为方式。邹开敏（2008）认为从旅游动机的角度来阐述深度旅游的含义更加符合旅游本质，无论是旅游的深度开发还是深度营销最终目的都是吸引旅游者前来并能够满足旅游者的旅游动机，越能满足旅游者越高层次的需求越接近于深度旅游，也就是深度旅游是以满足旅游者高层需求为旅游动机的一种旅游模式。李晓雯、黄远水（2009）从文化体验的角度提出：深度旅游是体验经济的产物，游客们更加注重以最休闲安逸的方式获得对旅游目的地的特色文化、独特的风土人情的体验。张薇、张晓燕（2011）从旅游文化的角度，提出后现代旅游者更注重从文化、历史、地理的角度，观赏自然人文景观，体验异地生活状态，感受地域文化，追求快旅慢游的舒适和悉心品味的愉悦。昔日走马观花、到此一游的传统观光旅游模式俨然无法满足当代旅游者高品位的深度旅游需求。纵观如上关于深度旅游的界定，无论是从旅游动机的角度，还是从文化体验的角度，其焦点都无不集中于"文化"与"体验"。文化是旅游的灵魂，体验是旅游的本质。熊剑峰、明庆忠、王峰（2014）认为作为一种新型的旅游行为方式，深度旅游从文化的角度说是基于文化的，更确切地说应该是基于地域特色文化的；从体验的角度讲，深度旅游最明显的标识在于"深度"二字，"深度"并不仅仅是物理的纵向维度，抑或是历时性的时间维度，也包含了空间的扩展。因此，深度旅游是全方位的立体式文化体验，既包含时间的维度，亦涵盖了空间的维度。概而言之，作为体验经济时代的产物，深度旅游是基于地域文化特色的立体式参与体验旅游行为方式。旅游地的深度体验旅游，就是要告别传统的走马观花式的方式，提升旅游质量，真正带着心灵去旅行。旅游者可以寻找文化遗韵和民俗渊源，追求对自然美景和艺术风格的切身体验，或是对生存方式和生命本质的大胆探索（王格，2018）。随着旅游观念的转变和各种硬件设施的完善，"快旅慢游"开始成为人们追求的旅游方式，更具深度的体验式旅游应时兴起。深度旅游不是简单的时间问题，而是更加强调游客深植其中的进行生活体验式漫游；深度旅游意在调动游客参与和体验的积极性，这更加符合现代人求新鲜、求刺激的心理诉求，也是人们对美好生活追求的重要表现。

综上所述，通过梳理文献发现国内外对深度旅游的研究大多从其概念、含义出发，充分证明了文化旅游是深度旅游的基础与核心。深度旅游不仅要有充裕的时间，还要空间纵深，内容丰富。但是学者们对深度旅游理论的研究在深广度方面还是显得不够，未能很好地切入旅游的本质，也没有形成系统理论。

**2. 深度旅游的特点**

（1）主客互动性

深度旅游可以打破游客与旅游目的地居民之间的壁垒，游客可以体验深度的异域生活，满足旅游需求。

（2）文化体验性

深度旅游的本质是一种深层次的文化体验。在现阶段，文化旅游以其形式多样、内涵深刻的特点，比观光游览更具魅力。深度旅游的出现，从多元文化内涵上带来了更多的旅游产品，更多地参与体验旅游项目和特色旅游服务。深度旅游渗透到文化旅游的发展中，使文化旅游得到了高层次的升华和大规模的拓展。

（3）休闲参与性

观光在旅游活动中是不可或缺的，但参与性活动往往更有利于调动旅游者的积极性和热情，在整个旅游活动中发挥着不可替代的作用。深度旅游由于其产品的丰富性、系统性和组合性，具有多样化的吸引力，能够调动旅游者的积极性和冲动性。访问者不再被动地接受，而是积极地参与。

（4）游客自主体验性

深度旅游应该就是体验式旅游。深度旅游给游客更多自主选择的机会，行程不再是被安排好的，而是游客有了更多自己想去体验的想法。

**（二）文化休克理论**

**1. 文化休克的概念**

文化休克最早是由美国人类学家奥伯格于1958年提出的（Kalvero Oberg 1958）。他用"文化休克"来描述那些出国进入一个不同于他们的新的文化环境的经历。Locke 和 Feinsod（1982）将文化休克描述为暴露在陌生环境中或与陌生环境分离可能产生的压力，导致思维或行为的重大变化。这种变化是由于新的文化不能被感知和解释，以及对文化规范和行为的不熟悉。赫夫斯蒂德（Hofstede，1997）指出，处于外国文化之中的游客具有某种儿童心态，他们可能需要"重新学习最为简单的事情"，还经常遇到困难。这通常会使他们"产生痛苦、无助的感觉，甚至是对于新环境的敌意"，产生"文化休克"。美国跨文化教育与培训研究者罗伯特（Kohls L Robert，1984）将文化休克定义为不同日常生活方式的人们在陌生的生活环境中所经历的个人困惑或焦虑。文化休克包含两个显著的特征。第一，文化休克不是由一个特定的事件或一系列事件引起的，而是在新文化中感知到与以往文化环境不同的东西的结果。第二，它是由许多小事件积累起来的，而不是没有任何迹象地出来，这个过程是漫长和难以确定的。

**2. 文化休克阶段**

文化休克是一种对陌生环境的心理反应。Kalervo Oberg（1960）指出，文化休克包括蜜月期、危机期、恢复调整期和适应期四个阶段，反映了原住地文化（传统文化）与新文化（东道主文化）之间的相互作用。Furnham & Bochner（1986）在书籍文化中详细地概述了这四个阶段。

在蜜月期的几个星期或几个月里，体验者有一种非常积极的态度，对传统文化和新文化（食物、当地文化和习俗、环境、生活节奏等）之间的差异感到兴奋和着迷，但这种体验很快就会结束。在危机期，两种文化的差异越来越明显。在新的文化环境中，个人经常受到各种各样的困扰，包括语言、交通、购物、社交因素等。由于跨文化适应的障碍，以前的兴奋可能会被抑郁和焦虑所取代，个人也可能会有与新文化脱节的极端情绪，从而导致压力和悲观。经过一段时间，人们逐渐适应新的环境，对新的文化更加熟悉，个人感觉越来越舒服，可能会发现自己慢慢过渡到第三阶段的调整。这种转变通常很缓慢。悲观和绝望的情绪逐渐减少，个人对独立生活和与当地人流利交流的能力充满信心。在适应的最后阶段，个体可以自信地适应和接受新的文化，积极地应对和处理文化休克带来的一些问题，开始享受东道国的文化习俗和生活方式，开始新的生活。跨文化体验者不可避免地要经历上述四个阶段。不过其实每个人的经历以及每个阶段的持续时间都不尽相同。按照此规律，中国游客由于出国旅行时间短，通常只处于第一和第二阶段，尚未进入第三和第四阶段。特别是第二阶段是文化冲突的主要阶段。文化休克的U-Curve模式如图7-1所示。

图7-1　文化休克的U-Curve模式

由于文化背景的巨大差异，在跨文化旅游过程中不可避免地会产生"文化休克"。据此，韦弗（1986）对"culture shock"一词的历史渊源进行了详细的研究和分类："熟悉行为的丧失、人际沟通的崩溃、文化身份的危机"。从心理学的角度看，文化休克的产生有两个原因：一是文化主导心理。旅游者进入旅游环境后，一方面是强势文化，另一方面是弱势文化。强势文化的一面对弱势文化的一面具有优越心理，认为弱势文化的一面是庸俗、野蛮、不文明的人，应该接受强势文化。强势文化者的言行会影响弱势文化者，使弱势文化者产生抗拒和排斥心理。二是文化弱势者心理。也就是说，弱势文化者发现了文化与文化的差距，导致了自卑情结，这种自卑情结可能对弱势文化者产生两种影响，第一种是放弃自己的文化，完全接受强势文化影响；第二种是扭曲文化的影响，即弱势文化者为了维护自己的尊严，不仅忽视了文化之间的差异，而且还攻击强势文化，对强势文化者产生了抵抗、排斥的心理。

### （三）文化惊喜的文献综述

关于文化惊喜的概念，通过查阅文献发现在跨文化研究领域中曾有人提出：在跨文化旅游的过程中以及在跨文化旅游活动完成后，产生了积极性文化后果和消极性文化后。文化惊喜属于积极的文化后果，指的是在旅游过程中所遇到的现象或事物所引起的积极性的心理震动。所谓少见多怪，就是其通俗的表达，但这种怪是一种惊讶、惊奇，其实就是跨文化旅游者的一大追求，他们出国旅游的目的之一就是想获得这样一种意外效果。这种惊喜大致分两种情况：一是亲眼见到或亲身感受心仪已久的事物，验证或改变心里已有的该事物形象，在理性知识基础上增加感性认识，从而达到增长和丰富见识的目的。二是遇见完全没有预料到的事物，从而产生惊奇、惊喜、震动，大有意外收获，有一种不虚此行的感觉。

作者查阅文献，发现目前的文献中只有这一篇文献提出过文化惊喜的概念，并且只停留在一种文字表达，并没有进一步的研究，由此可以说明还未有研究者发现文化惊喜这种现象。

### （四）具身体验

西方旅游体验的研究围绕"本真性"展开，认为游客追求地方本真性。即地方意义是旅游目的地吸引游客的关键吸引力。但本真性无法解释游客在旅游目的地的多样性需求，即追求舒适与刺激并存。同时，游客对本真性的追求是将旅游目的地看作"文本"，而没有将身体投入其中。近些年来，一些学者已经提出具身性是旅游体验的主要属性。具身体验的相关研究使学者开始反思以往旅游体验研究中身体的缺位。吴俊和唐代剑认为现在的具身体验研究过于关注身体的知觉，而忽视了游客的身体受限于情境（being-in-world），因此，提出了包括身体、感知与情境的具身体验概念框架，强调身体、感知与情境间的相互作用影响着游客对旅游目的地地方意义的认知。樊友猛和谢彦君提出了旅游体验中身体居于体验中心，但旅游体验不仅是具身性的，还是情境性的、流动性的与生成性的，研究在强调游客的身体是在情境中的同时，还强调了游客体验的复杂性，即游客追寻多样性的体验。Jiang L 在此基础上使用文学旅游来构建具身体验框架，他认为感觉（即五感）、想象、理解与情感是感知的四个维度，游客的五感会影响想象，想象则会影响游客对地方意义的理解与情感，但他依然将游客身体作为五感的集合，而没有探讨旅游情境对身体本身的限制。谢彦君使用扎根理论分析了徒步旅游者的具身体验特征，指出游客的具身体验是一种身体在情境中从参与到融入的过程，最终寻求身心成长。目前，大多数关于具身体验的研究仍处于理论探讨阶段，需要更多的实证案例来探讨游客体验中身体的作用与意义。

综上所述，游客的具身体验影响旅游者对旅游目的地的感知，从而影响旅游者对旅游目的地的好奇和旅游目的地的旅游吸引力。目前关于文化惊喜的研究，主要将在理性知识基础上增加感性认识作为研究对象，忽视了游客体验的"具身性"，而具身体验视角将更为全面地了解深度旅游者如何通过体验认知影响旅游者文化惊喜感受。

## 三、研究设计

### （一）研究对象的选择

本研究以"自由行游客"和"在同一目的地停留三天以上"两个维度为界定深度旅游者的标准，从时下流行的深度旅游游记网如绿野、马蜂窝、去哪儿、途牛、携程、哔哩哔哩的游记里选取具有代表性的游记十五篇，选取时以大众认可的深度游目标城市（国家）为主要选取地点例如西藏、丽江、日本、清迈、海岛等，游记文本编号为YJ1-YJ15。在选取此类研究对象的前提下，通过分析他们的游记文本资料来回答深度旅游中的文化惊喜的影响因素问题。

### （二）研究数据的采集方法

本研究主要通过案例分析法、深度访谈法、问卷调查法研究方法进行文化惊喜研究的数据采集。

#### 1. 案例分析法

本文把作者的个人经验作为研究的案例来研究当前主题。因为本文是根据作者亲身去台湾深度旅游的经历后的所感为出发点进行研究的课题，所以可以将自身经历作为研究素材。作者回顾了自己在深度旅游中产生惊喜的经历，提出文化惊喜并加以验证。

#### 2. 深度访谈法

深度访谈法是面试者根据调查研究的要求和目的，按照访谈大纲或问卷，通过个别访谈或集体谈话的方式，系统地收集信息的一种调查方法。本文通过对身边的深度旅游爱好者进行调查与访谈，通过提纲式的提问，了解他们在深度旅游中遇到惊喜体验的感受和心理状态。作者找到10名符合研究标准的受访者，在征得他们的同意后，通过电话、微信聊天的方式进行访谈。编号为FT01-10。在所有受访者中，女性偏多，占总量的70%，男性为30%；20—40岁居多，占45.4%，40—60岁次之，占27.3%，都来自辽宁省。

#### 3. 问卷调查法

问卷调查法是研究人员通过控制性测量方法来测量他们所研究的问题，从而收集可靠数据的一种方法。大多数问卷都是通过邮寄单独或集体发送的。问卷调查法是基于一个设计良好的问卷工具。问卷的设计需要标准化和可测量性。

本研究在大量相关资料查找、文献研究的基础上，对深度旅游中文化惊喜现象进行分析和深度挖掘，通过对身边喜爱深度游的朋友进行深度访谈获得资料，最后在征求导师的同意后进行问卷设计工作。

调研问卷共包含三大部分。本问卷采用非态度量表的选择题与开放式的题项。第一部分用于了解深度旅游者的基本信息包括性别、年龄、学历情况、职业、年收入共五项题目；第二部分用于了解深度旅游者的旅游预算、每年旅游频次、出行方式、住宿方式、停留天数等共七项题目；第三部分是问卷的核心部分，主要用于了解旅游者选择深度旅游的原因、对旅游地文化的感兴趣程度、深度旅游现象是否存在以及是否有再出游的意愿等共计九项题目。

### （三）质性方法

#### 1. 文献研究法

文献研究法主要是指通过文献研究收集、整理文献，形成对事实的科学认识的方法。文献研究法是一种古老而重要的科学研究方法。一般过程包括五个基本步骤，即提出主题或假设、研究设计、收集文献、整理文献和总结文献。文献研究法的主题或假设是指根据现有的理论、事实和需要对相关文献进行分析、整理或重新分类的概念。研究设计的第一步是确立研究目标，即通过操作型定义的方式将主题或假设的内容设计成具体的、可操作的、可重复的文献研究活动，它可以解决特殊的问题，具有一定的意义。

作者根据研究论点阅读大量文献，并筛选出跟本研究相关的文献、书籍、网上相关信息。但由于文化惊喜和深度旅游的文献资料相对较少，因此在研究中也辅以文化休克理论、跨文化旅游理论、具身体验理论，将这些理论基础进行整理、归类研究，共同作为文化惊喜研究的基础。

#### 2. 扎根理论

本研究采用扎根理论质性研究方法。扎根理论被誉为质性研究中最科学的方法论，强调必须在自然情境下，采用归纳的方法对社会特殊现象进行探究和建构。鉴于本文研究的问题涉及旅游者在深度旅游中是否会产生文化惊喜现象，深度旅游者是文化惊喜的主体和感受者。因此资料收集主要采用问卷调查法、深度访谈法和文本资料法，把握旅游者文化惊喜的过程。

在本文中，作者首先筛选出符合深度旅游者的游记资料，其次对文本资料进行整理，筛选出有文化惊喜体验的资料进行整理分析成文本，取得有效信息后，运用扎根理论进行文本的开放式编码、主轴式编码和选择式编码，以期通过扎根理论将影响深度旅游者的文化惊喜体验的因素总结出来，构建出游客文化惊喜体验影响因素模型。

## 四、深度旅游者特征及文化惊喜现象分析

### （一）研究方法与数据处理

#### 1. 问卷设计

本问卷采用非态度量表的选择题与开放式的题项。第一部分用于了解深度旅游者的基本信息包括性别、年龄、学历情况、职业、年收入共五项题目；第二部分用于了解深度旅游者的旅游预算、每年旅游频次、出行方式、住宿方式、停留天数等共七项题目；第三部分是问卷的核心部分，主要用于了解旅游者选择深度旅游的原因、对旅游地文化的感兴趣程度、深度旅游现象是否存在以及是否有再出游的意愿等共计九项题目。

#### 2. 数据获取

为了使得问卷的结果更加精确，作者通过问卷对象、问卷维度两个操作标准保证调查群体的准确性与问卷结果的严谨性。在本文中，作者主要对不同年龄段、不同学历、不同年龄的受访者发放问卷，共发放问卷 200 份，以"自由行游客"和"在同一目的地停留三天以上"两个维度为界定深度旅游者的标准，筛选出 60 份有效问卷，对其进行分析。以此来验证文化惊喜现象的存在。在对 200 份调查问卷中深度旅游的 60 项数据利用 SPSS 软件进行分析可以得知，绝大部分的深度旅游者对于旅游目的地的文化背景、风土人情、饮食文化等非常感兴趣。

#### 3. 样本概况

本问卷在操作标准的基础上，对发放对象主要选取了三部分群体：根据马斯洛需求理论，深度旅游追求的是一种深度的旅游体验，是一种超越基本需求和自我实现需求的深度体验，所以初步判断高学历和有一定收入的群体更热衷于深度旅游。第一个选择群体是高学历群体。作者选取自己的大学同学和研究生同学为研究对象，向他们发放问卷，以期了解高学历人群中是否存在文化惊喜现象。选择的第二个群体是代购宝妈群体。作者作为一名宝妈了解到，抛去崇洋媚外的思想，喜爱代购的宝妈多处于中产阶级符合调查群体。亲子游是时下最火热的旅游方式。亲子游更多的是希望给孩子了解世界的机会，能够带着孩子亲子游的宝妈群体必然是一群关心孩子内心世界、注重自我提升的知识群体。亲子游最大的特点就是慢出行和目的地停留时间长，这也正符合深度旅游者的特点。第三个选择群体是问卷星 APP 自带群体，他们的年龄、职业、学历各不相同，选择这个群体是为了弥补作者熟悉群体的局限性，将选择的范围扩大，以获得更加严谨的问卷结果。

#### 4. 数据处理

为了研究深度旅游者具有哪些特征，以及在深度旅游中是否存在文化惊喜现象采用 SPSS 软件对调查样本进行检验。本文分别从深度旅游者的年龄、性别、文化程度、职

业、收入等信息进行差异分析。

**（二）深度旅游者特征分析**

*1. 性别*

在深度旅游中，女性更容易产生文化惊喜现象。理智和情感影响着每一个人的思考和判断。对待一件事情，抛除个人情感，客观分析它的成因、发展趋势、潜在的环境影响，来判断它的未来走势，把问题集中在事态本身上，就是理性思维；对同一件事情，不去做分析，只从个人喜好、偏爱、感觉舒不舒服去判断它的好坏，把根源聚焦在自己的情感上决定取舍，就是感性。所以女性更善于在旅游中发现文化惊喜现象。

*2. 年龄*

20岁以下的深度旅游者占比13.24%，21—40岁占比75.98%，41—60岁占比9.31%，60岁以上占比1.47%。由此分析可知，21—40岁的旅游者更能体验到文化惊喜的感受。

*3. 受教育程度*

从样本可以看出21—40岁人群占比75%，本科学历和研究生学历占比83.33%，说明高学历的中青年人群是深度旅游中最重要的一部分群体。

*4. 职业*

有51.67%的调研对象是有工作的人群，有40%的调研对象是学生群体，说明深度旅游者面向的客源市场主要是有收入的上班族和充满冒险精神的青年人。

*5. 年收入*

文化惊喜现象与深度旅游者的收入关系并不大，并不是收入越高越能感受到文化惊喜。

*6. 每年计划旅行的预算*

有50.98%的旅游者每年计划旅行的预算在5000元以下，31.86%的旅游者预算在0.5万—1万元，有13.37%的旅游者预算在1万—2万元，仅有3.43%的旅游者预算在2万元以上。

*7. 感兴趣程度*

能够感受文化惊喜的深度旅游者是对旅游有很浓厚兴趣的旅游者，有93.63%的旅游者每年至少计划旅行一次。

*8. 出行方式*

有45.1%的深度旅游者选择家庭出行方式，18.14%的深度旅游者选择闺密出行方式，13.24%的深度旅游者选择单身出行方式，10.78的深度旅游者选择情侣出行方式，10.29%的深度旅游者选择亲子出行方式，2.45%的深度旅游者选择驴友出行方式，由此可见家庭出行的旅游者更容易感受文化惊喜。

### 9. 住宿方式

48.33%的游客选择居住当地的特色民宿，有21.67%游客选择居住豪华酒店，有26.67%的游客选择居住快捷酒店。可见更多的深度游客喜欢选择居住代表旅游地风土人情的民宿，当然也有游客选择去豪华酒店和快捷酒店，也显示了民宿方面有卫生环境、配套设施和性价比方面的弊端。如果民宿能够从这几方面进行改进，相信在未来的旅游市场上会更有前景。

### （三）深度旅游者的文化惊喜现象分析

参照文化惊喜的概念，从深度旅游者的认知出发，发现差异再到惊喜感受最后到强烈的想表达意愿以及再次出游的打算。从非态度量表当中的单一选项问题数据统计如表7-1、图7-2所示。

表7-1 深度旅游中文化惊喜的单一选项问题数据统计

| 题目 | 是 | 否 |
| --- | --- | --- |
| 是否想要了解旅游地的历史文化背景 | 98.33% | 1.67% |
| 旅行中遇到与居住地历史文化、风土人情等不同点，是否会有想亲自体验的想法 | 85% | 15% |
| 在深度旅游的美好体验视觉、听觉、嗅觉、味觉等身体多感官是否参与其中 | 88.33% | 11.67% |
| 在深度游的过程中是否会有令人意想不到的难忘、惊喜的经历 | 96.67% | 3.33% |
| 在旅游过程中，遇到负面事件（比如生病、天气不佳等其他外部因素）是否会影响旅游体验 | 81.67% | 18.33% |
| 在旅游中遇到负面体验事件后，是否会因为文化差异带来的意想不到的惊喜意外体验而重新获得旅游体验的提升 | 88.33% | 11.67% |
| 旅行归来是否有强烈的想与人表达的意愿 | 83.33% | 16.67% |
| 对于经历过负面事件但难忘回忆的目的地是否有再次出游的意愿 | 83.33% | 16.67% |

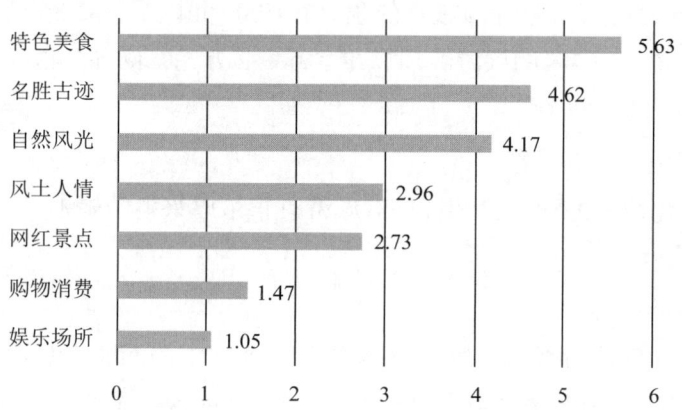

图7-2 深度旅游文化惊喜感兴趣内容排序

有 98.33% 的深度旅游者对于旅游目的地的文化非常感兴趣，愿意探索。并有 85% 的旅游者不仅仅停留在认知上，更有具身体验的意愿。在旅行过程中旅游者遇到意想不到的难忘事件的比例为 96.67%，说明深度旅游者在旅游中有极大概率发生意料之外的难忘事件。积极事件能带来惊喜的体验，负面事件也会带来惊喜体验。

### （四）小结

①女性旅游者更容易产生文化惊喜现象。
②不同年龄、文化程度、不同职业的旅游者选择的旅游方式不同。
③收入、预算和旅游频次与是否选择深度旅游关系不紧密。
④深度旅游中存在文化惊喜现象。

## 五、深度旅游中的文化惊喜研究

### （一）文化惊喜的表现形式

文化惊喜的表现是指当旅游者进入一种新的异地文化后，会感到新鲜、刺激、意料之外的惊喜。这种惊喜表现在两种形式上。一是感性的惊奇。感性是指做事情以主观意识为主。深度旅游者来到一个崭新的旅游目的地时，会通过自身知识储备来衡量对旅游地的感受，当所看见的事物因为之前没见过而产生了少见多怪的惊奇，这会让旅游者因为异地的文化差异产生文化惊喜感受。二是理性的惊喜。理性是做事情以客观事实为主，根据客观事物的发展和规律来做出决定。深度旅游者在旅行过程中基于理性对文化差异进行探究后，有了新的发现，旅行者因为发现新鲜事物产生了出乎意料的强烈的惊喜感和满足感。

### （二）文化惊喜的诱因与主要阶段

根据对文化惊喜概念的分析，参照文化休克的阶段，依据本人亲身经历和深度旅游者的网络游记文本，初步将文化惊喜分成以下四个阶段：

#### 1. 感知阶段

需求层次理论是美国人本主义心理学家亚伯拉罕·马斯洛在其 1943 年所写的论文《人类动机论》一文中提出的，而这一理论又称需求层次理论。在 1960 年，马斯洛的需要层次理论发展到了 7 个层次。他认为人的需求就像是阶梯一样，从低到高可以分为七个层次，即生理需求、安全需求、社交需求、尊重需求、自我实现需求、求知需求和审美需求。随着社会文明的进步，后现代主义的人们，在现在的社会中已经得到了生理、安全、社交、自我实现的需求，他们越来越追求思想上的升华和内心上的满足，追寻一种超越自我的体验。旅游特别是深度旅游正是他们追求体验、超越自我的一种方式。深度旅游者通过对旅途中对异地文化（特别是人文景观）与常住地文化不同的发现，激发了旅游者超乎寻常的新奇感和探索欲，使他们对目的地产生了浓厚的兴趣。

#### 2. 探索阶段

《心理学大辞典》认为："情感是人对客观事物是否满足自己的需要而产生的态度体验"。同时一般的普通心理学课程认为："情绪和情感都是人对客观事物所持的态度体验，只是情绪更倾向于个体基本需求欲望上的态度体验，而情感则更倾向于社会需求欲望上的态度体验"。人的社会性情感主要有道德感、理智感和美感。理智感是在智力活动中，认识和评价事物时所产生的情感体验。例如，人们在探索未知事物时表现出的兴趣、好奇心和求知欲，在科学研究中面临新问题时的惊讶、怀疑、困惑和对真理的确信问题得以解决并有新的发现时的喜悦感和幸福感，这些都是人们在探索活动和求知过程中产生的理智感。人们越是积极地参与智力活动，就越能体验到更强烈的理智感。理智感是人们从事学习活动和探索活动的动力。

在深度旅游中，面对陌生的目的地，经过了第一阶段感知阶段，有了解旅游地的意愿后，开始对旅游地进行探索和求知，是在对异地文化的初期接触后的探索过程。在这个阶段游客一般会出现两种结果，第一种是一直处于第一阶段的兴奋期，面对新鲜的人、物、景，积极地接纳和享受新环境带来的惊喜感，第二种是在面对新环境后，心理上会短暂地出现不适应感觉，但是很容易调整。

#### 3. 发现惊喜阶段

"古代人为了寻找食物和住所从一个地方游荡到另一个地方"（Jayapalan，2001），这种需求逐渐开始"在探索新的地方和寻求环境和经验的变化"（Jayapalan，2001），在我们今天称这样的活动为旅游。旅游在根本上是一种主要以追求刺激寻求（以好奇心为核心）需要的满足为目的的自娱过程。旅游者在深度游途中都有了难忘的旅游体验，即使是在旅途中发生了意外的突发事件，消极的情绪也很容易被忘记，取而代之的是对旅游目的地的美好回忆和重复体验旅游目的地的意图。它主要表现为喜悦、兴奋、满足等积极情绪。由于旅游地的文化环境、风土人情、生活方式、饮食习惯等各方面文化的迥异，加上之前对异地文化习俗不了解，使得个体开始对自己旅游前没有预料到的突然之间获得心理上的兴奋感有意外感触。比如类似"苍蝇馆子"那些没有经过精美装修的小饭馆。虽然"苍蝇馆子"的东西或许不是最好吃的，却一定有着神秘的吸引力和特别的味道，让人欲罢不能；"苍蝇馆子"的环境或许并不尽如人意，却一定有着最热情的老板和宾至如归的亲切温馨感；"苍蝇馆子"还有着令人开怀的便宜贴心价，师傅不错的厨艺和倾尽心力的菜品创意；更有着可以无所顾忌大快朵颐的酣畅淋漓的家庭气氛。在游客对饭馆的探索发现后，意外的美好感受改变了旅游者的认知，获得了意外惊喜之感。

#### 4. 总结分享阶段

态度是指个人对某一对象所持有的评价与行为倾向。在深度旅游中感受到文化惊喜的旅游者，因为对旅游目的地的探索和感知，获得了不同于观光旅游者的意外之喜和强烈的愉悦感，因为这些惊喜体验是旅游者独立发现的，所以有强烈的表达欲望。总结分享阶段是深度旅游的最后阶段，是旅游者旅游体验满意度的体现。旅游体验质量对游客满意度有直接正向影响。通过问卷分析得到旅游者想表达惊喜体验的方式。可以看出大部分人喜欢与身边人分享，社交平台和记录留作回忆也是深度旅游者想表达的方式。

旅游者在深度旅游过程中，经历了非同寻常的情感变化后，无论是积极的还是消极的，都会变成他们一次令人难忘的、深刻的旅游体验。"文化休克"，文化人类学家奥伯格认为，是由于失去了自己熟悉的社会交往信号或符号，对于对方的社会符号不熟悉，而在心理上产生的深度焦虑症。对比文化休克，通过对以上四个阶段的分析，深度旅游中产生文化惊喜的原因可能有如下几点：①文化差异带来的惊喜。不同文化是产生文化惊喜的一个最重要原因。旅游的本质就是要追求差异、寻求刺激。因为深度旅游者从旅游出发点来说，对异域或者异文化有认知的强烈兴趣，旅游地与常住地文化的反差使得文化差异带来的刺激符合了深度旅游者的旅游初衷。②深度旅游带来的惊喜。深度旅游本就是一种深度文化体验，不同于观光游。对旅游目的地的熟悉程度的增加，让旅游者很快适应了对于目的地的探索，让旅游者发现了很多意料之外的事件，这使得他们产生了惊喜之情。③社交因素带来的惊喜。文化惊喜的成因还与社交因素有关系。不仅文化的差异能带来惊喜，与旅游地的居民互动、在旅途中发现同行人在日常生活中从未有过的性格特点也能带来文化惊喜。

### （三）文化惊喜产生过程的深度解释

"惊喜"一词源于《后汉书·袁敞传》："臣俊徒也，不得上书；不胜去死就生，惊喜踊跃，触冒拜章。""惊喜"的字面含义为"丝毫不加节制地表露欢乐、热情和惊奇"，用来表示在没有事先预知的情况下，突然获得某件心仪的物品或突然遭遇某件奇妙的事情。英文为 surprise，意指意外发现、撞见，出其不意获得；令人吃惊的事物；意想不到（或突然）的事或消息等。旅游的本质是体验，在旅游中的文化惊喜概括来说就是一种符合旅游本质的文化体验，是在深度旅游体验中，旅游者面对一种新的异地文化时遭遇意想不到的刺激而产生惊喜的、难忘的心理过程。在惊喜中往往混合着两种情感，一种是惊、一种是喜，下面将通过"惊""喜"两部分来分析深度旅游中的文化惊喜。

**1. 文化惊喜释义**

"惊"，现代汉语词典中解释为"因受到意外刺激而感到紧张、害怕或兴奋"。从生理学角度出发，"惊"是人面对突然刺激时的一种自我保护措施。从释义中分析，我们可以发现"惊"包含两个过程，其一是受到意外刺激，其二是产生紧张、害怕、兴奋等情绪反应。现代心理学研究发现这两者之间存在两种关系：其一源自生理本能，人在遇到突然的感官刺激时，自然会产生各种生理反应，其中包括情绪反应；另一种源自知觉，知觉是外界刺激作用于感官时人脑对外界的整体的看法和理解，它需要人根据自身经验对刺激进行组织和辨识，从而做出反应，如果出现"意料之外"的辨识，就会出现相应的"惊"的情绪反应。由此可见，刺激和意外是产生"惊"的两个主要元素。"惊喜"除了要制造"惊"的紧张、兴奋，还要有"喜"的满足。"喜"，古人称之为七情之一，主要指心情愉悦的精神状态。现代心理学认为产生愉悦的条件来自外界的刺激和人的心理，当外在刺激被感知并与心理需要相一致时，愉悦产生。因此，一方面人要能够完成由物理刺激到心理刺激的过程；另一方面要有需要被满足的感知。由此可见外在刺激的感知和心理需要的满足是"喜"形成的两大因素。

### 2. 文化惊喜的产生

认知指通过心理活动（如形成概念、知觉、判断或想象）获取知识。习惯上将认知与情感、意志相对应。认知是个体认识客观世界的信息加工活动。感觉、知觉、记忆、想象、思维等认知活动按照一定的关系组成一定的功能系统，从而实现对个体认识活动的调节作用。在个体与环境的作用过程中，个体认知的功能系统不断发展，并趋于完善。

文化惊喜现象起源于旅游者的认知。人的心理过程是从感知觉开始的。所谓感觉就是人脑对直接作用于感觉器官的刺激物的个别属性的反应。人们通过感觉，可以反映刺激物的各种不同属性，如颜色、气味、光滑、冷暖等。通过感觉，也可以使人能够反映自己体内所发生的变化，如身体的运动和位置，各种器官的工作状况等。而知觉是人为了赋予环境以意义而解释感觉印象的过程（孙喜林，2008）。旅游特别是深度旅游者追求的是一种不同的旅游体验，一种超越自我的方式。他们在旅途中特别好奇，特别具有冒险精神，深度旅游者追求的就是在异地文化中所体验的超越于普通旅游者的感受。与常住地文化不同的发现，激发了旅游者超乎寻常的新奇感和探索欲。旅游者在深度旅游中从心理上已经把自己作为一个融入当地文化的暂住者，而不是一名旅游者。这和文化休克的起源很像，出发点都是要融入当地文化。

### 3. 深度旅游中的意外发现之惊与喜

初入异地文化后，旅游者便开始了对异文化的探究和发现。在文化休克中，人们由于语言规则、生活方式、思维习惯等各方面文化的迥异，加上对异文化习俗缺乏了解，母文化中的各种规则在异文化中频频碰壁，使得个体开始对自己及未来感到迷茫，从而对异文化感到不适应并同时经历低落沮丧、消沉颓废等消极情绪。但深度旅游者在旅游中却恰恰与其相反，他们渴望发现自己不曾预料的文化现象，渴望体会别人从未体会的感受，越是与常住地不同的文化背景，与其他旅游者不一样的旅游体验，越能激发他们旅游的满足感。不仅旅游地的新奇的美景、风土人情等让旅游者惊喜，就连旅游地独有的多变的天气也会让旅游者收获意外的惊喜体验。

#### 4. 深度旅游中的惊喜回味

旅游者在产生文化惊喜之后通常会撰写游记,并通过游记发布以及向朋友讲述而达成回味,这是旅游体验的一种长尾效应。

作者翻阅大量文献并未找到关于文化惊喜的相关研究,基于此,根据以上的分析总结出文化惊喜是一种符合旅游本质的文化体验,是在深度旅游体验中,旅游者面对一种新的异地文化时因意外获得而产生惊喜的心理过程。文化惊喜有两种类型:一种是感性的惊奇,看见的东西产生少见多怪的惊喜。另外一种是理性的惊喜,是理性过程而产生的发现,智慧感中的惊喜,是探究之后的发现,并不是少见多怪的感性惊喜。而我们所研究的主要是后者。

### (四)基于扎根理论的文化惊喜的影响因素研究

#### 1. 开放式编码

在收集整理好的文本基础上,基于扎根理论的分析步骤,首先进行开放式编码。这一分析过程作者始终将"惊喜体验影响因素"这一核心思想作为研究主线,始终和游记文本保持紧密的阅读联系,并不掺杂个人的主观情感在其中。在对游记的文本资料进行反复阅读之后进行文本的编码构建,在逐渐的编码过程中,作者已经开始勾勒出大致概念。在此基础上,作者得到700多条的初始概念。考虑到初始概念较多,作者对重复、语义相关的概念等继续范畴化,不断地精简。

#### 2. 主轴式编码

主轴式编码主要是要将各范畴之间的概念进行联系串联,梳理出主要逻辑。基于此,作者最终将整理好的18个范畴整理出六大主范畴。

#### 3. 选择性编码

选择性编码需要在各个主范畴中找到一条贯穿的主线,围绕主线挖掘出核心范畴,进而展开分析核心范畴与其他主范畴之间的联系,构建出他们之间的逻辑关系。结合本研究的主题,发现可以用"深度旅游中的文化惊喜的影响因素"来统驭其他所有范畴,故将其定义为核心范畴。同时从游记文本资料中对逻辑关系进行验证,确保逻辑关系的正确性。

本部分使用扎根理论的研究方法,经过了开放式编码和主轴式编码之后,接下来进入理论模型建立的选择性编码阶段,总结出深度旅游中的文化惊喜现象的影响因素,其目的在于通过分析文化惊喜的影响因素来验证深度旅游中文化惊喜现象的存在。这要求对各个范畴之间的线索与逻辑进行构建。通过分析深度旅游者在文化惊喜体验与影响因素之间的关系建构出文化体验、情感体验、具身体验、社交关系、突发事件、认知体验六个主要维度。游客在深度旅游期间若想获得文化惊喜体验,首先和目的地的文化有着紧密的联系。强烈的参与体验的情感促使旅游者想具身体验新奇的文化。

### 4. 结果与讨论

本研究通过上述 3 个编码阶段，甄别出 6 个维度和 18 个范畴，下面对 6 个维度内涵进行阐释，以更清晰地展示维度内涵的推演过程。

（1）文化体验

文化惊喜现象和文化体验有着紧密的联系。旅游的本质是文化体验，深度旅游者在旅游过程中对文化的感受正是在旅游中能获得文化惊喜的重要影响因素。旅游目的地的民俗文化、风土人情、特色美食、特色建筑等，让旅游者对旅游目的地产生惊喜的感受，对旅游者的文化惊喜心理影响较为显著。

（2）情感体验

情感体验是记忆经历中最重要的组成部分之一。如果游客经历了不同寻常的情感变化过程，无论这个过程是积极的还是消极的，一次非凡而难忘的旅行就会形成其独有的惊喜印象。换句话说，没有游客的情感体验，惊喜的经历就不会产生。正如访谈者 FT-05 所指出的，"满足的旅游体验来自游客对目的地、东道主和他们的旅游伙伴"。与情感一样，惊喜体验唤起思想、感知和评价的方式是恒定的，与被唤起的感觉和情感同样重要。

（3）具身体验

具身体验是一种身体在情境中从参与到融入的过程，最终寻求身心成长。具身体验唤起了游客对活动所处环境的沉浸感。通过视觉、听觉、触觉、嗅觉、味觉身体五官的感触让旅游者在深度旅游中增加了文化惊喜的感受。

（4）社交关系

社交因素产生的文化惊喜体验通过人际关系发生，它能使人们走到一起。这些关系可能包括对话、身体接触、观察、识别、客户服务等。在经历了旅行之后，人际关系可以持续。与人和地方的亲密关系也是可能的社会化结果。社会化经验影响再体验意愿和口碑。

此外，认知体验和突发事件也是深度旅游中影响文化惊喜体验的重要因素。

### 5. 理论饱和性验证

在本文构建的模型中，通过对其余游记的分析和归纳，我们发现没有增加新的维度。结果表明，本文建立的模型基本上涵盖了主要维度，没有增加其他类别，在理论上已经达到了数据饱和的水平，因此不需要增加数据分析。

# 第八章　旅游倦怠研究

## 一、绪论

旅游是一个动态变化的过程，游客的情感及心理会随着旅游中的时空变化、游客自身身体、心理和目标的变化和差异，呈现出不同的变化与倾向。

旅游体验在旅游过程中是变化的。英国作家格雷厄姆·格林热爱旅游探险，足迹遍及南美、东欧、亚洲和非洲，1935年穿越利比里亚，回国后完成《没有地图的旅行》一书，书中将他在非洲的旅游以小说的形式写下来。在旅行的开始，他坚信一切都会顺利，"非洲人会尊敬英国人、帮助英国人，就算当地居民不好对付，遇到满口的本地方言，这场旅行也会充满乐趣"；但在旅途进行到一半时——差不多踏上非洲十四天后，他生病了，变得很不耐烦，希望这种旅途可以早些结束。"现在我需要的只是药物、洗澡和冷饮等，而不是这片充满树林和枯叶的庞大森林……"几天之后他又写道，"一想到每前进一步都离家更近，我不禁感到愉悦。"在旅途第十七天时，"我对这里的所有人和所有事物都感到恼怒……"紧接着，"站在利比里亚的中心地带，我感到有些抓狂……这就像一个噩梦。而我已经记不得自己为什么要来。"旅途中这种从身体到情感最终到心理的衰减现象在他的文中表达得淋漓尽致。部分研究者通过对情感变化的研究，也证实了这种衰减现象的存在。Hull（1992）发现游客的积极情感（快乐、兴趣、爱）会随着时空的变化而呈现逐渐下降再上升的趋势。而在期望难以达到的情境下，游客的情感甚至会出现高度的落差，出现从兴奋、高兴变为失望、气愤、厌倦、思乡等阶段性的变化（Falconer，2013）。旅游世界中的快乐和痛苦两极情感绝不是孤立存在的，它会随着不同旅游情境的切换而相互转化、相互依存（谢彦君，2006）。无论是在旅游世界中，抑或是在学术研究中，我们都能够发现游客在旅游中会出现疲乏、懈怠，部分甚至会产生想要回归生活世界的意动，这种旅游中的"痛苦"无疑影响了旅游体验的品质。因此，本文通过剖析旅游倦怠的产生、发展和变化，旨在系统、深入理解旅游者在旅游中的身心变化。

## 二、相关综述与概念确定

### （一）倦怠研究

#### 1. 倦怠的定义

倦怠在中国古代就有描述，其中《礼记·礼器》里记载季氏祭祖时曾写道："季氏祭，逮暗而祭，日不足，继之以烛。虽有强力之容、肃敬之心，皆倦怠矣。"形容了因为祭祖拖得时间过长，即便是身体强劲，对先祖有肃敬之心的人，也变得疲惫不堪。倦怠作为疲乏懈怠的消极表现广泛存在于不同的情境之中。其中研究最为广泛的是工作倦怠。

工作倦怠作为学术概念是由美国心理学家菲顿伯格（1974）首次提出的，他通过临床的方法，对助人行业中倾注了大量情感和力量的个体进行研究，发现这类人在无法满足其期望与回报情况下，最容易出现情感、精力的衰减甚至消耗殆尽，无法投入工作，难以用积极的态度去面对受助者，其工作成就感也出现很大程度的降低（Freudenberger，1974）。他将这种由工作情境所引起的生理及情绪耗竭的现象用"倦怠"（burnout）一词来概括。早期的研究对倦怠的定义是描述性的，随着研究对象的不同、工作情境的变化，倦怠的定义也略有变化。其中包括筋疲力尽、无能为力，创造力的丧失（Kahill，1988），对工作成果的消极评价，对同事和服务对象冷漠疏远的态度（Perlman & Hartman，1982）等。随着对倦怠研究的深入，研究者们倾向于通过对倦怠概念化的过程，对倦怠的典型特征和核心症状进行提取。将个体在长期面对服务对象时，产生情感耗竭，冷漠、疏离他人，对自己的工作成果做出消极评价的现象叫作倦怠。

还有部分学者是从工作倦怠形成的过程及结果动态来定义。Brill（1984）认为倦怠是因个体期望难以达成，最终在情境中自我调适失败所产生的消极状态。同时指出倦怠是个体精力和情感由高到低消磨衰退的缓慢发展过程。Cherniss将工作倦怠等同于行为和心理上对工作的退缩现象，是个体对工作目标、任务、对象等态度和行为的负性变化。个体对工作热诚不再，丧失了成就感和使命感，只是为了生活而工作（Farber，1983）。Etzion（1984）将倦怠分为三个阶段，从感受到工作压力（stress）之后出现短暂疲劳到最终一系列行为态度的转变，体现了个体在工作中情感、心理以及行为由积极到消极的转化。

随后对于倦怠的研究从工作领域扩展到生活，如恋爱和婚姻关系（Pines，1987）、运动领域（Cresswell，2005）等，认为倦怠是个体长期陷入需要付出大量情感的情境中，在身体、情感、心理各方面会逐渐产生衰减甚至耗竭的状态（Pines，1987）。韩国认知心理学博士朴璟淑研究生活中的倦怠现象，将倦怠等同于无力感，是不主动、不积极的反应，是一种精力枯竭、缺乏主动性或者热情的状态（朴璟淑，2014）。

在工作领域的相关研究中，工作倦怠作为一种习得性消极心理状态而存在，是当个体认识到无论是通过抗争还是适应性调整都不能逃脱不良环境时，进而产生的一种对工作对象或工作目标的冷漠和疏离的消极心理状态。这种习得性倦怠是不可逆的，若非有外部支持或变更环境，个体是难以靠自我调整回归积极的状态（Brill，1984）。然而通过研究对象的扩展，倦怠的定义也由此发生了变化，不再强调其无法改变、无法自我调节的特性，而是重点强调个体身心耗竭的消极状态。

2. 倦怠的结构与测量

在倦怠研究中多采用心理测量的方法进行实证研究。应用最广泛的三因素结构是在 Maslach 工作倦怠问卷（MBI）基础上提取并验证出来的，分别从个体情感、对待他人的态度、对待工作成果的态度三方面对倦怠核心症状进行总结，将倦怠分为情感耗竭、人格解体和个人成就感三个特征维度。具体来说，情感耗竭维度共有九个问项，主要描述了个体在工作中情感资源的消耗及枯竭程度；人格解体量表包含五个问项，表现了在服务顾客时，个体产生的冷漠疏离的态度；个人成就感量表则有 8 个问项，考察了工作成果能够带给个体的自豪感、成就感。情感耗竭和人格解体两个分量表为消极问项，得分越高，个体的倦怠水平相应也越高。与之相反的是个人成就感分量表，考察个体完成工作的成就感和胜任感，属于积极问项，所得分数越低，则个体倦怠水平越高。

其实不仅仅是服务业，那些从事一般性工作不需要太多情感投入的个体也会出现工作倦怠。因而在 MBI 的基础上编制了一个适用领域更广的工作倦怠量表 MBI-GS（General Survey）。Schaufeli 将倦怠的三因素进一步发展为情感耗竭、犬儒主义（cynicism）和降低的职业效能感（reduced professional efficacy）（Schaufeli et al, 1996），情感耗竭与之前 MBI 中同义。犬儒主义对比 MBI 中测量个体在面对服务对象的消极态度的人格解体，含义更为宽泛，体现的是个体对待工作的冷漠疏远的消极态度。职业效能感不局限于个体面对工作成果的成就感，而是涵盖了在工作中所取得的一切社会性和非社会性成就。

倦怠研究从工作领域进一步扩展到生活，Pines 认为倦怠的产生不仅局限于工作领域中，在不同的生活情境也会产生。因而他在厌烦倦怠量表（Tedium Burnout Scale）基础上设计了 BM（Burnout Measure），适用范围并不局限于职业群体，还包括生活中例如婚姻关系、运动领域的倦怠，项目含义非常宽泛。同样也是三因素结构，主要考察个体在生理、情感、心理的倦怠程度，其中生理耗竭分量表主要测量的是个体疲乏懈怠、精力衰减以及心理上的抱怨程度；情感耗竭分量表对个体在生活情境中产生的负面情感进行测量；心理耗竭分量表则重点针对个体在生活情境中的消极态度和行为意向进行考察。共 20 个项目，被调查者需要根据自身在生活中的实际主观感受进行评定打分，进而得出个体的整体倦怠水平。

三个问卷至今应用广泛，在多个国家和不同职业的大样本测量中，都具有较高的信度与效度。但对于倦怠结构研究一直存在争议，学者们陆续用普通最小二乘法回归和探索性因素分析以及后来采用结构方程模型来检验倦怠问卷在不同职业领域的结构拟合效果，结果有支持（Corcoran，1988）也有不支持（Znzmann，1988），需要在不同的情境下做进一步验证。

### 3. 投入水平与倦怠的关系

不少学者从积极心理学出发，提出了投入（engagement）这一概念，包含能量（energy）、涉入（involvement）和效能（efficacy）三个方面。个体拥有较高的投入就说明，首先无论是在身体上还是心理上，都充满了活力和能量；其次个体愿意并且能够全身心积极面对工作对象以及融入工作；最后个体能够胜任工作，很好地完成工作并为之自豪。这与倦怠的耗竭、人格解体和个人成就感分别相对应且形成对立面。工作倦怠也因此被看作是个体对工作投入的销蚀。Schaufeli 运用激活—快乐两个基本情感维度来进一步说明投入与倦怠。他认为投入是个体始终保持高的激活状态和积极的情感水平，并将投入具体分为活力、奉献和专注。活力是指个体拥有充沛的精力，面对工作与困难都不辞辛苦，并且拥有较好的恢复能力，能够很快从疲劳的状态中恢复过来；奉献是个体积极主动地融入工作；专注则是个体持续保持激活的关键，是个体完全沉浸在工作情境当中产生的愉悦舒适状态。倦怠的特征也不言而喻，是一种低的激活和快乐。从投入这一积极的状态对倦怠进行反向研究，扩大了倦怠的研究范围。

旅游研究领域中，针对旅游涉入（involvement）的研究比较多，Ellis（1989）等学者将旅游涉入定义为个体在旅游中对行动与意识的感受程度，当人们投入爱好的游憩活动中会感受到兴奋、不易受干扰、狂热、专注和自由等心理状态。旅游涉入是由特定的情境或刺激唤起，为个体与旅游环境之间不易察觉到的感兴趣或觉醒的心理状态（Havitz，1990）。与投入不同的是，旅游涉入更倾向于一种心理状态，其中旅游畅爽（flow）就被用来意指旅游涉入（内在动机型与愉悦体验）（Seohee Chang，2011）。Stone（1984）学者为涉入的定义加入了行为因素，认为旅游涉入包括行为涉入和心理涉入两个方面，行为涉入即个人参与旅游活动所耗费的时间和精力，是具体外在表现出来的行为模式；社会心理涉入是指个体基于自身需求、兴趣和价值观对旅游感知到的攸关程度（黄蓉蓉，2015）。Stone 学者对旅游涉入的定义更接近投入。旅游既需要身体能量以及行为的支持，也需要旅游者始终保持着积极情感及心理状态。

### 4. 倦怠影响因素

（1）压力（stress）与倦怠

大多数学者认为压力是倦怠产生的主要因素，并且考察了不同的压力源与倦怠各维度之间的关系，相关成果丰硕。但本文意识到这样大量的研究存在两方面的不足：第一，我们不知道在特定情境中，压力的具体形式究竟有多少；第二，不同情境的压力之间是否具有共同性。并且本文还必须要明确旅游追求愉悦的特殊性：旅游是一个具有暂时性、异地性的，为了寻求愉悦的体验。游客会努力在相对较短的时间内让自己到达一个较高的情感水平，主动寻求旅游世界中的快乐源泉：闲适、认同、回归，发现。其中旅游压力会带来短暂的痛苦，但这种痛苦是否会影响旅游体验，是否会是旅游倦怠的决定性因素，都应当结合旅游者个性特征等因素，放在旅游情境当中辩证地去分析。因此，由于旅游本身的特殊性，旅游倦怠也必定不同于工作倦怠等其他领域倦怠。

（2）人格与倦怠

人格作为影响倦怠产生和差异的前因变量，二者相关关系研究成果丰硕。主要的人格变量以及相关结论有：①乐观。Chang et al（2000）认为人格特质比应激变量对倦怠的解释力要强。并且通过对乐观的人格特质与不同时期个体倦怠水平之间的相关性系数进行一致性分析，证实了乐观的人格特质对个体倦怠水平预测的有效性。②大五人格模型。检验人格模型和倦怠两因素的相关性，结果证实了神经质和外向性两种人格特质与情感耗竭、人格解体和降低的个人成就感存在相关。③自尊或自我概念。当个体无法达到自我实现的期望时，倦怠就可能由此产生（Malanowski & Wood，1984）。而对于自我概念较高的个体，在应对应激事件时的有效性也较高。④人格坚韧性。研究表明那些对工作承诺较高，对自我和资源有较强的把控能力，勇于迎接挑战的个体，在面对高度生活应激时，更容易摆脱倦怠（Kobasa，1979）。在上述人格变量与倦怠的关系研究中，唯有人格坚韧性变量得到了一致的验证。而乐观、大五人格、自尊或自我概念等因素与倦怠的相关性研究没有经过多次的重复验证，其结果的一致性也不尽相同。因此，在考察人格变量与倦怠水平的相关性时，一是要意识到人格特质是多方面的，在研究设计阶段要特别注意其他人格因素对单一人格变量的干扰。二是考虑到不同样本的人格变量对倦怠水平的影响也会有差异，同样会导致相关性结果不一致。

（3）社会支持与倦怠

研究考察了不同来源（管理者、同伴、朋友、家庭、配偶）的社会支持的作用，大多数研究都证实了社会支持对倦怠有调适作用。Himle（1999）考察了不同类型的社会支持对倦怠的调适作用，发现无论是情感的、评价的社会支持还是有指导性的和提供信息的社会支持对于倦怠水平的调节都是很重要的。个体对社会支持的重要性感知和利用程度的差异也会影响倦怠水平的差异。总结来说，对于社会支持作用的研究主要分为两种不同的观点：一是主效应作用，认为社会支持对个体身心调节恢复有积极作用；二是缓冲器作用，认为社会支持能够调节对身心产生消极影响的不良因素，降低不良因素的作用水平。

### 5. 倦怠的相关理论

**（1）Cherniss 倦怠模型**

Cherniss 及其同事用了两年的时间追踪了 28 位入职人员，观察、访谈并记录他们的工作状态，总结出倦怠形成的三个过程阶段：首先，个体融入工作环境当中，相互影响，相互作用，所处环境及其本身个性特征可能会给个体带来消极影响；其次，个体在面对这些消极影响时会造成身体上的疲于应对、情感耗竭、焦虑等不良反应；最后，倦怠作为个体压力应对（stress-coping）后的消极结果最终产生。Cherniss 通过不同阶段的划分，一方面将压力（stress）和倦怠区别开来，另一方面将二者进行联系，认为工作倦怠是个体对工作应激采取防御性应对的结果，在其后的相关研究中，不少学者通过追踪访谈对 Cherniss 的倦怠模型（见图 8-1）表示较为一致的认可。

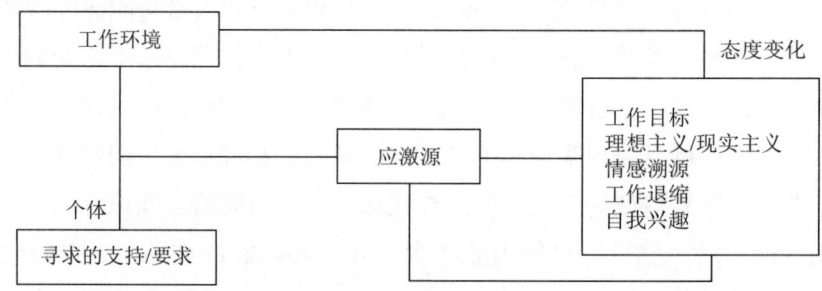

图 8-1 Cherniss 的倦怠模型

资料来源：李永鑫.2004，工作倦怠的心理学研究，北京：中国社会科学出版社.有改动

**（2）资源保存（COR）理论**

资源保存理论是倦怠研究中重要的理论。该理论揭示了个体努力实现对现有资源的保存与利用、对期望资源的获取与再保存。根据 COR 理论，个体将自身资源（如精力、个性特征、情感等）投入社会环境当中，一方面期望得到社会环境更多的回报与支持；另一方面也会尽力保护自身资源不受过度消耗。运用 COR 理论来解释倦怠现象，倦怠被看作是个体能量资源的销蚀，其中能量资源包含了个体身体的、情感的以及认知上的资源。这种资源的衰减甚至耗竭或对个体身体、情感带来消极影响，或对个体自我认识和工作态度带来消极影响。在之后的研究中，Lee 在 COR 理论基础上提出工作要求和工作资源作为影响倦怠产生的两要素，进一步解释了倦怠产生的前因变量。

### （二）旅游倦怠

#### 1. 旅游倦怠的定义

旅游是需要游客身心投入所获得的一种体验，不仅需要个体投入特定的时间和足够的精力逃离日常生活，回归旅游世界（Stone，1984），还需要个体唤醒起对于不同的旅游产品和活动的认知、情感甚至是意义（吴晓旭，2010）。诚然游客在旅游初期，无论是出于好奇心的驱使还是休闲放松等目的，都对旅游有着较高的情感水平和积极主动的行为。此时无疑能获得较高的旅游体验，甚至是对游客主观幸福感都有正向的作用（余勇，田金霞，2013）。但这种高投入、高体验并不是一直存在的，游客身心的投入同样会随着兴趣、风险以及个体精力等多种因素而变化（Blackwell，2008）。综上所述，本文将游客在旅游中出现的精力衰减、主动性的下降，甚至产生想要逃离旅游世界的行为和心理意向的消极状态，叫作旅游倦怠。

为了更准确地界定和研究旅游倦怠，我们要明确三点假定：①倦怠是一种游客态度的负性变化。也就是说游客曾经对旅游有着积极的态度，他们愿意用充沛的能量、较高的情感水平、积极的行为涉入投入旅游当中，并且曾经有过较好的旅游体验。这就排除了一直不想旅游、不能旅游等问题。②本文只着眼于在微观层面旅游中的倦怠现象，对习得性旅游倦怠不作为重点，换句话说本文对那些由于曾在旅游中经历过多次挫折，导致对旅游整体的负面态度的变化（例如：再也不想去旅游）并不做太多的研究，因为这类旅游倦怠游客在没有外来帮助和环境改变的情况下，很难恢复到原来的状态，且其对于将来旅游的参与和贡献基本为零，研究价值低。本文只着眼于在旅游中游客出现的主动性下降、精力衰减，想要逃离旅游世界的消极状态。③旅游倦怠是与旅游情境相联系的，有明显的情境指向性。换句话说，个体可能在文化旅游中倦怠感非常强烈；而在自然风景旅游中，丝毫没有或只有很弱的倦怠感。

### 2. 旅游倦怠相关研究

压力在心理学中被看作是一种身心紧张的状态。Selye（1993）首先提出压力是作用于个体身体的各种需求所带来的非特异性（即常见）结果，其结果影响个体躯体（somatic）和心理。根据强度，压力分为细砾压力和巨砾压力两种，细砾压力常见于生活中的烦恼；巨砾压力则对个体产生灾难性打击和负面影响。而压力源是导致个体产生压力反应的因素。在旅游中，无论是身体还是社会的力量都有可能被感知为旅游压力（Ewert，1988；Robinson & Stevens，1990）。旅游压力并不是外部刺激的一种特定类型，也不仅仅是生理反应、行为反应或主观反应的一种具体形式，而是个体与其所在环境之间的一种交互作用关系（Lazarus，2000）。对于旅游压力的研究成果非常丰硕。不少研究表明，游客可能会处于刺激和沮丧的情境之中，引起不愉快的旅游体验和意想不到的麻烦。例如，交通堵塞，拥挤的人群（孟瑶，2013），病在旅途，乏味的旅行安排，以及计划或意料之外的变化，都可能增加游客的情绪和身体的挑战而产生的压力（Miller & Mc Cool，2003；Schuster et al.，2006）。Berno & Ward 将旅游压力源范围扩展到整个旅游行业，压力源包括文化差异、语言、食品、卫生、生活区、设施、交通选择以及那些与日常生活不同的更为微妙的方面，如"幽默、亲密、隐私、礼仪和礼节"（Hsiangting Shatina Chen，2016）。Zehrer & Crotts（2012）指出了不同旅游阶段的压力源。建立了旅游压力模型，发现了旅行前的压力（寻求信息、旅行安排并规划一个行程）、旅行中的压力（交通、通勤、天气、健康和安全问题）和目的地的压力（体验和目的地发生的事）为主要维度的假期压力源。游客在面对这些压力源时，一部分会出现不满意、失望、不愉快等情感体验，严重的话会想要结束旅游行程，逃离旅游世界。但仍有研究表明还有部分游客会因环境的变化而做出积极反应，调整内心的认知、期望，仍会获得愉悦旅游体验（孟瑶，2013）。

我们应该认识到旅游倦怠从性质上讲，首先，不是良性的；其次，从强度上来说，旅游倦怠也不属于巨砾模式；最后，即使是旅游细砾压力也不都是旅游倦怠。二者在概念上的一个明显区别就是，旅游倦怠包含了对于旅游的态度或行为的负性变化和发展。而旅游压力并不一定伴随着这种态度或行为的负性变化。并且处于旅游情境中的每一个游客都可能体验到旅游压力，但并不是所有的游客都会对旅游产生倦怠。

#### 3. 旅游倦怠对旅游体验品质的影响

旅游体验是旅游者参与旅游活动所形成的内在心理感受状态（孙喜林，2016）。而旅游体验品质是指旅游者在参与旅游活动中所形成的内在心理感受的优越程度（杨甜丽，2011），既包括情感的愉悦度，即游客参与旅游活动所形成的情感状态，还包括意识沉浸度，即游客参与旅游活动所形成的意识状态，指意识层面的完全融入程度。而游客在旅游中出现的精力衰减、主动性下降，甚至产生逃离旅游世界的行为和心理意向的消极状态，一方面使得游客难以获得愉悦的情感体验，另一方面使得游客身心无法完全融入。处于旅游倦怠之中所构成的体验，无疑会影响游客在旅游中所感受的优越及美妙程度。

### 三、研究设计

#### （一）研究问题内容、目的和性质

在第一章绪论的研究问题部分，本文初步提出了研究的基本问题，即通过剖析旅游者倦怠的产生、发展和变化，旨在系统、深入理解旅游者在旅游中的身心变化。通过对相关文献的研究，本文进一步明确了研究的三个问题：

- 旅游者倦怠的基本分类和特征是什么？
- 旅游倦怠的影响因素有哪些？
- 在不同旅游阶段，旅游倦怠是如何变化的？

问题一、二需要对旅游倦怠的定义及其分类特征进行描述性分析，并从中挖掘出倦怠的影响因素，属于"是什么"（what）、"什么样"（how）的问题，适合用定性的方法。一方面，通过找准旅游倦怠人群，对旅游倦怠人群进行资料文本收集，可以一定程度上反映游客真实的倦怠体验。另一方面，本文也认识到，无论是访谈笔录还是文本

分析总是解释的产物，因人、因情境而异，因此，它们是建构的而非确定的，不能一概而论。

问题三围绕旅游倦怠的动态性以及个体、情境的差异和变化来展开，属于"什么样"（how）、"为什么"（why）的问题。且世界并非纯粹的客观，它会因时空的变化、个体的差异呈现出多样性。比如同样是外出旅游，都会受到不同的程度的旅游压力，并不是所有游客都会产生倦怠心理，且不同的旅游者产生倦怠的程度以及方面也会存在差异。但这并不意味着旅游者产生的倦怠心理是杂乱无章、无迹可寻的，相反我们可以通过实证来证实这种差异性，找出差异性存在的规律。

### （二）研究方法的选择

#### 1. 非结构化访谈方法和半结构化访谈方法

本文选取非结构化访谈方法和半结构化访谈方法相结合（视受访对象决定）。在访谈中，研究者对访谈的控制程度尽量做到最少。非结构化访谈与观察法相结合，能够收集到更为丰富的数据。由于观察法对于大型群体效果并不是很好，观察者一次只能在一个地点或一种情境当中，因而在本文中并不是所有的受访者都通过研究者的观察。本文的受访者主要分为三组：

一组是团队游，于2017年1月4日至9日历时5天。协同家人参加了由河北蓝天旅行社组织的江苏南京（中山陵）—溧阳（南山竹海）—浙江嘉兴—常州（天目湖、太公山）—湖州（南浔古镇）线路，旅游团一行共36位游客，1位领队，1位地接导游，1位司机。全程乘坐旅游大巴往返及游览，行程比较紧张，并且由于景点的分散性，游客在大巴上的时间比较长。在乘车期间，研究者在旅游前、旅游中以及游览结束后的休息时间进行交流，并对游客旅游过程中的身体、情感变化，以及在行程紧张，长时间坐车或者特殊意外事件情况下记录下部分游客的反应及应对。

一组是自驾游，于2017年6月25日至7月1日历时6天。通过穷游贴吧上的集中贴"出发寻同游者"结识了一对爱自驾旅游的夫妻，研究者协同学三人一同驾车从沈阳前往塞罕坝（承德—内蒙古），油费、住宿费、餐饮费均摊。研究者游走于体验自我情感和理解他人情感之间，一方面寻求自己的感受，另一方面对不同旅游经验的游客也进行了观察。旅途中主要还是即兴沟通多一些，记录下同游者的旅游感受、身心的变化，还获取了大量的图片、影像等资料。

前两组为了不影响旅游者体验，采用的是非结构化访谈，没有正式的访谈程序表，通常是研究者对于主题或事件事先有一个想法，而这些仅仅用于引导访谈，对于事件或主题的真正引导要归于受访者，并且视他们对话题的想法和反应情况决定何时结束采访。除此之外，研究者的提问也没有固定的顺序。如若偏离了主题，采访者需要控制互动，使得受访者回到主题上来。研究者一般选在当天旅游结束，或观察到旅游者面对不良应激,或有负面情绪、归家意向时,会主动与其交流并记录。

剩下一组访谈对象,研究者并没有经过同行观察,而是通过亲友或网络联系到,基本上受访者都是旅游过7天以上的。如果条件允许,面谈是访谈方式的首选,但鉴于部分受访者是从网上联系到的,只能通过微信、邮件的方式,把半结构化的访谈提纲发到受访者邮箱或微信中,由受访者自愿自主回复。本文尽量包含多种受访者类型,其中涉及年龄、性别、学历和职业等。

### 2. 问卷调查法

本文在文献综述和质性分析基础上编制旅游倦怠问卷,对旅游倦怠问卷进行分阶段重复测量,以期得到游客旅游倦怠变化过程及其个体可能的影响因素。问卷针对的是近期旅游过5天以上的游客,通过游客对自己近期的旅游感受进行测量。本文采取游后调查,考虑三方面的因素:样本需求的多样性;研究者个人能力;游后记忆提取的相对可靠性。我们通过存储过去的经验,并将这些经验提取出来作用于当前情境中的动态过程叫作记忆(Olson,2006)。记忆分为对一般性知识的记忆和事件情境记忆(Crystal,2009)。而旅游体验恰恰就是游客对自我关联事件的记忆。不少学者对旅游体验记忆进行研究,认为积极的体验能够加深游客的印象,有助于长期记忆的形成(Tung,2011)。康新格认为不仅是积极的体验,消极的体验同样对记忆的形成和回想有着积极的效果(Kensinger,2007)。旅游倦怠作为一种消极心理包含了情感、身体、行为意向等多方面因素,在短期内是相对准确且可以被游客所提取的。我们可以通过被调查者对各阶段的回忆来尝试探究旅游倦怠的阶段性变化。但我们不能否认记忆会受惯常偏见的影响而出现偏差(Timothy,2003;桑森垚,2016)。这也是本文的不足之处。

### (三)研究对象的选择

情感是态度中最核心的部分(孙喜林,2016)。有部分学者开始关注旅游中的情感变化。Yeqiang Lin(2014)招募了40个志愿者(20个荷兰人,20个美国人)作为研究对象,研究在假期中旅游者的情感变化以及人格的影响作用。在其研究中,选取了5天以上的老年游客作为研究对象,并且平均旅游时长在7天左右,41%的受访者的旅游天数是在10天以内。最后结果呈现出非常明显的情感变化规律。Coghlan和Pearce(2010)同样采取招募志愿者的形式,对30个志愿者进行了为期5—9天的日记访谈。此外,Nawijn(2015)采用了大样本量,根据不同目的地、不同出游动机等的466个国际旅游者在13天左右的旅行中的情感变化,探索影响情感变化的因素。同样地,国内学者也开始关注旅游者的情感动态性及其变化,选取大陆赴台旅游团队进行调研,旅程共计8天(金程,2015)。5天以上的旅行中,被证实情感甚至态度的变化较为明显,具有相对较大的时空变化。本文要探究游客在旅游中倦怠的产生以及变化,故而采用近期有过5天以上旅行的旅游者作为研究对象。

## 四、旅游倦怠的分类及影响因素

### （一）旅游倦怠分类

在文献综述部分，研究者定义了旅游倦怠，但是这种消极的行为和心理状态的分类及特征并未得到翔实的阐释，本文从身体、情感、心理三方面对旅游倦怠的表现、特征及心理机制进行深入分析。

#### 1. 身体倦怠

身体是人类体验的中心（Merleau-Ponty，2005），人类的力量是"沉浸在有机体和环境的相互作用中的一系列身体活动，并进而构成了体验"（Johnson & Rohrer，2007）。Veijola 和 Jokinen 学者（1994）首次批判了在旅游中对于身体的研究空白，人们开始对身体和感官有一些关注。Obrador Pons（2009）在梅诺卡岛进行了民族志研究，通过关注在沙滩上的沙堡建筑和日光浴的触觉行为，认为参与实践和感官享受更能满足西方社会的沙滩欲求。Saldanha 学者（2002）指出在果阿邦地区的狂欢音乐游客体验中，音乐通过多个感官方式影响了身体。她更倾向于通过这种音乐的方式使得人们在智力上、情感上以及动觉上展现出情不自禁。游客渐渐被视为积极参与的消费者而不是作为被动的观察者。在对旅游倦怠的游客进行访谈以及文本分析时，最明显的一个共性表现就是游客感知的身体疲乏、劳累以及对于身体及行为涉入的懈怠。

（1）身体自由到规训

旅游体现了个体对于生活世界的某种身心反叛（谢彦君，2016），这种反叛本应是突破日常生活的规训，寻求自我，闲适，是"独立于自然以及他人的束缚；以优雅的姿态，自由自在地生存。"以此看来，自由（解放或摆脱）既形成了旅游者出游的一个主要动机，又构成了旅游者体验的一项重要内容。但从游客话语分析中我们可以看出，他们在旅游中，无论是在他人或是观念的影响或是权力影响下，已从寻求自由、放松，转变为另外一种规训（discipline）。此时游客的身体受到权力、支配关系或是环境的干预，这种被动驱使的身体最容易产生疲乏、厌倦之感。

部分游客在自身观念上将旅游等同于刷地方，认为花费了时间和精力就应当多走走，尤其是所谓"著名的景点"，更是要"抓紧时间看一眼"。跟团游的游客 B 在旅游团的紧凑安排所形成的无形权力影响下，将自由惬意的身体体验转变为具有约束性、被改造、被驾驭的对象，势必会劳累，甚至与旅游重在体验的内在动机相悖。

旅游中的意外事件或麻烦（hassle）以及当下糟糕的旅游环境都有可能成为束缚和挑战游客身体的因素，人们不得不从自由放松的环境中抽离出来去应对旅游中的不良应激。这种人与环境之间资源和要求的不平衡，会使得游客身体产生应对劳累，拘束不自由。

### （2）身体表达的空洞与失落

身体被揭示为一个表达和探索的场所。Matteucci（2014）在对西班牙塞维利亚游客弗拉门戈体验进行扎根理论分析时发现，许多受访者描述了他们对弗拉门戈的热情，正如他们内心深处的热情、灵感的释放，身体被用来满足自我表达和自我探索的需要。通过弗拉门戈舞蹈，游客参与了一个重新塑造自己的过程。这个观点告诉我们，身体不仅作为人类意识成熟和发展的源泉，还作为艺术创造和理解的温床而蓬勃发展（Pitarch，2005）。不同于规训的身体有固定的形式或要求，表达的身体是"没有清晰形象"的（Featherstone，2010）。处于旅游倦怠的游客不仅身体逐步处于规训状态，他们身体的自我表达和自我探索也受到了时间、空间、认知等限制，使游客无法从旅游中体验到自身内心的快乐源泉。

受访者曲玮玮用身体去触摸古刹古寺，却不能感受到古老时代穿越千年所带来的沧桑回响，无法触动自身，甚至有可能是由于自身认知不足所带来的内心空无一物。这类游客无不表达着自身从"身游"到"心游"转换失败的失落。

### 2. 情感倦怠

情感倦怠是旅游倦怠中最显著的表现，几乎每个旅游倦怠的游客在谈到旅游时，都会表现出在旅游中失去原本的兴趣与关注、失望、感到枯竭和疲倦。个体情感资源倦怠体现为个体逐渐降低甚至丧失了对旅游的情绪资源。

在游客情感动态变化的相关研究中，旅游作为一项短暂、动态的体验活动，使人们逃离琐碎的生活世界，获得愉悦、兴奋、舒适等体验，但随着旅游者在旅游过程中不断进行时空转移，会出现积极情感水平从顶峰跌到谷底的主动性的衰退（Lin，2014），甚至会出现烦恼（annoyance）（Coghlan & Pearce，2010），急迫想要逃离旅游世界的冲动。Hull（1992）同样也发现游客的积极情感（快乐、兴趣、爱）会随着时空的变化而呈现逐渐下降再上升的趋势。而在期望难以达到的情境下，游客的情感甚至会出现高度的落差，出现从兴奋、高兴变为失望、气愤、厌倦、思乡等阶段性的变化（Falconer，2013）。

Russell提出愉悦度和激活度作为情感空间的双极。其中愉悦—不愉悦是享乐基调的体验维度（Barrett，1999）。唤醒是个体对激发与活力的感知觉，是解释个体行为反应的必不可少的成分（Barrett，2007）。随后Diener学者对情绪体验中的共生现象进行研究，把焦点放在积极情绪和消极情绪上，研究发现，相同特征的情绪（如恐惧和愤怒）往往共同出现，但积极和消极情感不会以高强度水平状态同时出现，也就是说人们总是处于一定的情感状态。进而解释情感倦怠的状态，情感倦怠状态是游客在旅游中的激活状态由唤醒逐渐向嗜睡衰减，愉悦水平也从逐渐降低到不愉快。

在旅行的过程中，已经难以遇到能让你魂牵梦萦的那些景色。我们觉得在旅行

中已经不能够体验不同的生活，不能够增加生命的新鲜感了。（ECHO1984）

期望与现实体验的落差会形成游客不愉快、不满意的情绪，这种失望的情绪在旅游中长期累积得不到改善，同样也会构成倦怠。

### 3. 心理倦怠

旅游倦怠的表现不仅仅是身体和情感上的，同样在心理上游客对旅游也产生了消极的无意义感和疏离。

（1）意义和幸福感的缺失

主体的物化导致了自身空虚感和无意义感（马克思、恩格斯，1972）。交通的便捷、旅游产品的丰富，使得人们较之以前更为轻而易举地享受旅游的乐趣，人们追求可以走得更远，看得更多。部分游客将旅游物化成为更远的距离、更多的异域风景，却发现意义的缺失让自己很难再走下去。找不到旅游的意义的游客成了"单向度的人"（one-dimensional man）。

旅游幸福感（happiness）是一个更为复杂的心理状态。旅途的满意和成功都不代表着游客幸福。学者 Ady Milman（1998）通过旅游对中年旅游者心理幸福感的影响研究发现，旅游并不能提高其心理幸福感。Jeroen（2010）和 Nawijn（2011）对旅游者和非旅游者进行对比研究发现，在旅游前的准备阶段旅游者比非旅游者幸福感强，旅游归来后两组的幸福感无差别，并且旅行应激和旅游者对待旅游的态度直接决定旅游的幸福感。G. Straussblasche（2000）等认为旅游能够在短时期内提高主观幸福感。受访者 Tianyu Wu 将获取幸福感作为区分旅游世界与生活世界的意义边界，在旅游中并未感受幸福感的明显变化，进而也失去了跨越生活世界去旅游世界的意义。

（2）动机的丧失——"家"的积极意义的重拾

倦怠最显著的外在表现就是游客旅游动机的丧失，失去了继续旅游下去的动机与意向。

在受访者谈到自己对继续旅游下去的动机和意向减弱甚至丧失的状态的时候，几乎大多数的受访者都提到了"家（home）"这个词，表达自己想结束旅程回家的想法。

家被定义为一个能够提供"安全、熟悉和培养"的地方（place）（Tuan，2004）。但是，对于很多人来说，家又代表着"压迫、专制和父权统治"（Mallett，2004）。而对有些人而言，家是在人们心中混合着矛盾的含义和情感的存在。Blunt 和 Varley（2004）将家定义为一个具有"归属感（belonging）和疏离感（alienation），亲密（intimacy）与暴力（violence），渴望（desire）与恐惧（fear）"的地方。这些研究都赋予了家在生活中心的意义、情感、体验和关系。家还是一个流动变化的意义空间。Bell Hooks（2009）指出"家不应该是一个特定的地方，若有时候它对于个体来说只是一个想要疏离和疏远的地方，那在这时候，家不再是一个地方（place），而仅仅是一个地点

（location）"。Massey（2001）指出，地方或家是一种心理和社会建构。纵横交错的家庭与社会的关系、时间与历史的变迁、个体不断改变的生活空间，都赋予了地方和家以意义。

谢彦君提出生活世界的概念来定义我们熟悉的日常生活的地方，从旅游的角度来重新审视和概括生活世界，是垃圾、噪声、工作、忙乱、污染。所有这些词汇，都是日常生活当中司空见惯的。这些词汇所传达的情感色彩，也往往是灰暗的、沉闷的、忧郁的和枯燥乏味的（Krippendorf，1986）。生活世界是我们想要逃离的地方。当我们真正进入旅游世界的时候，寻求愉悦、闲适以及意义的同时，何尝不是在重构自己对于家和生活世界的意义。旅游意味着新生（谢彦君，2005），我们在旅游世界获得了暂时的自由与解脱，旅游的神圣性使得游客在回归后的状态必然是一个高于或不同于其旅游前期的新状态（谢彦君，2016）。"家"也就从一个我们想要逃离的"地点"成了"焕然一新"的"地方"，是我们的心态发生了变化，使得家的意义也发生了积极的变化（余志远，2012）。但我们若是在旅游中并没有获得期望的愉悦、自由甚至是意义，对于"家"的定义也同样会提前发生变化。我们会重拾起对于家的积极意义，"家"也就从一个我们想要逃离的"地点"成了一个"熟悉、安全、归属"的地方。旅游体验是一个心理过程甚至思想过程，是对"家"的意义的建构和解构的过程（谢彦君，2005）。而旅游倦怠则是对于"家"的积极概念的重拾。

### （二）旅游倦怠产生的情境影响因素

游客在旅游中的行为受自身的特征和取向以及外在情境因素影响。情境对旅游者身体、情感、心理产生"周围型刺激"。本文在旅游倦怠的分类及其表现特征进行分析时，发现游客产生倦怠的机制主要是三方面，一是游客对于旅游中熟悉与陌生之间期望与感知的差异和冲突；二是旅游情境中那些造成游客无聊的因素；三是在面对旅游压力时产生的身心变化。

#### 1. 旅游情境中的陌生与熟悉

大众旅游时代，人们倾向于选择外出旅游去看不同的风景，体验不同的人情，这种区别于日常环境的风土人情、文化、景色所带给游客的新奇感和陌生感，是旅游体验中不可或缺的重要元素。但是尽管如此，并不是完全陌生的环境才是最受游客青睐的，当体验变得太不习惯时，游客可能会选择退缩回去（科恩，2006）。吕宁（2010）将景观分为熟悉与陌生的地方，并将旅游地分为常驻地：家、曾经去过的地方、祖辈生活的地方、间接接触过的地方和完全陌生的地方。旅游中既需要这种陌生带来的新奇与刺激以吸引游客，调动游客的积极性、主动性，也需要存在一些熟悉的东西，一些让他们想起家的东西，无论是食品、居室抑或是来自故国的人等。这种熟悉感可以使得旅游者感到足够安全，这样他们才能享受所经历的陌生事物。在旅游中旅游者需要不同的熟悉和陌生的组合来构成自己的旅游体验。如果说陌生是调动和维持游客积极性、主动性的激励因素，那么熟悉就是游客能够继续走下去的保健因素。

**2. 旅游中的无聊（boredom）**

在休闲领域中，无聊被定义为"个体所获得的休闲体验远远无法满足有益唤醒的需要，进而产生的一种消极主观感知"（Iso-Ahola & Weissinger，1990），而究其原因，则是情境刺激的不足（Mikulas & Vodanovich，1993）。

（1）景观单调性

审美愉悦是旅游体验中重要的组成部分。薛馨（2015）运用单极脑电技术从新奇性、丰富度、色彩美感、整体协调性去对游客注意力进行评分，试图去探究旅游中审美疲劳的视觉规律。研究表明，陌生的景观对游客有很高的吸引力，其中新奇性对游客注意力的影响最大，随着景观的单调重复，吸引力逐渐减小。

景观单调性的作用不仅仅体现在吸引力上，对游客身体、情感、心理以及行为意向都有很大的影响。

（2）不同景观类型对游客的要求

对文本资料进行分析发现，旅游倦怠是与旅游情境相联系的，有明显的情境指向性。游客可能在文化旅游中倦怠感非常强烈，而在自然风景旅游中丝毫没有或只有很弱的倦怠感。一方面是游客自身兴趣偏好使然，另一方面是不同景观类型对游客身体、认知的要求程度有差异。

其中文化类的景观对游客的认知要求较高。游客在面对陌生新奇的文化景观时，一方面，文化景观能够调动游客的情感、心理，另一方面，文化景观本身的文化属性也要求游客具有一定的认知能力与水平，不然仅是"走马观花"，容易造成游客身体表达的空洞与失落，以及旅游意义的缺失。

**3. 旅游压力及其应对**

文献综述部分，本文着重分析了旅游不良压力与旅游倦怠的区别，旅游研究中对于不良压力源的研究十分广泛，但对于旅游者的应对机制尚未明确。本文在对游客进行访谈、观察以及文本分析时，大多数游客都提到了在面对旅游压力时自己疲于应付的身体、负面的情绪和心理，旅游倦怠也可能由此产生。

在研究旅游应激对旅游倦怠的影响之前我们应该意识到，旅游是一场寻求愉悦之旅，旅游者用发现美的眼睛和积极主动的身体投入旅行中，极少会有人因为单个事件而打扰自己游玩的兴趣（除非严重暴力中断）。研究表明，累积的麻烦（hassels）体验被认为比单个事件具有更大的影响力（William，2016）。那些被个体回忆起的麻烦事的细节，远不如整个旅程的麻烦事以及旅游者自身主观感知到的不良应激更能产生负面影响（Kanner et al，1981）。DeLongis发现，应激的频率、强度与以影响身体和情感形式存在的压力作用结果存在显著的关系（DeLongis et al.，1988），进一步佐证了累积的压力对旅游倦怠产生的主要负面影响。

本文借鉴应激的认知交互作用理论，假定个体的行为的设定是基于情境的，人们会努力使自己的身体与环境达到平衡（Lazarus，2000）。将旅游压力应对分为影响因素、评估、应对和结果四部分（见图8-2）。在压力应对之前，旅游者会对压力进行两次评估，初次评估的关注点在于环境与个体之间的关系，尤其是情境对个体的影响作用，要做出该潜在压力源是否有利于个体健康、是否会对个体造成威胁等评估判断；其中情境和个人因素会造成评估的明显差异性。二次评估的关注点是个体的应对能力和应对资源，当一次判断的结果为潜在压力源对个体具有威胁性时，个体需继续判断依据自身的应对能力应该选择哪一种应对资源做出有效的应对反应。二次评估仍然会受情境与个人因素影响，并且与个体应对习惯也相关。

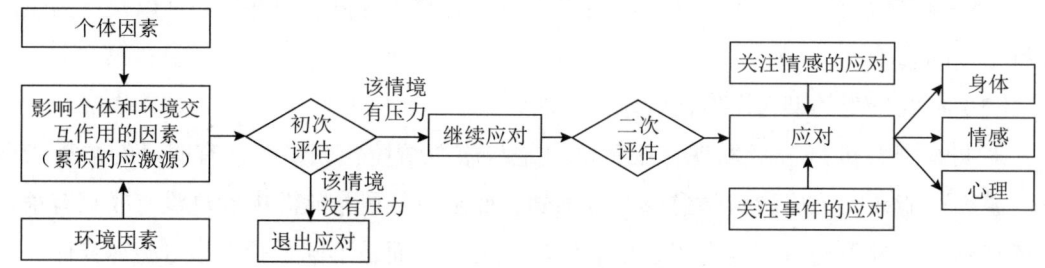

图 8-2　旅游压力应对机制

就应对过程而言，本文通过观察和访谈得出的游客对压力的应对方法，将应对方法分为以问题为中心的应对和以情绪为中心的应对：前者指个体努力改变个体与环境之间现实关系的应对方式；后者指个体试图降低消极情绪状态或依照形式需求而改变评估的应对方式。本文将通过访谈和观察的游客应对方式总结如表8-1所示。

表 8-1　旅游压力应对方式

| 应对方法 | 应对分类 | 应对类别 |
| --- | --- | --- |
| 改变计划，避免类似情况 | 行动—行为应对 | 关注事件的应对 |
| 尝试离开 | | |
| 改变自己平常习惯或行为 | | |
| 下次计划避免发生 | | |
| 试着让导游或负责人改变他的主意 | 勇敢地面对 | |
| 对造成事故的人或事表示愤怒 | | |
| 努力坚持自己的想法和立场 | | |
| 想出不同解决方案 | | |

续表

| 应对方法 | 应对分类 | 应对类别 |
|---|---|---|
| 努力不把这件事看得太重 | 心理上对压力的疏离 | 关注情感的应对 |
| 努力去忘记这件事 | | |
| 继续行程，仿佛一切未发生 | | |
| 不让它影响到我 | | |
| 试图保持良好的心态 | 自我控制 | |
| 试图不会破坏未来旅游 | | |

最终，评估和应对的过程都直接影响了游客适应结果。Miller & McCool（2002）将应对结果分为三个部分：社会功能、士气、身体健康。社会功能是对特定人—环境需求管理的有效性；士气是指在压力应对后对个体积极和消极影响的反映；身体健康是由压力产生的实际生理变化。本文运用前面提出的身体、情绪、心理三方面作为应对结果。第一，倦怠是压力应对的一种消极结果，其表现在身体、情绪、心理等三个方面，比如身体的疲于应对、情绪低落、对旅游的疏离态度等。第二，选择以事情为中心的应对的游客可能会有短期的失败感、厌恶感，因为以问题为中心的应对本身可能会产生新的压力，旅游压力的扩散可能会加剧游客身体、情绪、心理的负面变化。

## 五、旅游倦怠的动态性

### （一）旅游倦怠问卷的设计与发放

本文在对倦怠量表的理论与实践结合的基础上，编制了15个项目作为观测指标，具体来源如下：

在参阅倦怠测量量表的相关文献基础上，选取Pines学者的倦怠量表作为旅游倦怠量表的主要依据。因为Pines学者的倦怠量表不仅仅局限于职业倦怠的测量，其项目的含义非常宽泛，可用来测量生活各个方面。

通过文本分析、访谈与观察，对旅游倦怠现象进行了描述性分析以及基本的类属分析，结合旅游倦怠实际表现进行问卷编制。

进一步将Pines学者倦怠量表和旅游倦怠现象进行结合，对一些观测指标进行了内容及表达方式的修改，使其更容易进行判断、衡量。结合旅游追求愉悦的本质，将原本倦怠量表中的"我觉得抑郁""我再也受不了了"这两项进行删除，并将"我感到焦虑"和"我感到不安"两个测项进行了合并，使得问卷更贴合旅游倦怠，且更加使其编制后的15个观测指标汇总于表8-2。整理好的《旅游倦怠体验调查问卷》共包括三部分：

表 8-2 倦怠体验问卷设计表

| 编号 | 观测指标 |
|---|---|
| A1 | 我感到很开心 |
| A2 | 我感到充满活力 |
| A3 | 我感到很快乐 |
| A4 | 我对后几天将要进行的旅行感到乐观 |
| A5 | 我感到疲惫 |
| A6 | 我感到情绪低落，缺乏兴趣 |
| A7 | 我感到全身筋疲力尽 |
| A8 | 我觉得旅途很糟糕，快要崩溃 |
| A9 | 旅途让我很不舒服 |
| A10 | 我觉得旅途没劲 |
| A11 | 我觉得旅途没意义 |
| A12 | 我厌倦现在的旅程 |
| A13 | 我觉得焦虑不安 |
| A14 | 我觉得大失所望，心里后悔 |
| A15 | 我难以全身心投入旅游 |

第一部分为出游基本情况。问卷针对的是近期旅游过 5 天以上的游客，通过游客对自己近期旅游的感受进行测量。出游基本情况包括出游天数、目的地、出游动机、同游者，还从旅游者对旅游知识的掌握程度和对旅游地的熟悉程度，以及游客自身实际旅游经历丰富程度两方面 4 个测项测量游客成熟度（李飞，2007）。

第二部分为旅游倦怠体验。该部分为问卷主体部分，测量游客在旅游中的身体、情感乃至心理的潜在变化。对开发出的 15 个观测指标进行分阶段重复测量，游客根据自己在旅游各阶段的感受对表述问题认同程度不同，采用 5 点李克特量表测量，提供"极不符合""不太符合""一般""比较符合""非常符合"五个备选答案供被调查者选择。

值得注意的是，本文考虑到问卷的简洁以及游客旅游记忆的衰减，并没有要求游客对旅游每一天的变化做记录。为此借鉴 Lin（2014）等提出的"以游客停留时间的 20% 为基点"的方法，被调查者将近期的一次旅游（5 天以上）分为五个阶段。例如，一个 10 天的旅行，第 1 天和第 2 天就为第一阶段（即第一个 20%），第 3 和第 4 天为第二阶段（高于 20% 但低于 40%），并依次下去，第 9 天、第 10 天为第五阶段。另外，若有 6 天的行程，第 1 天就为第一阶段（等于 16.7% 或在第一个 20% 之内），第 2 天落在第二阶段（等于 33.3% 即高于 20% 但低于 40%），第 3 天就到第三阶段（相当于 50% 即更高超过40%但低于60%），第4天就到第四阶段（相当于66.7%即高于60%但低于80%），第5天、第6天下降到第五阶段（高于80%但低于100%）。

第三部分为人口统计特征。该部分主要包括被调查者的性别、年龄、受教育程度、职业、月收入水平五个方面。

重复测量方差分析法比较有效地利用了个体，这在研究对象较难获得的情况下尤其重要，其分析本身对样本量的数量要求并不高，因而问卷发放采取三种方式：通过中青旅旅行社向近期长途旅行的游客发放问卷，收集问卷79份；通过滚雪球式发放问卷，通过亲朋好友在全国范围内展开，收集问卷144份；向网上旅游达人发送邮件45份，回收37份。共回收问卷260份，剔除明显漏填、错填以及空白问卷，得到有效问卷214份，问卷有效率82.3%。

### （二）样本基本信息

女性游客占62.8%，远远高于男性游客（37.2%）。在年龄构成方面，21—30岁游客所占比例最大，达到64.9%，其次是51—60岁的游客，占17.0%。职业方面，调查对象以学生最多，达到38.7%，事业单位人员和企业员工紧跟其后，相差不多，分别是24.7%和24.2%，学生和事业单位人员空闲时间相对较多，经济压力小。受教育程度以本科和硕士及以上为主，分别占37.1%和39.7%。月收入部分，以2000以下（29.9%）、3001—5000元（28.4%）所占比例最高，5001—8000元（18.6%）居其后。

### （三）出游基本信息

在214名被调查者中，选择自助方式旅游的最多，占到64.9%，大众旅游时代，人们更愿意追求一种相对随意、自由的旅游方式，并且也有部分人愿意尝试背包旅行和沙发旅行（11.9%）这类比较新颖的旅游方式。大多数人选择与自己志同道合的朋友（53.1%）一起出游，其次是陪伴家人（37.1%）。出游地和出游天数两个问项是填空题，答案比较杂乱，且不可控。出游地调查部分游客写的是地点或路线，有部分写的是地区，在此按地域整理如下，其中国内以西南地区（18.6%）为主，华东地区（16.0%）其次；国外以日韩（8.8%）、新马泰（6.7%）为主，出游地主要选择在邻近国家。出游天数方面，部分游客写的是具体天数，部分游客填写的是区间数，还有部分游客旅游天数少于5天，本文按区间整理，出游天数以5—6天（34.0%）、7—8天（28.9%）为众，出游天数在10天以上的占少数（6.8%）。出游动机方面，以放松娱乐和体验两方面所占人数最多，表明大众旅游时代游客出游大多数是为了放松和体验不同的文化及风景。

### （四）问卷的信效度和探索性因子分析

在定量研究中，对量表进行信度与效度分析可以反映出问卷设计的合理与否，只有具有足够信度和效度的量表才能获得符合实际的数据，揭示所研究现象的规律。

## 1. 信度分析

信度是指问卷测量结果的可靠程度或稳定性程度。本文采用 Cronbach's α 系数来衡量问卷信度，通过分析旅游倦怠体验问卷的内部一致性来进行信度检验（见表 8-3）。当量表的 Cronbach's α 系数值高于 0.7 时就说明该量表具有较好的信度。

表 8-3　问卷信度分析结果

| 阶段 | 1 | 2 | 3 | 4 | 5 |
| --- | --- | --- | --- | --- | --- |
| α 系数 | 0.883 | 0.865 | 0.867 | 0.848 | 0.829 |

## 2. 效度分析

效度检验是对问卷设计的正确性的检验，也是对测量结果能否准确反映出测量对象的检验。其中本文主要检测的是结构效度，即检验结果与最初的理论构建所提出的身体、情感、心理倦怠之间的契合度，用 KMO 值检验变量之间的相关性是否足够小，取值在 0—1，其值越大，因子分析的效果越好。Kaiser 认为，KMO $>$ 0.9 时，做因子分析最为理想。Bartlett 球形检验用于检验相关阵是否为单位阵。该检验若 $P > 0.05$，则因子分析应慎用。由表 8-4 可知，KMO 值均大于 0.9，且 P 值为 0.000，表明问卷具有一定的结构效度。

表 8-4　问卷 KMO 和 Bartlett 球形检验

| 阶段 | | 1 | 2 | 3 | 4 | 5 |
| --- | --- | --- | --- | --- | --- | --- |
| Kaiser-Meyer-Olkin 测量 | | 0.918 | 0.923 | 0.925 | 0.919 | 0.903 |
| Bartlett 球形检验 | 近似卡方 | 2632.220 | 2268.141 | 2419.356 | 1860.927 | 2258.503 |
| | df | 105 | 105 | 105 | 78 | 105 |
| | Sig. | 0.000 | 0.000 | 0.000 | 0.000 | 0.000 |

## 3. 探索性因子分析

本文对问卷全部指标进行探索性因子分析，采用主成分分析法提取特征值大于 1 的公共因子，共萃取 3 个公共因子。其中 3 个公共因子特征值分别为 7.537、2.287、1.213，均大于 1，且这 3 个公共因子可以解释测量指标 73.580% 的变异，符合因子负载值的选取标准。

经过探索性因子分析，15 个测量指标在进行旋转后的成分矩阵可见表 8-5。通过方差最大正交旋转（Varimax），发现旋转后因子载荷基本都在 0.6 以上，介于 0.6—0.9，说明量表具有非常好的会聚效度。其中"旅途让我很不舒服"载荷为 0.569，在 0.55—0.63，会聚度较好，可以保留。

根据各个因子测项的内容，将第一个维度命名为心理倦怠测项，共 7 个测量指标，测量旅游中游客负性态度的形成。分别为"我觉得旅途很糟糕，快要崩溃""我觉得旅途没劲""我觉得旅途没意义""我厌倦现在的旅程""我觉得焦虑不安""我觉得大失所望，心里后悔"以及"我难以全身心投入旅游"。七个测项方差解释率为48.246%；

第二个维度因为全部为正向情感测项，分别为"我感到很开心""我感到充满活力""我觉得很快乐"以及"我对后几天将要进行的旅行感到乐观"四项，主要测量游客旅游中情感的变化，因此命名为情感测项，共4个测量指标，方差解释率为10.089%。在测量倦怠时要注意，情感维度属于反向题，分数越高说明倦怠程度越低。

表8-5 探索性因子分析结果

| 题项 | 因子1 | 因子2 | 因子3 |
| --- | --- | --- | --- |
| A1：我感到很开心 | | 0.790 | |
| A2：我觉得充满活力 | | 0.799 | |
| A3：我觉得很快乐 | | 0.821 | |
| A4：我对后几天将要进行的旅行感到乐观 | | 0.848 | |
| A5：我感到疲惫 | | | 0.842 |
| A6：我感到情绪低落，缺乏兴趣 | | | 0.699 |
| A7：我感到全身筋疲力尽 | | | 0.730 |
| A9：旅途让我很不舒服 | | | 0.569 |
| A8：我觉得旅途很糟糕，快要崩溃 | 0.684 | | |
| A10：我觉得旅途没劲 | 0.662 | | |
| A11：我觉得旅途没意义 | 0.876 | | |
| A12：我厌倦现在的旅程 | 0.880 | | |
| A13：我觉得焦虑不安 | 0.879 | | |
| A14：我觉得大失所望，心里后悔 | 0.889 | | |
| A15：我难以全身心投入旅游 | 0.841 | | |

第三个维度命名为身体倦怠测项，共4个测量指标，测量旅游中游客身体精力不足、疲劳、虚弱，生理和心理上的抱怨。包含"我感到疲惫""我感到情绪低落，缺乏兴趣""我感到全身筋疲力尽""旅途让我很不舒服"四项，方差解释率为15.245%。

**4. 验证性因子分析**

由于本研究中使用结构方程模型的极大似然法进行参数估计，该方法要求数据符合正态分布，因此首先检验数据是否符合正态分布。所有统计量的偏度系数（Skewness）的绝对值最大值为1.633，小于3；峰度系数（Kurtosis）的绝对值最大为1.655，小于8，因此符合正态分布。

在探索性因子分析的基础上,运用 AMOS 对模型进行验证性因子分析,考察模型与数据的整体适配程度,由表 8-6 可得,理论模型具有良好的拟合优度,即样本数据和模型契合良好。

表 8-6　模型整体适配度

| | |
|---|---|
| $\chi^2/DF < 3$ | 满足($\chi^2/DF=1.731$) |
| GFI > 0.9 | 满足(GFI=0.935) |
| AGFI > 0.9 | 满足(AGFI=0.911) |
| RMR < 0.05 | 满足(RMR=0.037) |
| RMSEA < 0.08 | 满足(RMSEA=0.034) |
| NFI > 0.9 | 满足(NFI=0.919) |
| CFI > 0.9 | 满足(CFI=0.964) |

## (五)旅游倦怠的静态与动态特征

为了探究在旅游过程中游客身心的变化,本研究对问卷主体部分进行重复测量方差分析。方差分析首先要求数据服从正态分布,通常用偏度(绝对值小于 3)和峰度(绝对值小于 8)作为判断变量正态分布与否的依据,本研究测量指标的偏度和峰度绝对值最大分别为 1.633 和 1.655,均小于标准临界值,符合正态分布,适合用于接下来的方差分析。其次,重复测量方差分析还必须满足协方差球形假设检验,根据 Mauchly 的球形检验结果,若 P > 0.05 则满足球形假设;若 P ≤ 0.05 则不满足球形假设,需用校正系数来校正自由度。SPSS 提供了 3 种校正模式,即 Greenhouse-Geisser、Huynh-Feldt 和下限校正,其中 Greenhouse-Geissser 校正系数能较保守、准确地提供显著性值,适当地控制 I 类错误,故在球形检验不通过时,本研究将采用 Greenhouse-Geisser 的校正结果。由表 8-7 可见,Mauchly W=0.293,P ≤ 0.05,不符合球形性检验,因此采用 Greenhouse-Geisser 的校正结果。本文 Greenhouse-Geisser 的校正结果是 F=44.190,P=0.000,可见不同时间测量的倦怠问项有统计学差异;并且测试时间与不同测项交互作用检验 F=20.917,P=0.000 < 0.05,认为测试的时间与测项间存在着交互作用。

表 8-7　Mauchly 的球形度检验 b

| 主体内效应 | Mauchly | 近似卡方 | df | Sig. | Epsilona | | |
|---|---|---|---|---|---|---|---|
| | | | | | Greenhouse-Geisser | Huynh-Feldt | 下限 |
| Burnout | 0.293 | 3549.074 | 9 | 0.000 | 0.590 | 0.593 | 0.250 |

检验零假设,即标准正交转换因变量的误差协方差矩阵与一个单位矩阵成正比例。①可用于调整显著性平均检验的自由度,在"主体内效应检验"表格中显示修正后的检

验。②设计：截距＋倦怠测项；主体内设计：Burnout。除此之外，对每个测项进行五阶段的重复测量方差分析，得到 15 个测量变量的描述性统计分析和重复测量方差分析结果（见表 8-8）。

表 8-8　游客倦怠体验测项均值、标准差和重复测量 ANOVA 方差

| 变量 | 阶段一 | 阶段二 | 阶段三 | 阶段四 | 阶段五 | F | Sig |
| --- | --- | --- | --- | --- | --- | --- | --- |
| A1 | 3.73 | 3.93 | 3.75 | 3.62 | 3.59 | 4.032* | 0.003 |
| A2 | 3.76 | 4.25 | 3.70 | 3.45 | 3.35 | 27.561*** | 0.000 |
| A3 | 3.84 | 4.10 | 3.79 | 3.72 | 3.71 | 6.107*** | 0.000 |
| A4 | 3.79 | 4.03 | 3.71 | 3.65 | 3.62 | 6.152*** | 0.000 |
| A5 | 2.44 | 2.68 | 2.96 | 3.16 | 3.31 | 16.997*** | 0.000 |
| A6 | 2.23 | 2.12 | 2.39 | 2.54 | 2.60 | 5.276*** | 0.000 |
| A7 | 2.02 | 2.26 | 2.48 | 2.73 | 3.03 | 19.762*** | 0.000 |
| A8 | 1.97 | 2.08 | 2.20 | 2.38 | 2.53 | 2.479* | 0.043 |
| A9 | 1.85 | 1.89 | 2.02 | 2.16 | 2.13 | 6.353*** | 0.000 |
| A10 | 1.84 | 1.98 | 2.11 | 2.39 | 2.32 | 6.913*** | 0.000 |
| A11 | 1.69 | 1.78 | 1.90 | 1.91 | 1.89 | 1.521 | 0.194 |
| A12 | 1.68 | 1.80 | 1.92 | 2.12 | 2.00 | 3.788* | 0.004 |
| A13 | 1.85 | 1.82 | 1.89 | 1.92 | 1.91 | 0.251 | 0.909 |
| A14 | 1.83 | 1.87 | 1.95 | 2.11 | 2.04 | 1.213* | 0.303 |
| A15 | 1.81 | 1.90 | 1.94 | 2.06 | 2.06 | 1.500 | 0.200 |
| 情感 | 3.78 | 4.08 | 3.72 | 3.61 | 3.56 | 13.105*** | 0.000 |
| 身体倦怠 | 2.14 | 2.31 | 2.51 | 2.70 | 2.87 | 16.323*** | 0.000 |
| 心理倦怠 | 1.79 | 1.86 | 1.96 | 2.11 | 2.07 | 2.532* | 0.039 |
| 倦怠均值 | 2.05 | 1.92 | 2.17 | 2.43 | 2.38 | 10.525*** | 0.000 |

注：*$p < 0.005$，**$p < 0.01$，***$p < 0.001$。

### 1. 静态特征

本文对各个测项在每个阶段的平均得分进行分析。在第一、三、四、五阶段的情感的平均得分均在 3.5—4.0 即"一般"到"比较符合"之间，第二阶段的平均得分 4.08，处于"比较符合"状态；身体倦怠平均得分均处于 2.1—2.9，处于"不太符合"状态；心理倦怠的平均值最低，在 1.7—2.2 即"极不符合"到"不太符合"之间；数据表明旅游中游客情感水平较高，身体耗竭和心理耗竭都不明显，但相较之下，游客对于身体倦怠的感知要高于心理倦怠。倦怠均值在 1.9—2.5，处于比较低的状态，对于造成这

样的结果主要由于本文设计问卷部分，身体倦怠和心理倦怠的问项都是非常消极负面的问项，这对寻求愉悦的游客来说，问卷的外在效度有待商榷。但这并不意味着倦怠问卷的无意义，本文从倦怠各项的动态变化可以找出旅游中游客身体、情感、心理的变化规律。

### 2. 动态变化

本文针对每个测项做重复测量方差分析。除此之外，我们还将情感、身体倦怠、心理倦怠三方面进行重复方差测量，以期得到游客在旅游中身、情、心的变化规律。

首先，由显著性（表8-8）可知，四个积极的情感因素（开心、充满活力、快乐、乐观）在游客旅游中随着时间的推移都有显著的变化。通过边际均值绘图8-3可以看出，情感水平在第二阶段达到高峰，在第五阶段跌至最低，这一研究发现部分支持了Nawijn（2010）的快乐曲线模型和Lin（2014）的情感阶段变化，认为在旅游的中间阶段游客的感受相对要高于旅游的开始和结束。此外，本文清楚地呈现了旅游中积极情感变化规律，自第二阶段达到顶峰后，游客的情绪水平开始呈现下降趋势。其中"我觉得充满活力"一项既有情感因素在其中，还受游客自身身体因素影响，在第二阶段达到高峰，之后衰减明显。

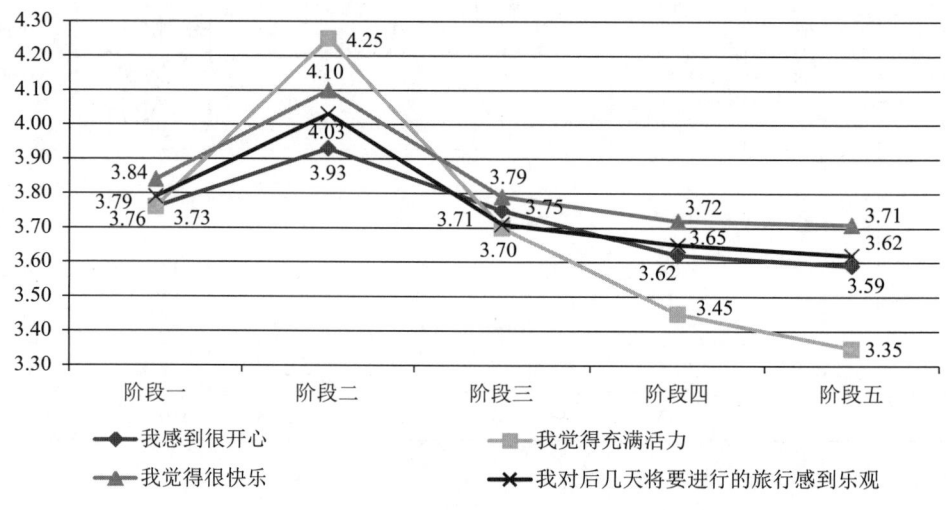

图8-3 情感问项随时间因素的变化趋势

其次，身体倦怠方面（感到疲惫、情绪低落、缺乏兴趣、筋疲力尽、身体不舒服）也随着时间的推移出现了明显的趋势变化，呈现阶段性增加的趋势，其中"感到疲惫"这一项游客的感知尤为明显。而"情绪低落、缺乏兴趣"既带有身体倦怠因素，还与游客情感有关，因此在第二阶段呈现出与情感变化水平相对应的倦怠低谷。详见图8-4。

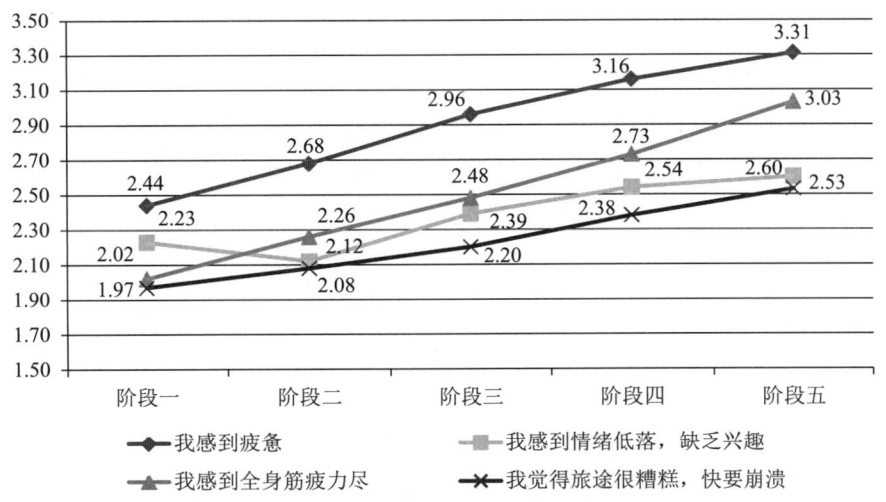

图 8-4　身体倦怠问项随时间变化趋势

心理倦怠方面，仅有"我觉得旅途没劲""我厌倦现在的旅程""我觉得大失所望，心里后悔"这三项有明显的时间变化趋势，而"我觉得旅途没意义""我觉得旅途很糟糕，快要崩溃""我觉得焦虑、不安""我难以全身心投入旅游"这四项一直处于很低的水平且没有明显的时间变化趋势。根据边际均值趋势图（见图 8-5）来看，第一阶段刚进入旅游地时心理倦怠水平最低，游客带着美好的愿望和期待进入旅游地，随后第二、第三阶段心理倦怠水平缓慢而平稳上升，在第四阶段即旅游的后半段，游客的心理倦怠会达到相对高的峰值；第五阶段将要回程，心理倦怠略有下降。

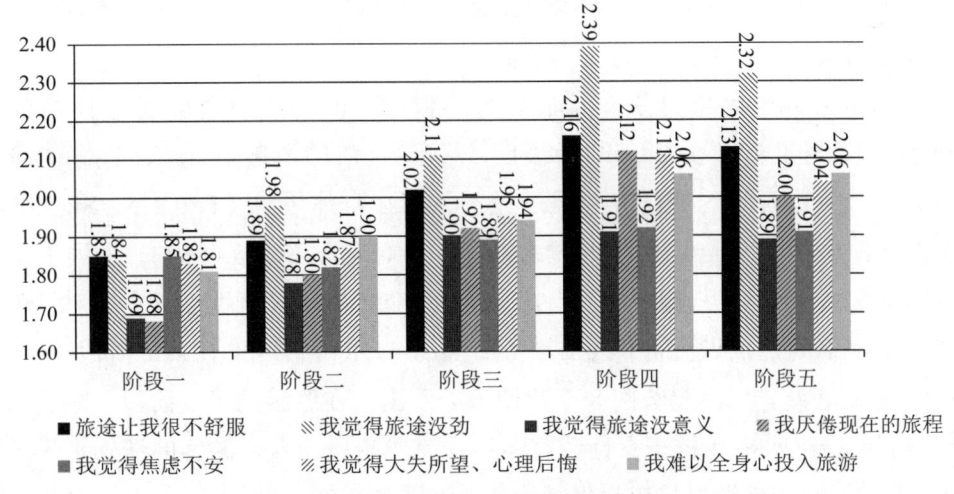

图 8-5　心理倦怠问项随时间变化趋势

最后，对情感、身体倦怠、心理倦怠三方面的时间变化趋势做一个总结，详见图 8-6。游客在旅游中情感总体呈现很高的水平，从第一阶段上升，并在第二阶段达到高峰，之后平稳下降，身体倦怠是随着旅游的深入逐渐增长的，心理倦怠总体呈现很低的水平，在第四阶段有小幅度的升高。借此，我们还可以进一步解释倦怠水平的阶段性变化，倦怠水平由第二阶段降到最低，其谷状与情感均值的峰状相对应，到了第四阶段会达到最高，也是游客身心衰减到最高阶段，第五阶段接近返程，游客倦怠水平稍有下降，准备回归"焕然一新"的生活世界。

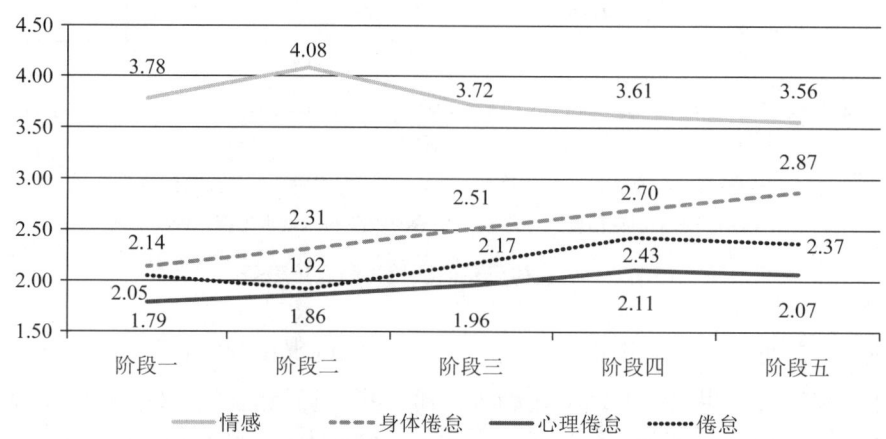

图 8-6　情感、身体倦怠、心理倦怠、倦怠均值随时间变化趋势

### （六）旅游倦怠的个体影响因素

为了比较不同影响因素对旅游倦怠体验的影响差异，本文将人口统计学变量和出游基本情况作为分组变量，进行一系列的重复方差测量分析，涉及的人口统计学变量包括性别、年龄、职业、收入水平。出游情况包括出游方式、出游同伴以及出游动机。

#### 1. 性别因素

将性别作为分组因素分别对情感、身体倦怠、心理倦怠和倦怠总体均值四大方面进行重复测量方差分析，结果表明，不同性别的游客在情感因素（F=9.583，Sig=0.000）上随着时间的变化存在显著差异，而在身体倦怠（F=0.875，Sig=0.478）、心理倦怠（F=0.579，Sig=0.781）和倦怠均值（F=0.579，Sig=0.658）三个因素上，性别和时间的交互作用不明显。在确定性别与时间交互作用显著性后，本文对每个阶段的情感因素和不同性别做独立样本T检验，结果显示情感因素在第二阶段（t=3.477，P=0.012）有显著差异，由趋势图 8-7 我们可以看出，在旅游的第一阶段，刚进入旅游地男性游客的情感水平相较于女性游客高；在第二阶段，女性游客的情感水平迅速升高，达到顶峰，而男性游客情感水平则呈现出平缓的波动，此阶段女性游客情感水平明显高于男性；第三阶段后女性游客的情感水平逐渐下降，在第五阶段情感水平降到最低，而男性游客在第二、三阶段均没有明显的起伏变化，情感水平保持平稳，到第四阶段降到最低，第五阶段又稍有上升。总体来看女性游客在旅游中的情感水平变化明显，而男性游客情感水平较为平稳。

在主体间效应检验中,仅身体倦怠(F=5.224,Sig=0.024)一项有显著差异,说明不同性别的游客在身体倦怠方面差异比较大,其中女性(Mean=2.7)比男性(Mean=2.3)有较高的身体倦怠水平。

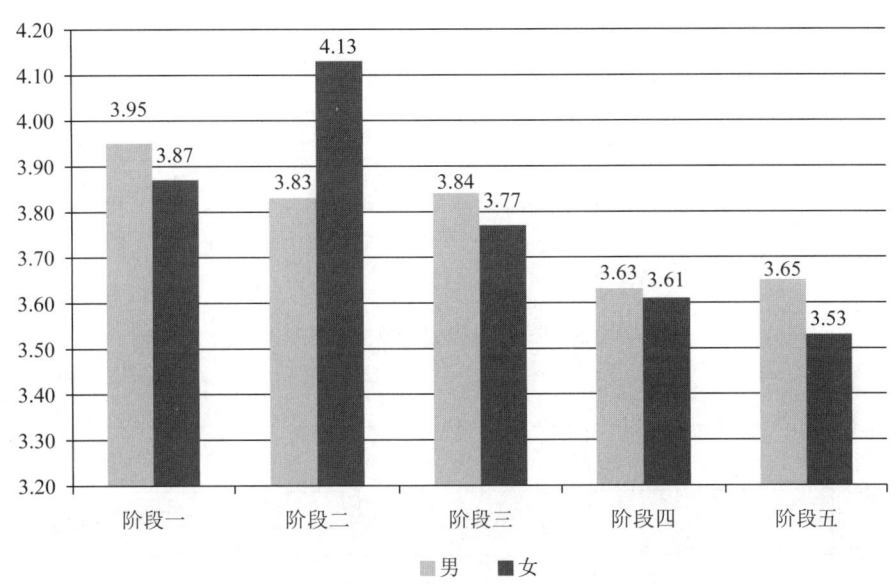

图 8-7 时间与性别因素的交互效应(情感)

### 2. 年龄因素

在分析年龄因素对游客倦怠体验的变化影响之前,为了增加样本的代表性,保证分析有效性,研究先将人口统计变量中部分样本量较少的变量做合并或去除处理。年龄"20岁以下"与"21—30岁"进行合并,命名为"30岁以下";"31—40岁"与"41—50岁"合并为"31—50岁";"51—60岁"与"61岁以上"合并为"51岁以上"。合并之后以3组年龄为分组变量,对情感、身体倦怠、心理倦怠和倦怠均值进行重复测量方差分析。年龄和时间因素在情感因素(F=7.364,Sig=0.001)、身体倦怠因素(F=2.674,Sig=0.034)上的交互作用明显,说明时间因素对游客情感和身体倦怠的作用随着性别的不同而不同,而不同年龄的游客在心理倦怠(F=0.580,Sig=0.651)和倦怠均值(F=0.929,Sig=0.439)两因素上随时间变化差异不明显。

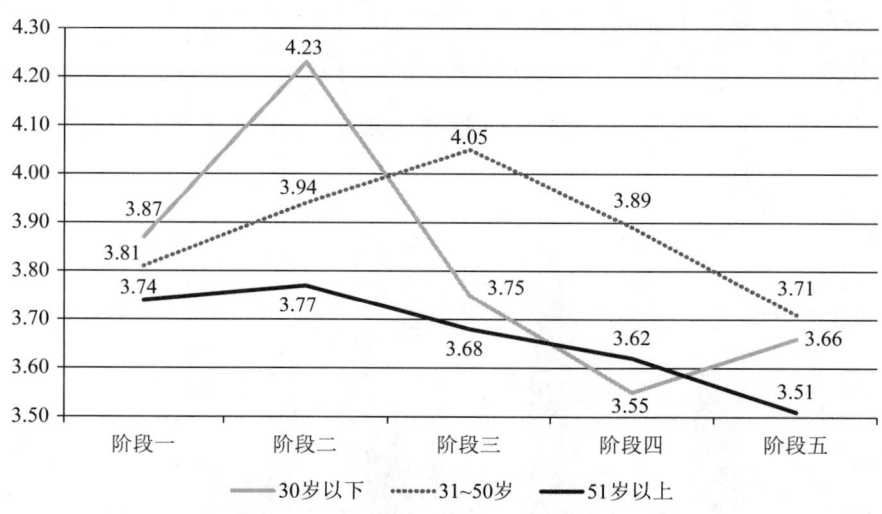

图 8-8 时间与年龄因素的交互效应（情感）

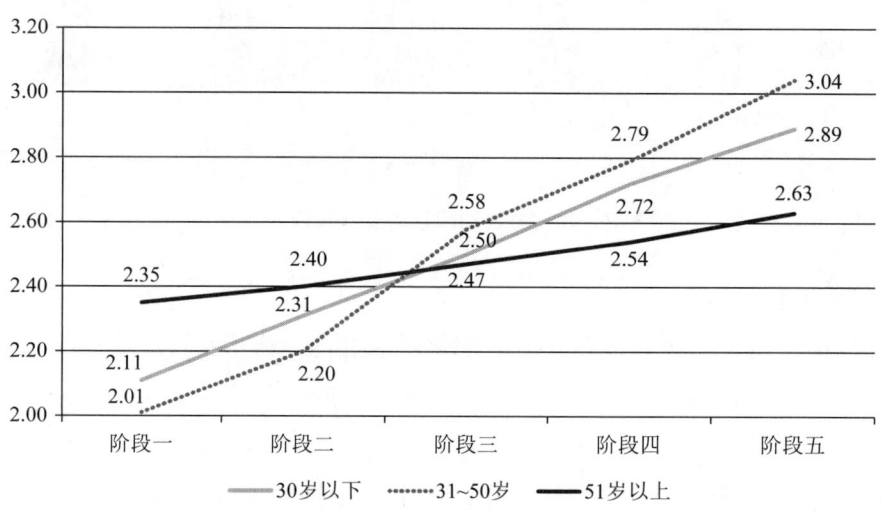

图 8-9 时间与年龄因素的交互效应（身体倦怠）

本文对每个阶段的情感因素和不同年龄做独立样本 T 检验，结果显示情感因素在第二阶段（t=3.73，Sig=0.000）和第三阶段（t=4.02，Sig=0.000）有显著差异。从图 8-8 中我们可以看出，旅游的第二阶段，30 岁以下的游客情感水平达到顶峰，明显高于 31—50 岁的游客和 51 岁以上的游客。第三阶段，30 岁以下的游客情感水平逐渐下降，31—50 岁的游客情感水平达到最高值。51 岁以上的游客相较于 30 岁以下和 31—50 岁的游客各个阶段的情感波动比较平缓。

身体倦怠在不同的旅游阶段也因年龄的差异呈现显著不同的变化趋势（图 8-9），但通过独立样本 T 检验发现，身体倦怠在各个阶段的不同年龄段游客之间有显著变化。

31—50 岁的游客对于身体倦怠感知最为敏感，波动最为明显。在第一阶段，51 岁以上的游客身体倦怠最为明显，由于刚进入旅游地，一番舟车劳顿会让年龄稍大的游客容易感到疲劳。第三阶段后，31—50 岁的游客疲劳感最为明显，其次是 30 岁以下的游客，虽然年龄相对较小，有活力，但在旅游中体力消耗也大，身体耗竭变化相对显著。

主体间效应检验中，不同年龄的倦怠均值（F=5.382，Sig=0.000）差异显著，说明三组年龄因素对倦怠水平的影响有明显差异。51 岁以上的游客倦怠水平最低（Mean=1.92），其次是 30 岁以下的游客（Mean=2.13），而 31—50 岁的游客倦怠水平是最高的（Mean=2.42）。

### 3. 出游方式

本文将"沙发旅游"合并到"背包旅游"当中，将"自助游""团队游""背包旅游"作为三个分组变量，进行重复方差测量，其中在身体倦怠（F=5.033，Sig=0.001）、倦怠总体均值（F=3.390，Sig=0.006）两方面，不同出游方式的游客呈现出显著不同的阶段性变化。而情感（F=0.193，Sig=0.825）、心理倦怠（F=1.998，Sig=0.102）两因素变化不明显。

在身体倦怠因素上，除去第五阶段，每个阶段的身体耗竭的差异性都很显著（P＜0.05）。由趋势图 8-10 可以看出，旅游中背包客要比自助游和团队游的游客有更高的身体倦怠，但丰富的经验让他们能够很好地控制和合理分配身体的运用，因此，他们的身体倦怠表现虽稍高，但变化比较平稳。在旅游过半时（第四阶段）身体的疲乏感尤为强烈；团队游游客在各个阶段中的身体倦怠水平变化最为平稳，他们有很多琐事都能够通过旅行团去帮忙安排和解决，减少了身体的耗竭；自助游游客在第一阶段身体倦怠水平是最低的，但随着阶段的变化，身体倦怠水平急剧上升。

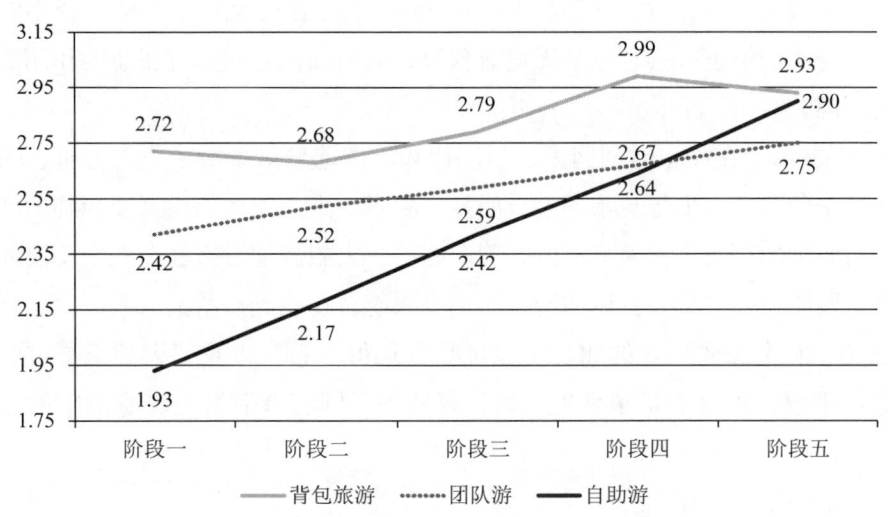

图 8-10　时间与出游方式交互效应（身体耗竭）

在倦怠水平的阶段性变化中，除去第五阶段，每个阶段的倦怠水平的差异性都有显著不同（见图8-11）。首先，自助游游客倦怠水平始终要高于团队游游客和背包旅游者；其次，在第四阶段中，自助游游客倦怠水平达到了峰值，远高于其他两种类型的游客。

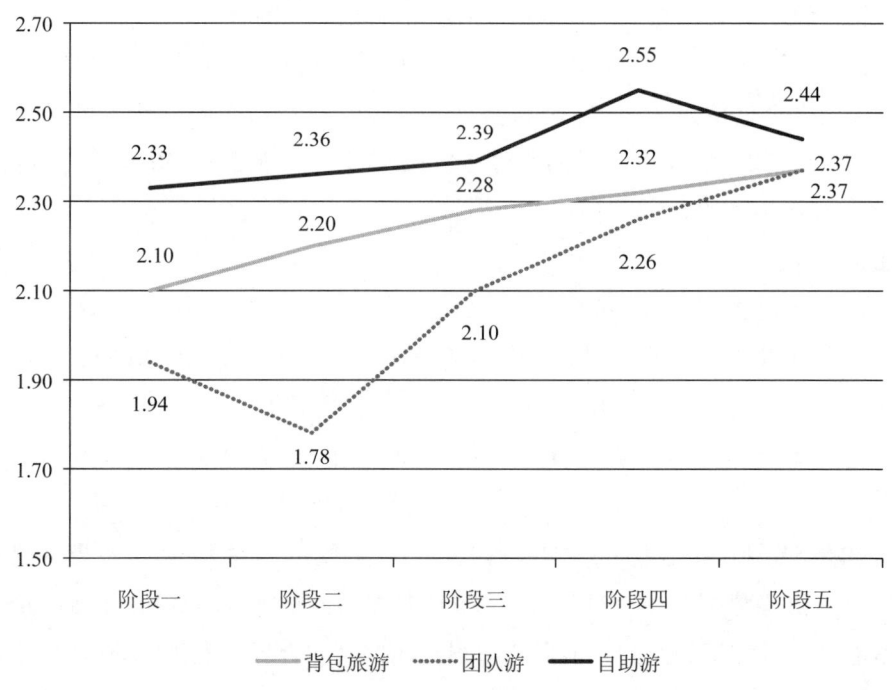

图 8-11 时间与出游方式交互效应（倦怠）

### 4. 出游同伴

分析表明，出游同伴作为分组因素的组间效应不显著（P ＞ 0.05），时间因素和出游同伴因素仅在心理倦怠（F=3.575，Sig=0.009）上存在交互效应。即选择不同出游同伴的游客在身体、情感、心理水平无显著差异，而时间因素对心理倦怠的作用随着性别的不同而不同。

图 8-12 显示，在固定时间因素，对同伴和心理倦怠做单因子方差分析，除了第五阶段，在各个阶段中心理倦怠水平差异明显。独自一人上路的旅游者要面临的问题和麻烦很多，对心理的自我考验尤为艰巨，因此独自一人旅游的游客在前四个阶段的心理倦怠明显高于同朋友和同家人旅游的游客。不少旅游者在谈到旅游的时候，说"哪怕旅游中被坑被骗，有个志同道合的朋友一起玩我也觉得开心"以及"去哪里不重要，风景美不美也不重要，重要的是跟谁去"等，都体现了同游者对游客在旅游中的心理调适作用。

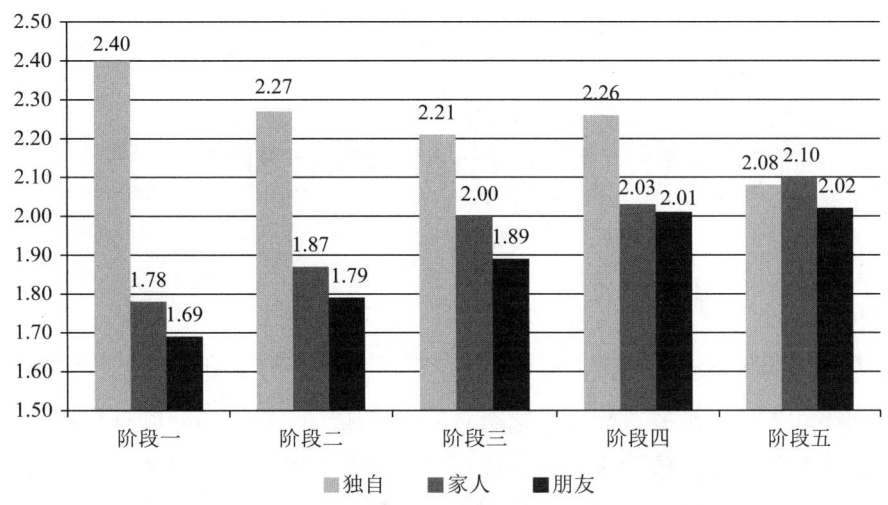

图 8-12　时间与出游同伴因素的交互效应（心理耗竭）

**5. 游客成熟度**

游客成熟度与旅游者经验有相近的意思，更深入地划分可以发现，其中包含了主观和客观层面，主观层面体现了游客自身对旅游知识的掌握程度和对旅游地的熟悉程度，客观层面衡量了游客的实际旅游经历丰富程度。分析表明，主客观层面的游客成熟度与时间因素不存在交互效应。时间因素对游客情感、身体倦怠、心理倦怠的作用随着游客成熟度不同没有明显的不同。在组间效应检验中，仅游客成熟度的客观层面在情感因素上有显著差异。成熟度低的游客（Mean=4.25）情感水平要高于成熟度高的游客（Mean=3.72），说明实际旅游经验丰富的游客在旅游情感水平上相比没有多少旅游经验的游客要低，他们旅游次数多，对旅游地那种新奇的感受和兴趣相对减弱。

# 第九章 旅游中的仪式和仪式感

目前旅游体验研究已经是国内外旅游学术界的热点,但是研究体系的完整度和内容的充实度均不如人意,呈散、乱、浅状态。旅游体验的一些基本问题没有得到很好的回答,如旅游体验的分类;旅游体验的特征;旅游体验的维度;旅游体验品质的命名和测量等。当然对各类旅游体验的深入专项研究更无从谈起。本章我们介绍一种重要的旅游体验——旅游仪式感。

## 一、仪式感空洞化现象

仪式,传统文化的重要象征,承载了传统文化的内涵与意义,也传承着对历史文化的追忆与对生命的尊重与敬畏。在生活世界中,人们习惯于将重大事件用仪式来表达,人生总是需要一些规定性的动作,使生活富有意义感。在今天的中国仪式空洞化现象突出,仪式正在逐步蜕变成形式,内涵丢失,"为了仪式而仪式"的现象成为普遍现象。仪式感关乎人类的精神福祉,仪式感的消减日益加剧这一现状俨然成为亟须关注的问题。

仪式感是仪式的灵魂。仪式的衰落,直接表现为仪式感的缺失。仪式本身具有的仪式性,本应传递出仪式感,使人们沉浸其中并切身感受到仪式的意义,但这在当今中国社会似乎已经成为一种奢望。现在很多地区在借助传统仪式发展旅游业,但他们对仪式文化内涵不了然或者忽视,常常导致仪式性丧失而使效果大打折扣。

仪式的逐步形式化(文化内涵缺失)使得很多人对仪式也逐步表现出一种淡漠的态度,如国内的许多婚礼给人的感受。笔者发现,在现实生活中,一些消亡的仪式在近几年又得到小部分人的重视,如成人礼。可见,一些人已经开始意识到仪式在日常生活中的重要性,人们对仪式感的诉求有明显回归的迹象。旅游对现代人来说已不再陌生。越来越多的人在逢年过节时选择出门旅游,似乎旅游成了节日或仪式的替代。可以说,正是生活世界中仪式感的消解,使得旅游成为一种人们精神诉求的方式,去填补自己在生活世界所造成的内心的空虚与精神的荒芜,又或者是渴望转变。赵红梅(2007)认为,旅游已成为当下部分人对生活的仪式化表达,现代人不齿于暴露心灵需求与精神危机,所以选择旅游这种方式来摆脱精神危机并实现心理诉求。

旅游已成为人们寻求精神寄托越来越重要的手段,这其中所蕴含的精神性在某种意义上说就是所谓的旅游仪式感。

## 二、仪式概述

狭义的仪式主要指与宗教有关的教义陈述、祭祀、仪礼、庆典、礼拜活动等（彭兆荣，2007）。广义地说，仪式既包括宗教仪式，也包含非宗教仪式，如节日庆典、入会仪式等。它是对具有宗教或传统象征意义的活动总称，是一种由拥有共同文化的特定人群所组织的不会经常发生的行为（Leach，1966）。仪式具有固定的程式，即确定的时间、固定的场所、规定的程序、稳定的人群和特定的氛围（彭兆荣，2007），是一种标准化的、重复的行为。

在文化人类学中，最常见的是将仪式分为通过仪式（rites of passage）和强化仪式（rites of intensification）（威廉·A.哈维兰，2006）。通过仪式，是指个体在生命历程中由一个阶段向另一个阶段过渡的过程中，获得社会规范。它强调社会角色的转换，使个体能够更快更顺利地让自己及他人接受自己身份的转变。通过仪式与生命历程中的各个阶段有关，每一次"通过"都意味着身份的转变和权利的重新分配，是个体生命历程中的标志性事件。强化仪式，是指在自然的节律之中体验生命的律动，即有规律性地强化着生命历程，使平淡的生活被一次次强化并赋予生命意义（威廉·A.哈维兰，2006）。相比之下，通过仪式侧重生命个体，而强化仪式是指群体生命危急时刻的仪式（赵红梅，2007；罗惠翻，2009）。

放眼于整个生命历程，仪式不过是人生的一幕幕序曲，但其具有重要的存在价值。仪式在诞生之前就已经被赋予特定的社会意义，不同类型的仪式有不同的作用。首先，从心理功效上来说，仪式是一种表达情感与心理诉求的途径。它源于远古时代人类对神灵等超自然力量的威慑与崇拜，是人类对未知人生与世界的情感寄托与祈求的重要方式。通过仪式本身强调的是交流和变化，交流本身和结果往往会超过仪式活动的形式本身，结果会产生力量并传递出一定的意义（Douglas，1973；Lincoln，1991）。从社会功能角度来说，仪式能够维护社会，凝聚社会团结并强化集体力量（薛艺兵，2003）。强化仪式作为特定群体所认可的共同价值，具有凝聚并强化民族认同感的作用（方迎丰，2011）。它是一种集体性实践积累和传承过程，用以巩固自身群体的稳定性，与此同时，也能使社会记忆与集体记忆得以传承，从而维持社会稳定（罗惠翻，2009）。归根结底，仪式的价值体现于世俗社会中非宗教仪式的某种神圣化表达之中，而这种神圣性即为仪式感。

## 三、仪式理论

仪式的研究是人类学范畴。人类学家Van Gennep在20世纪80年代提出著名的阈限理论，该理论认为所有通过仪式都包含阈限前、阈限、阈限后三个基本内容，亦被译为"分离—过渡—组合"。人会随着年龄的变化而被社会赋予权利与义务，这并非到达一定年龄就能自然具备，而需通过仪式来赋予，使人们在强烈的感受中说服自己适应或改变。整个通过仪式就是一个这样的过程：个人会被仪式性地从社会中排除出去，然后再重新融入社会之前所经历的隔离期并获得新地位（威廉·A. 哈维兰，2006）。在该理论中，"阈限"这一重要概念被提出，以体现神圣性的交流活动及共同的情感表达。阈限是指从正常状态下的社会行为模式中分离出来的一段时间和空间，使参与的个体从预设好的社会角色中逃离出来。通过仪式具有生命"凭照"的作用，它将人的生命过程与社会化过程融为一体。Van Gennep 的通过仪式理论侧重于个体的生命仪式，与通过仪式相对应。

人类学家 Victor Turner 则以社会冲突论为背景，提出仪式过程理论，即"结构—反结构—结构"，亦为"分化—阈限—再整合"。在该理论中，他提出了"共睦态（Communitas）"的概念，意指一种毫无芥蒂地直接进行交流的状态，这种状态是模棱两可、混沌的，但又具有谦恭与神圣等特质。正是这种模棱两可的不确定性使过渡仪式中丰富多样的象征得以展示。Victor Turner 的仪式过程理论侧重社会层面的集体仪式，与强化仪式对应。

## 四、旅游仪式理论

在仪式理论的基础之上，旅游人类学家 Graburn（1977）从游客视角出发，提出旅游本身就是一种仪式，将旅游视为"世俗—神圣—世俗"的过程，旅游仪式理论由此诞生。MacCannell（1976）和 Cohen（1998）也认为现代旅游是一种世俗朝圣，旅游能为旅游者在"阈限"的时间和空间内提供了一种精神性体验。Graburn 认为，旅游是一个由世俗进入神圣再回归世俗的过程，其实也就是从生活世界进入旅游世界，然后再回归至生活世界的过程。与日常生活相比，旅游就是一个神圣的"出位"阶段。旅游结束后，一切似乎都回归到了原点，但那将是一种更新或复苏状态。旅游为旅游者带来的变化，使得旅游前后所代表的世俗生活不再相同，旅游仪式理论的过程图如图 9-1 所示。

图 9-1 中虚线体现了旅游者在生活世界与旅游世界中的两种状态进行切换时发生的"心理震荡"。B 处体现了旅游者对旅游的期待逐渐上升的状态，而 C 处是对离开旅游世界而可能重回生活世界的失落表现。B—C 与 D—E 都代表过渡阶段，处于 B—C 阶段的旅游者会产生快乐期待等复杂的心理活动，而处于 D—E 阶段的旅游者往往会有苦甜交织、悲喜交加等复杂的心理活动。

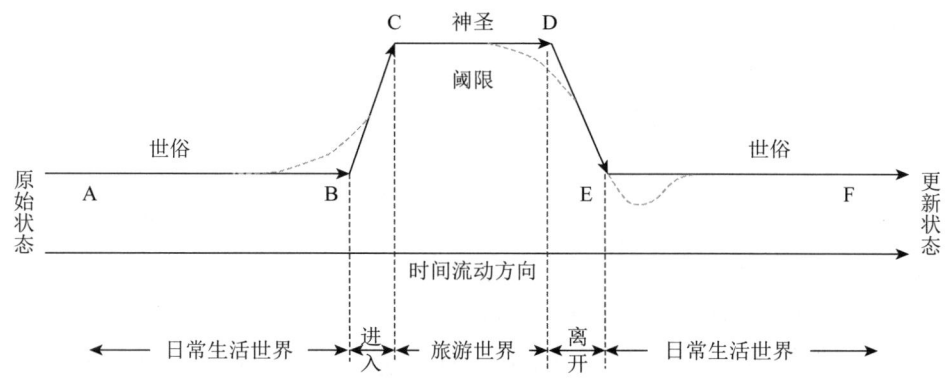

图 9-1　Graburn 关于旅游仪式理论图的修改版

## 五、旅游中的仪式感

### （一）旅游的精神性

以往专门对仪式感的研究非常少，尽管著名的仪式理论和旅游仪式理论对仪式进行了更为深入的研究，但没有人提出仪式感概念。时至今日，少数学者开始关注旅游的精神价值问题。有学者提出人们旅游的全部或部分动机是出于对精神性的诉求；并认为这种趋势会越来越明显（Haq、Jackson，2006）。Sharpley 和 Sundaram（2005）曾指出现代旅游与传统宗教习俗的功能性与符号性作用的一致性，并阐述旅游何以成为一种精神诉求的方式：旅游内在的精神性具有连续性，它存在于旅游体验之中，而与旅游者的原始动机无关（Sharpley，2009）。Laing 和 Couch（2006）指出，旅游的精神价值体现在五个方面：对艰难险阻的无所畏惧；旅游作为心灵净化的手段为自身带来的转变；旅游中的丰富性；共睦态（Communitas）；重新回归生活世界的更新状态。综上，旅游的精神性中包含了一个重要维度，即旅游仪式感。将旅游本身视为一种仪式以追求所谓的仪式感，或许已悄然升起。

### （二）仪式感

到底何为仪式感？人类学者很早就对仪式进行了研究，却没有明确提出过"仪式感"一词，也鲜有与仪式感直接相关的研究。有人说，"仪式感"一词最早源于宗教，是经由一系列仪式而产生的感受，并且通过这种感受改变人们的思想、情绪和行动（石慧，2013）。崔露什（2012）认为仪式感是依托于仪式活动的艺术形式、特殊时间、地点、特定行为与巫术、宗教、伦理等价值体系，与心灵产生某种呼应的主体内在的感性活动，同时又渗透着与之对应的恐惧感、道德感、和谐感等具有价值表征意义的情感体验。上述几个定义都或多或少地揭示出仪式感的某些特征。

一些"知乎网用户"对仪式感的重要性与其含义有过讨论。这些匿名用户之间的探讨比上述研究对仪式感的探讨更为深刻，给予笔者很大的启发。P04明确地指出当今社会"喜好形式感、却很少有仪式感"的现状。P06认为仪式感的重要意义在于人们的内心渴求指引，渴求生活的意义，渴求生活下去的希望。通过对这些描述的核心观点的提取与归纳，可发现：首先，仪式感具有震撼的力量，能够唤醒个人内心沉睡的一些情绪，让人自发进行调整（P01，P04）。其次，仪式感是一种模糊不清的情感，其中夹杂了多种情感，如庄严感、神圣感等。以具体的战前动员仪式为例，说明仪式感包含了荣誉感、自豪感、责任感、使命感等（P01，P05）。再次，仪式感是感性与理性相结合的结果，是当参与者达到观点、情感与意愿上高度一致时才可能会产生的神圣感受（P07）。思想会受到启迪，情感会得到震撼，愤怒也会被激发，此外也包含了很多其他可能性（P01，P05）。最后，仪式感本身包含了多维度，即时间感、被需要感、存在感、重要感、意义感等，最终得到一种安全感（P02，P03，P08）。

仪式感被界定为在仪式或仪式性事件中，人们通过亲自参与或观看并融入特定的仪式情境中，使其自身的认知、情感与行为达到高度一致时所产生的一种混沌的心理状态。在仪式理论中，Van Gennep的阈限理论中的阈限阶段，Turner的仪式过程理论中的共睦态以及Graburn的旅游仪式理论中的神圣阶段，这三个巅峰状态中都隐含着一种摸不透也解释不清楚的东西。笔者认为这种无以言表的模糊感受就是仪式感。Turner提出的"共睦态"，意指一种毫无芥蒂地直接进行交流的状态，其中充满了模棱两可、混沌、谦恭与神圣等特质。所谓的"混沌"意在强调仪式感的模糊不清、多种情感夹杂而难以用语言表达的特点。这一概念更能准确地描述仪式参与者获得仪式感时所达到的最高境界时的心理状态。

### （三）仪式感的构成

根据以往的研究，仪式参与者在宗教仪式中能够产生的情绪情感主要有以下几种：形式感、秩序感、美感、和谐感、神秘感、认同感、敬畏感、崇高感、震撼感、狂欢感、恐怖感、神圣感等。仪式中的情感是相通的，从上述知乎网用户对仪式感理解的描述中也可看出，仪式感中夹杂了很多情感，包含庄严感、庄重感、神圣感等（P01，P03，P05）。

形式感是仪式感产生的前提条件，文化内涵则是仪式感产生的基础，它是仪式传达的意义。通过形式营造情感氛围，从而使要传达的内容和意义更高效。现存节日比如春节，首先是很多传统仪式丢失了，另外尚存的一些仪式也因为其缺乏文化内涵（因为人们已经失去了对传统文化的信仰）而使其徒有形式感，这是人们觉得逢年过节无聊的重要原因。说白了，大家都不把仪式当回事了，仪式也就不是个事了。抗战胜利日阅兵仪式很成功，在国人心中产生了强烈的仪式感，其原因很简单：完美、庄严、震撼的形式，雪国耻、振国威和强国梦等明确的爱国主义内涵兼具。仪式感的产生与否是衡量仪式成败的唯一标准。仪式的外在形式以及具有固定的程序与规范会自然流露出一种秩序感、美感……在具体的仪式中，特定的仪式情境（由形式和文化内涵构成）将营造出神秘感、美感……由此又会使仪式参与者产生认同感、敬畏感、崇高感、震撼感、狂欢感、恐怖感、神圣感……仪式感终将是一种混沌的心理状态。上述多种情绪情感都是仪式感的具体表现，但都不能等同于仪式感。只能说，它们中的几种情感状态相互交融，共同塑造并成就了仪式感。仪式感作为一种综合性的复合情感，很难用语言来准确地表达与描述。正如P01对战争前宣誓情景的生动描述，特定的仪式情景能够激发人的心理活动以及情感状态迸发到极致，最终产生一种复合的情感，即为仪式感。

仪式感，作为一种心理状态，是在一段时间里出现的相对稳定的持续的心理活动。人们在感知层面所能达到的是一种聚精会神、专注、忘我的状态。在思维活动中，会出现一种放空的状态，一切外在表现都出于人的本能反应。应该说，这种状态是认知、情感、行为三方面达成高度一致的结果，三者同时发生，而非单纯地从认知上升为情感。最终，其外在表现为一种情感状态。它是集道德感、理智感和美感三种情感于一身，而又超越了这些情感本身的一种状态。可以表现为激情澎湃，也可以是心如止水。

### （四）旅游仪式与旅游仪式感

#### 1. 旅游与仪式

将旅游作为一种仪式来进行探讨是对当代旅游研究的一种视角再现。Graburn将旅游作为一个整体，旅游者一次完整的旅游经历就是一次仪式完成的过程。旅游作为一种世俗仪式，不同于传统宗教仪式，是一种不够正式、不够结构化和仪式化的形式，但可以满足人们自身精神性的追求（Sharpley、Jepson，2011）。其之所以世俗，在于它足够"接地气"，但其之所以能成为仪式，在于它能满足旅游者的精神需求。所以，旅游本身包含神圣与世俗双重性质，以此区别于传统的宗教仪式。宗教仪式往往通过洗礼、朝拜等多种方式实现肉体与精神上的解脱，以此体现神圣性。根据旅游仪式理论，旅游仪式的神圣性是通过仪式活动而获得肉体与精神上的更新来实现的。心理上的更新状态，是伴随仪式感的产生过程而得以实现的。若将这完整的一段破碎掉，旅游者将会置身于不同的情景转换中，这不仅为旅游者体验的多样性与丰富性提供了可能性，同时也为旅游者在旅游体验中产生仪式感提供了可能性与可转换的情境条件。所以，笔者认为在旅游过程中也存在仪式，尽管并非所有的旅游内容都具有仪式性。不同旅游者对同一地方同一旅游对象物的感受与见解并不一定相同，其各自的追求也不同。

旅游中的仪式有两种存在形式：一种是从整体上将旅游本身作为一种仪式；另外一种则是存在于旅游过程之中的仪式，包含旅游仪式性事件与仪式类文化旅游产品两类。当下很多地区为吸引旅游者将传统仪式开发成文化旅游产品。以往与仪式直接相关的研究可分为宗教仪式有关的朝圣旅游与少数民族地区的民俗仪式。上述所有依托仪式而开发成的旅游产品，都可称为仪式类文化旅游产品。它们是旅游对象物中的一种特殊形态，作为已被开发的旅游产品，也承载着文化传承的责任。

聚焦于整个旅游过程，旅游者的旅游经历由一个个旅游目的地、一个个具体的旅游情境所构成，不同的旅游者对不同的情境会产生不同的感受，不同的旅游情境对不同的旅游者也有不同的意义。这其中存在一种可能性：某一特定的旅游情境或者特定的经历片段对旅游者有着特别的意义，由此而产生一种叫仪式感的东西。这些特定的旅游情境或者经历片段就是旅游仪式性事件。所谓的仪式性事件，是指对自己来说有意义而无关整个民族或全人类福祉，类似于传统仪式而又不是真正的传统仪式的事件。与传统仪式相比，仪式性事件本身虽不具备严肃、固定且完整的操作程序与规范，却有着类似的结构特征，而且也体现出相当程度的灵活性与自由度。它强调旅游者个人对意义的寻求，而无关其他任何因素。从这一角度来说，被视为世俗仪式的旅游本身亦属于仪式性事件。总而言之，旅游仪式与旅游过程中的仪式性事件可以称为旅游仪式性事件。

### 2. 旅游仪式感

与旅游中存在的两种仪式形态相对应，旅游仪式感也可分为两个层次：一是旅游者自身将旅游本身看成一种仪式所产生的仪式感。二是旅游者在旅游过程中因具体的旅游体验过程可能产生的仪式感。旅游过程中的仪式感产生可能也会反过来强化旅游作为一个整体在旅游者心中的仪式地位。聚焦于整个旅游过程，旅游仪式感的存在载体可分为两类，分别为旅游中的仪式性事件与仪式类文化旅游产品。

（1）旅游本身的仪式感

Turner 认为，所有与个人生命周期有关、与重要的人生转折点的活动以及受文化规定的人生转折点举行的社会性活动都可纳入通过仪式中，如留学、自我考验的徒步旅行、部落出征、政治职位的获得等。Graburn 则更明确地指出，旅游是个人完成人生变迁的通过仪式的一种替代形式。有人甚至曾从仪式角度将旅游分为两种类型：一种类似于强化仪式，即定期或每年一次的度假；另一种类似于通过仪式，即经过自身努力、自我反省的旅游（MacCannell，1976）。

现实生活中人们过度追求物质文明（以今天中国为甚），生活表面上看似热闹，但人们已经出现严重的精神危机，内心无比空虚。旅游成了越来越多的人寻找自我、寻求精神慰藉的途径。对一些人而言，旅游就是一场迟来的成人礼。所谓的成人礼是指象征迈向成人阶段的仪式，提醒即将成年的人身上所肩负的责任与社会角色的转变，更多的是对生活的追求，其发生往往伴随着痛苦。人们为追求而踏上旅途，尽管旅途充满了辛苦与困难。从某种意义上说，旅游本身是一种自虐的过程，痛苦总是令人更深刻，这种深刻主要体现在记忆的深刻性与思想的深度上。旅游者希望通过旅游来获得力量，实现生命的突破和解放，实现生命的转变。当旅途结束时，旅游者的内心也收获了一种圆满。这种特殊意义其实就是仪式感。出发前内心的期待、紧张、兴奋、严肃等复杂的心理活动，会伴有一种神圣意义，当这种神圣意义被旅游者所领悟时，就成就了一种叫仪式感的东西。刚踏上旅途时，这种感觉或许尤为强烈。仪式感对个体生命而言具有标志性意义，它总是在试图唤醒个人内心沉睡的一些情绪。

（2）旅游过程中的仪式感

A. 旅游仪式性事件

旅游者所追求的是主观幸福体验道路中的某一节点状态（孙喜林，2002）。在旅游体验中，仪式感往往也可能产生于旅游过程中的某一具体节点，那是一种旅游者与旅游对象物及周围环境所构成的特定旅游情境，使旅游者能产生一种特殊的心理状态：专注、投入、忘我、顿悟，最终收获圆满。旅游仪式性事件强调的是旅游对旅游者个体的特殊意义，但旅游仪式性事件不易发生，而旅游仪式感往往不是刻意去追求的结果。可见，旅游者往往要经历一番辛苦、数次等待后的失落与期待甚至是危险。如此这般，旅游者才会在心中留下难以忘怀的印刻，使旅游者在经历前后的心理上产生巨大反差，从而更易获得这种感受。从某种意义上来说，再次重游的强烈意愿能够表达出旅游者对一次旅行意义的认可。这可能不仅仅出于旅游者对一个地方的依恋或者地方忠诚度，而是意味着它是使人产生仪式感的场景或事件。

将旅游中的仪式性事件放到整个旅游甚至是生命之中，它们将是一个个生命的节点。人类的行为总是离不开对意义的寻求，我们需要一个个小小瞬间，让自己的平淡时光显得更值得被回忆。那些瞬间的感受可以是刻骨铭心，可以是庄严神圣，可以是宁静和谐……总之都可以归结为旅游仪式感。

B. 仪式类文化旅游产品

仪式感通常源于仪式，而仪式类文化旅游产品由仪式演变而来，所以仪式类文化旅游产品具有一定的特殊性。鉴于现有仪式存在的现状，仪式类文化旅游产品从旅游者所感知的角度可分为两种：泛娱乐型的民族仪式与偏信仰型的宗教仪式。仪式活动自身所能营造出的氛围并不是一般的旅游场景或旅游情境能够轻易模仿或营造的，其真实性更是无法炮制。对大多数无信仰的旅游者来说，浓厚的宗教文化氛围会使人暂时忘掉自己，以心诚则灵的心理去感受精神感召和道德教化，产生离尘脱俗之感，最终达到无法企及的精神高度（张桥贵、孙浩然，2008）。笔者认为，仪式类文化旅游产品，作为旅游活动中的一类特殊的旅游对象物，其本身能够营造出的仪式氛围可能会使旅游者更容易获得一种仪式感。现在人们很难在日常生活中感受到仪式感，当旅游为人们提供一个陌生的新环境时，人们将以一种新的身份与心境来重新审视这一切，那么可能就会有不一样的体验。正如龙江智（2010）所说，旅游的意义源于从生活世界到旅游世界的心境转变。

旅游本身作为一种仪式与旅游中的仪式性事件属于通过仪式,而仪式类文化旅游产品则属于强化仪式的范畴。各个类型的仪式对旅游者自身的意义不同,前者强调的是个体对意义的寻求,注重交流与转变,而后者源于民族仪式或宗教仪式等,更强调的是一种与他人心灵同一后产生的归属感与安全感。

### 3. 旅游仪式感的形成

仪式感是成功的仪式在仪式参与者心理上的显现,是旅游者的主观体验。旅游体验是旅游者主体和旅游环境客体互动,并以主体的主动构建为核心形成的(孙喜林,2002)。Turner 曾说,仪式符号的象征意义与人的联想是仪式情感体验的关键所在。也就是说,旅游者和仪式情境的互动将最终决定仪式感是否能够产生。

(1)仪式情境

仪式本身需要具备一定的要素与构成条件,才能具备仪式应有的仪式性。首先是仪式依赖,即仪式感的产生需要特定的场景及行为规范的约束,即仪式情境。仪式情境有其特定的旅游场。宗教游、情结游、故乡游等旅游主题本身决定了其特定的旅游情境,自然会使人更容易获得仪式感。仪式营造的氛围总是充满了在场感、参与感与紧张感,能让参与者感受当下的一种存在真实,并对参与者的内心起到微妙的作用。仪式所特有的场域,很容易使参与者进入一种状态,这里包含了崇高、肃穆、庄重、狂欢等感受。在这种状态下,信息传递的效率会更高。在仪式所特有的"场"的熏陶下,旅游者以"仪式身份"进入,真实的仪式氛围将会感化旅游者(笪玲、张述林,2009),使得仪式参与者的心灵被激发后会在这种规定的情境中进行双向交流(张志忠,2008),并更容易接受、认同。

(2)旅游者

在旅游体验过程中,旅游者越是主动介入、参与,能够将旅游环境纳入自己的主观世界,并且心理建构能力越强,就越容易产生体验中的巅峰状态。易觉的心、能见的眼将使旅游者更容易获得巅峰体验(孙喜林,2010)。旅游者的心理准备、心理状态以及深度卷入程度是由旅游者的成长经历、成熟度以及信仰等几个方面决定。首先,旅游者的成长经历,即旅游者身上所具有的原始文化基因是影响仪式感获取的关键因素,它是产生终极感受共鸣与文化共振的重要基础。其次,旅游者的成熟度。旅游者的认知准备更容易唤起旅游者的认知及情感上的深度介入。一个人从小到大都接受某种文化熏陶,其认知介入深刻,这是文化的拥有者与外来者之间的最大差异。成熟的另一个维度是思想。巅峰体验只属于深刻的人。想得深刻,想得长远,才能与仪式感等巅峰情感越走越近。最后,信仰和信念的力量。从纯粹个人的精神追求意义上来说,内心有所追求,内心怀有对自己而言具有特殊意义情结、情怀或者说是心结的人,可能更容易获得仪式感。很多网友在谈及西藏时,经常会有同样的感慨:"西藏,对于去过的人来说,是一种永远挥之不去的情结；而对于没去过的人来说，是一种无限的神往。"所谓的情结与神往，其中隐含的是一种对仪式感的表达与心理诉求。

（3）形成机制

孙喜林（2002）曾提出旅游体验形成过程的四阶段模式："环境—情境—意境—心境"以解释旅游者心理活动的全过程。对多数旅游者来说，异地的仪式类旅游产品或仪式性事件都是陌生的，然后会慢慢被感知，旅游者与周围环境的互动也随之开始。随着旅游者将自己的情感和思想注入仪式情境中，当仪式活动中的环境要素完全服务于旅游者的心理活动时，旅游者会将内心的情怀或心结释放出来。至此，旅游者就完成了心理建构。仪式所营造出的真实的特定情境会让仪式参与者产生一种超常心态，薛艺兵（2003）将其称为仪式行为者的心理定式，是一种隐含于观念层面背后且不同于日常心理状态的心理模式。根据Turner对仪式的运行机制的深入分析，即仪式作为一个模式性的程序，在整个过程中，仪式参与者的复杂感受一直在"心理极—观念极"两极中循环碰撞、相互回应。在这两极的相互震荡中，仪式参与者会受到仪式中的场景要素的强烈激励，并由此产生超常的心理状态，如此这般，就完成了心理予以外界刺激的回应。仪式参与者在特定的情境中获取能量，其内心会与外界建立起千丝万缕的联系，从而在心理和精神上达到一种与自己的内心（或者说是另一个自己）或者说是自我交流的状态，从而产生一种特定而又复杂的情感——庄重与虔诚、震撼感与认同感，抑或是一种无以名状的崇敬之感。这是一种与"观念极"相对应的价值观。最终，仪式参与者会获得一种感性与理性认知并存的双螺旋式的升华体验。

**4. 仪式体验**

目前，旅游体验的相关研究成果中并没有关于旅游体验的分类研究，这将不利于未来更为深入、更为细致地探讨旅游体验。仪式体验，作为旅游体验的一种类型，究竟在旅游学科的框架中处于一个怎样的位置呢？根据认知及情感的介入程度与体验的深刻性，笔者认为，仪式感是深度旅游的结果。深度旅游强调旅游者放慢脚步，去感悟当地文化，去品味旅途风景，去聆听内心的声音（曹国新，2006）。深度旅游是旅游者内心的表达与实践的过程，以期在旅程中获得情感的共鸣、激荡与心灵的升华，让脚步与灵魂同行。只有深度旅游，才有可能实现巅峰体验，这往往不是刻意追求的结果。旅游自身的精神性存在于旅游体验之中，而无关于旅游者最原始的旅游动机。虽然旅游者没有刻意追求过精神性上的圆满，但他们有一种潜意识（Sharpley、Jepson，2011；Sharpley、Sundaram，2005）。以往研究中，只有福乐体验被视为旅游体验的巅峰状态。笔者通过对仪式感进行研究，认为旅游者能产生仪式感的仪式体验亦是一种巅峰体验状态。同为巅峰状态，它们在很多方面具有相似性，最终都将进入一种忘我状态，并且转瞬即逝。福乐是指对某一活动或事物表现出浓厚而强烈的兴趣，并能推动个体完全投入进去的一种情绪体验，它是包含愉快、感兴趣、忘我和无理由地坚持等成分和状态的综合情绪，由活动本身而不是人和外在的其他因素引起（孙喜林，2002）。但旅游仪式感包含的是敬畏感、存在感与和谐感等复合成分，它是指旅游者内心怀有一定的情怀或心结，在受到仪式氛围的激发后，通过自我交流或与神灵的交流而将其释放出来的复杂情感。它是基于认知而产生的一种复杂的心理状态。

### 5. 旅游仪式感与仪式感

现代社会对传统宗教习俗的重要性感知呈下滑趋势，人们不再热衷于传统宗教的重要意义及其实践活动，而是寻求不太正式、不太结构化，也不太仪式化的方式以实现其精神上的满足（Sharpley、Jepson，2011）。旅游仪式感是对仪式感在旅游领域的拓展。然而，与传统仪式不同，旅游仪式性事件自身与仪式感的产生都具有很大程度上的不确定性，这也为旅游者提供了更多在旅游中探索、发现、感受以及自我交流的时间与空间。宗教仪式所传递出的仪式感所能达到的人与神交流的巅峰状态，强调的是神圣性；而旅游仪式感所能达到的是旅游者主体与自己内心的交流状态，是一种顿悟。但归根结底，旅游仪式感于仪式感而言，并无特殊之处。旅游仪式感只是仪式感置于旅游领域中进行研究，使得二者的存在载体与感受主体不同，最终导致它们的构成成分有差异。故本文不再对旅游仪式感进行单独界定。

赵红梅（2007）曾说，旅游不彻底的仪式化逆转是一种吸引力，并能于无形中内化为旅游动机。很多时候，往往连旅游者自身可能都无法说清楚自己旅游究竟是为了什么，无法完全意识到他们所产生的一些奇特的或者他们也无法说清楚的感受就是仪式感，但他们的实际行为已是最好的证明。或许对于仪式感的寻求，部分旅游者是用行动实践着这种潜意识中已存在的动机，而部分旅游者则是在旅游过程中意外收获到的。正如 Sharpley 与 Jepson（2011）所说，旅游不是有目的地通过参观以寻求精神慰藉，但他们经常性地参观某地却包含了一种潜意识的情感维度。此外，作为一种复杂的心理状态，旅游者自身恐怕也难以用语言将其表达得清楚、准确，毕竟人类所能表达出来的语言是有限的。

### 6. 旅游仪式感与旅游价值

旅游价值，一方面体现在旅游为人们提供了趣味，成为一种人们逃离现实生活的方式；另一方面体现为旅游能够赋予人生以意义。旅游给了人们一个回头审视自己与自己生活的机会。通过旅游，人们去寻找存在感与意义感，寻找自己，重构自己，超越自己。它可以成为信仰缺失、心理迷失的这代人执着地想寻找一些他们认为需要的东西的一种手段。就像《在路上》一书所描述的：满心追求个性自由的萨尔，在与一群男女开车横穿美洲的路上，经历了狂喝滥饮、耽迷酒色、流浪吸毒等漫长的放荡后，开始笃信东方禅宗，去感悟生命的意义。旅游者可以通过旅游去实现某种意义。但旅游终究不是宗教，也无法代替宗教，否则旅游也就不是旅游了。

以往关于仪式感的研究非常少，"旅游仪式感"这一概念的提出与深入探讨，将为旅游研究打开一个新视角，兼具开拓和填补价值。旅游中仪式感的研究还为中国传统文化传承问题找到了突破口，从仪式到仪式感是文化传承的有效路径，这一点在以往没有达到清晰明确状态。

# 第十章 旅游仪式感量表开发

## 一、旅游仪式感的维度：文献回顾

### (一) 旅游中的仪式现象

德国社会学家格奥尔格·齐美尔 (George Simmel, 1961) 在 20 世纪初就提到社会越来越不合群、不共欢，由于大众文化如公众仪式的退出，一种通过群体实现超越和联结自我的内在动力成为一种需要。在当时的西方社会，嘉年华活动应势而兴，这种自由娱乐的仪式活动成了取代传统严肃仪式的新公众文化。以格雷本和纳尔什为代表的研究学者在旅游人类学领域相关方面做出了大量研究，"旅游仪式论"自此成为旅游研究领域的新范式。特别是纳尔什·格雷本 (Nelson H. H. Graburn, 2001) 教授认为"最好将旅游作为一种仪式，一种与日常家居生活、工作形成强烈反差的集休闲、旅行为一体的特殊仪式"并指出了旅游仪式论在旅游研究中的理论和现实意义。自 20 世纪 90 年代起，国外关于旅游本质、旅游社会学与旅游人类学相关研究成果相继在国内刊物翻译发表。2001 年，我国学者宗晓莲进一步提出旅游是一种现代世俗仪式的观点。郑晴云、郑树荣 (2003) 也认为传统的朝圣不失为一种原始形态的旅游，而旅游则是一种新形式的现代朝圣。

我国传统文化景区的旅游开发中，旅游体验与旅游真实之间的关系研究逐渐升温，李祥福 (2003) 提出运用"过渡仪式" (rite of passage) 来分析相关旅游活动，研究结果表明人们通常借助旅游来完成某些重大的人生或心理的转变。更广泛地，大量国内旅游体验与旅游心理研究学者开始关注"旅游仪式论"及旅游活动中的仪式化行为对旅游体验的影响。虽然旅游仪式论及旅游中的仪式行为对旅游体验产生影响的论点已被旅游学者广泛接受，但在旅游体验的研究领域，一方面，如何通过这一影响因素测量旅游体验尚属探索阶段；另一方面，旅游体验基础理论研究对人文学科视角颇为倚重，但旅游体验的量化测量与评价几乎未曾关注人文视角，这违背了旅游体验的内核特征。

### (二) 旅游体验中的仪式感

仪式活动在日常生活中比较普遍：结婚仪式、葬礼、生日、就职礼、毕业、节日、游行、礼拜、交换礼物……仪式渗透了我们的生活世界。古代仪式往往是宗教性或法律性的，即为典礼的秩序形式。宗教历史学家 Jonathan Z. Smith（1980）认为：仪式是杂乱的日常生活理想状态的体现，它是一个文化空间，在这里生活可以被想象、演练、观察、实践、矫正……它介于真实和无法实现之间，介于现实和可能之间。仪式帮助建立了神圣/世俗的秩序，代表了社会角色、地位体系、群体成员和等级；同时，通过仪式的聚集，促进了社会的亲密情绪。迪尔凯姆曾在《宗教生活的初级形式》（2006）中声称：宗教的初级形式，实质上就是上演仪式以赞美自身社会，从而带来日益巩固的社会团结。即仪式为世俗社会某种神圣的表达。作为一个农耕文明的大国，我国自古以来亦是十分重视仪式表达，如二十四节气，如皇帝祭天祈求风调雨顺，正是将周期往复日复一日的日常生活、农业活动中的行为、时间加以仪式化的现象。在这一过程中，仪式往往是由权威主导的，被仪式化的活动与时间节点具有了"强化、严肃"的仪式感。仪式仿佛一种社会戏剧，群体体验的内容被复制、肢解，被记住、重塑，被无声地或口头地赋予意义（Victor Turner，1991），如教堂礼拜。

仪式中那些存在于固定框架内的构思和理解被认为是某种真实的，表达了被认为具有终极、基础和基本价值的东西。然而这并不妨碍仪式行为的价值符号的个性赋予，现代仪式作为交流的一种途径具有交流的特性：交流需要理解，会产生误解，无法精确解释，但也因而，仪式虽有固定行为却无法完全带来同样的信息和情感，为价值的个性赋予空间。

1942 年凯普尔（Chapple）与库恩（Coon）对"强化礼仪"与"过渡礼仪"做出区分，进而证实，纵观人生长旅，仪式几乎无处不在。自此，仪式逐渐脱离了神话性，而没有神话的仪式代表着"仪式的仪式"，代表着举止和行为模式从它们功用性和目的性之中解放出来（马里奥·佩尔尼奥拉，2006）。无数周而复始的节庆时令，无数兴衰荣辱的关键时刻，于人而言，都无法安然度过，于是，形形色色的仪式充斥着人类的生活，而这些仪式已与宗教、权威无关，比如婚礼、开学或开业典礼、晋升或节日庆祝。不仅如此，人们内心情感与外界社会的契合方式，日益从"严肃、正式"趋向"轻松、随意"（赵红梅，2007）。但无论何种仪式，都往往产生一种离开庇护之所的倾向，表明了一种"脱离日常生活"以获取知识、经验的渴求，这与旅游的动机几乎如出一辙，也因此仪式与旅游在内在上有着紧密的联系，交集甚广。但由此强权仪式逐步融化，现代仪式世俗化，成为个人或小群体可以定义的行为或概念。仪式不仅是仪式，也是生活想象，是艺术、音乐，是文学，也是电影（Jean Clottes，2002）。仪式逐渐成为一个窗口，各维度在此相互影响、交错，通过仪式，思想和价值观融入自身，近代世俗仪式成为人们理解自己世界的方式。

根据 Barry Stephenson（2015）的仪式介绍一书，世俗仪式一般分为四种：一是入口仪式，作用是改变一个人的状态（状态提升）。如成人仪式，参与者经常与惯常社会群体分离，离开公共和家庭空间的安全与熟悉，去面对一个僻静场所的危险和严峻，在这个过渡空间中经历考验。二是过渡仪式，参与者位于不同社会与本体论状态之间，参与者的地位是模糊的。如结婚仪式，结婚、婚戒不代表婚姻，但结婚仪式、过渡和通过这一阶段的转变本身就是一件事，如果你不"通过"，你就不会拥有社会/社群中的"新身份"（夫妻）。三是朝圣仪式，由于某种宗教或信仰精神性的动机驱动的，穿越某种物质文化边界前往具有集体意义的神圣目的地。传统朝圣，表演方式很重要，可以通过身体来学习，如转山。但现代朝圣则具有多样性，如全球迪士尼打卡、灾难遗址拜谒参观。四是节庆仪式，有效地实现某些目标，或仅仅是因为它令人愉快，节日的成败取决于参与意愿。上述仪式分类为本研究确定研究对象的选择提供了良好的理论基础，根据以上仪式分类，本研究从现有旅游形式中挑选出与之对应的四类旅游类型：毕业旅行（入口仪式旅游形式）、蜜月旅行（过渡仪式旅游形式）、徒步旅行（朝圣仪式旅游形式）、节庆旅行（节庆仪式旅游形式）为主要数据采集研究对象，来探究旅游仪式感的特征维度。

仪式感含义的演变可以追溯到古代神圣仪式—近代仪式世俗化—现代仪式感的不断演化。人类是一种必须生活在自己意义之网上的生物（Roy Rappaport，2010），随着现代仪式的逐渐弱势，公共场所的复杂社交互动被一种强调私人领域、个人真实的更孤立的自我意识所取代（Richard Sennett，2012）。因此在没有仪式行为的情况下，生命周期的重大转变或教化通常变得仪式化。现代仪式世俗世代趋向于外显，即：从宗教生活的身体形式中转移出来，更多地停留在头脑中（Richard Sennett，2012）。现代共享消费的兴起与区块链技术的发展使"仪式"的定义和使用进一步被弱化，取而代之的是仪式化行为中的"仪式感"一词越来越多地出现，成为人们表达各自从生活中感受或抽象出不同的标签词汇。如现代节日正从国家民族时代的指示性、说教性、单一性、膜拜性仪式，转向以广泛参与、多样性、自发性和即兴创意作为特征的节日气氛。这也使得仪式感这一概念包含却不仅限于宗教、仪式等中心化定义的含义。

仪式感成为人们表达内心情感最直接的方式，让人以自我的方式感受此刻时间或空间节点的不同。如今人们熟知这一词汇大多来自著名法国童话《小王子》中的一段话："仪式感就是使某一天与其他日子不同，使某一时刻与其他时刻不同。"仪式感从仪式中诞生，但却不仅依附于仪式，对于生活中的某些事件或时刻，总有些东西（符号）可以触发一个人的仪式感。

崔璐什在《仪式感的现代性阐释》一文中也指出，仪式感产生的内在根源：即行为主体在仪式活动中，通过对审美对象的滞留，以及对时间的独特体验，从而产生出丰富的审美感受。换言之，仪式感是一种具有丰富感受的独特体验，仪式感存在多维度，包含时间感、被需要感、存在感、重要感、意义感等（王晓丹，2014）。这也说明了仪式感在现代与情感、体验息息相关但复杂多样的特性，因此探求旅游仪式感的维度特征是本文研究旅游仪式感的重要出发点。但目前，对仪式感的研究在很大程度上是一种解释学，而不是理论的努力，仪式感也确实塑造了一个研究对象，但它的研究边缘模糊。因此明确仪式感概念、探究仪式感的实证分析结果富有研究意义。

法国学者阿诺德·范·盖内普在1909年出版了著作《过渡仪式》，他将过渡仪式又分为三个阶段：一是分离，特征是个人或群体从社会结构中的一个固定点离开朝向某个未知的事物；二是阈限，一个模糊的发展过程，他或她处在某种在社会之外的感觉之中；三是融合，在这个阶段人们返回成为新的人，通常比原来等级更高。

在该论点的基础上，纳尔什·格雷本（Nelson H. H. Graburn，2001）教授提出了旅游既是"神圣的旅程"也是"世俗的礼仪"的观点，这就是旅游人类学研究的三个经典视角之一——"旅游仪式论"。格雷本认为，旅游是具有仪式性质的行为模式与游览的结合。他将旅游中的各种行为模式看作是一种具有仪式性质的活动，经过这种仪式，人们在日常生活中变得麻木生硬的精神得到了解脱，并创造出一种新的精神面貌。通过旅游这种仪式，旅游者摆脱了日常现实社会生活的单一行为模式，主动进入另一种新鲜的生活之中。它从旅游者的深层动机出发，在人类学的仪式理论基础上，将旅游视为一种世俗仪式，以此来探究旅游者的旅游体验。

有别于"旅游仪式论"，旅游仪式感包含旅游者将旅游本身作为一种仪式而可能产生的仪式感与旅游者在旅游过程中可能产生的仪式感两个层次（王晓丹，2014），并且这两个层次往往是相互纠缠交叉的。本文在研究中则不区分这两个层次的仪式感，而将研究的对象视为"旅游仪式感"这一概念的整体。从表面上看，旅游只是游山玩水与生活时尚，旅游者所追求的无非是某种愉悦与趣味。而事实并非如此，如果深入去探寻旅游者的动机与体验，将会发现一片"仪式的森林"。如果将旅游这样的意义事件点缀在时间长河上，就能够让年复一年、日复一日的重复、乏味生活被一次次不同事件所强化，从而赋予生命的意义。旅游的过渡功能表现在诸如国外求学、蜜月旅行、退休旅行、自我考验的徒步旅行等事件上，此类旅游的仪式属性最明显，它们是生命历程中的标志性事件，事件过后，人们似乎有"脱胎换骨"之感。旅游成为旅游者进入下一个身份或状态之前的驿站，他们在此驿站经历着精神与心灵的挣扎与洗礼，而后焕然一新（赵红梅，2007）。

中国旅游研究院对全国60个样本城市开展《中国城乡居民出游意愿调查》发现，2018年第一季度我国居民出游意愿为83%，48.9%的居民选择在春节期间安排出游，居民过年出游意愿强烈，旅游过年成为居民度过新年的重要方式，成为相当一部分人对生活的仪式化表达。与一般仪式感相比，旅游仪式感明显的是，它是一种不严肃、不正式、不公开的特殊表达。除此之外，这种在异地的、暂时的仪式感体验与惯常生活中的仪式感也不尽相同。

旅游是生活谱的一个片段，既是生活的抽象经历也是生活的延续。因此，旅游本身也往往被视为某种仪式。无论旅游本身作为一种仪式或是在旅游活动中的仪式活动，都会随之产生仪式感，进而对其旅游体验产生影响。旅游仪式感亦是仪式感研究的特殊案例，由于旅游自身的仪式特性，旅游仪式感的研究也将对仪式感的本质研究提供参考思路。

综上所述，结合仪式感定义及旅游的相关研究结论来看，目前关于"旅游仪式感"这一概念的认识还不够全面，了解还不够深入，且研究方法多以质性为主，故本研究将以定量为主质性为辅来进行旅游仪式感的量表开发研究，以求为相关领域提供具有一定信度效度的基础研究工具。为了探索旅游仪式感的相关特征，本文尝试通过寻找恰当的样本群体作为数据采集对象来分别进行质性和定量研究。结合格雷本教授的旅游仪式论、维克多·特纳（Victor Turner）的社群仪式论《仪式：牛津通识读本》（Stephenson B，2015）一书对现代仪式的分类，本研究选择节庆旅行、徒步旅行、毕业旅行和蜜月旅行作为质性分析对象，将包括四类旅游类型及拥有其他旅游仪式感旅游经历的游客作为定量分析对象，分别通过访谈及在线问卷调查进行数据采集，分析相关数据以求探寻旅游仪式感的相关特征及开发旅游仪式感量表。

寻求仪式感成为旅游体验个性化的重要表现形式，将旅游看作仪式的旅游形式也日益增多，其中以毕业旅行、蜜月旅行、徒步旅行、节庆旅行为典型代表。旅游仪式感由国内学者孙喜林教授进行了阐述，其硕士生王晓丹的毕业论文指出"旅游仪式感包含旅游者将旅游本身作为一种仪式而可能产生的仪式感与旅游者在旅游过程中可能产生的仪式感两个层次"（王晓丹，2015）。

### （三）旅体仪式感的特征

仪式是仪式感的凝结，仪式感是仪式的情感体现。仪式研究中仪式化是仪式研究的重要组成部分，展示了仪式感是如何形成的：像戏剧把日常生活浓缩、形式化放在舞台上观看，仪式是由平时的行为和动作构成，创造出一种结构，并通过建立、重复、提升来循环形成仪式（Barry Stephenson，2015）。

回顾仪式的相关研究文献，整理得到仪式特征，见表 10-1。

表 10-1 仪式的特征归纳

| 仪式特征 | 特征描述 | 相关文献 |
| --- | --- | --- |
| 形式化 | 仪式按照一定的框架和结构完成，通过象征成分和行为动作建立 | Erving Goffman，1967<br>Barry Stephenson，2015 |
| 表演性 | 仪式是一种社会戏剧，群体体验被复制、被肢解、被重塑和赋予意义 | Victor Turner，1982 |

续表

| 仪式特征 | 特征描述 | 相关文献 |
| --- | --- | --- |
| 持续重复 | 仪式是一个持续的、动态的事件，通过重复和加强来确认意义，达到认同 | Eric Hobsbawin & T.O.Ranger，1983 |
| 参与程度 | 仪式的代理、意义、效力都取决于人的参与 | Robbie Davis Floyd，1992 |
| 塑造影响 | 仪式将重现事件与社会割裂，呈现模糊的临界状态，供自己检查、反思、批评，用以保存、传播和保护传统，或运用于实施改变 | Don Handelman，2005<br>Robbie Davis Floyd，1992 |
| 情感释放 | 仪式具有一定的框架和结构，强调过程、实施、感官和唤起，激发情感和情感释放 | Michel Foucault，2005<br>Barry Stephenson，2015 |
| 符号象征 | 人类仪式中的抽象主要来自实践及文化，不同文化背景的相同行为可能存在不同解释 | Roy Rappaport，1999 |

仪式特征是仪式感维度的重要来源，根据上述仪式的有关特征及其概述，得到仪式特征因素的概念模型如图10-1所示，各维度特征的具体含义参见表10-2。

图 10-1　仪式特征维度示意图

表 10-2　仪式特征维度的具体含义表

| 变量名称 | 变量定义 |
| --- | --- |
| 形式性 | 指在旅游过程中，通过一定示范性行为（如食物摆盘、拍照姿势等）来塑造形象、传达情绪情感或表现生活或旅行状态 |
| 沉浸性 | 在旅游情境下，全神贯注于某种境界或思想活动中 |
| 具身性 | 来自心理学的具身认知（Embodied cognition）指生理体验与心理状态之间有着强烈的联系，嵌于旅游体验情境下，相互激活 |
| 过渡性 | 指游客在旅游世界的仪式场中，不同心理角色出现，呈现融合或并存的模糊状态 |

续表

| 变量名称 | 变量定义 |
|---|---|
| 重复性 | 同一游客在相同或不同旅游情境下的某种结构性行为和由此带来的相似精神状态 |
| 唤醒性 | 来自情绪唤醒，指游客个体意识到自己对旅游情境下的刺激产生多种感觉、思想和行为综合的心理和生理状态 |
| 反结构性 | 反结构是对结构的对立和补偿，在反结构的阈限中世俗的级别之分和地位之分消失或被同化，而处于一种不清楚、不清晰的模糊状况 |

## 二、旅游仪式感的维度：质性分析

本研究在旅游仪式感维度归纳与验证阶段纳入质性分析方法，以提高在旅游情境下对旅游仪式感现象的理解程度，辅助提高开发旅游仪式感量表。

### （一）旅游仪式感的质性分析

#### 1. 访谈资料采集

本研究于2018年6月1日起开展一对一访谈，邀请来自上海、辽宁、重庆等不同地区不同年龄和性别的20位受访者：近期（一年内）拥有蜜月旅行、毕业旅行、节庆旅行和徒步旅行经历；年龄在18周岁以上。访谈者基本信息表见表10-3。

表10-3 访谈者基本信息表

| 姓名代码 | 性别 | 年龄组别 | 旅游类型 |
|---|---|---|---|
| CL | 女 | 18—28 | 蜜月 |
| LQL | 女 | 18—28 | 蜜月 |
| SPF | 男 | 28—38 | 蜜月 |
| SYL | 男 | 28—38 | 蜜月 |
| YM | 女 | 18—28 | 蜜月 |
| CX | 男 | 18—28 | 毕业 |
| CBR | 女 | 18—28 | 毕业 |
| LKR | 女 | 18—28 | 毕业 |
| TSN | 女 | 18—28 | 毕业 |
| WBB | 女 | 18—28 | 毕业 |
| CJW | 女 | 18—28 | 节庆 |
| HXY | 女 | 45以上 | 节庆 |
| LJY | 男 | 45以上 | 节庆 |
| TXF | 女 | 18—28 | 节庆 |

续表

| 姓名代码 | 性别 | 年龄组别 | 旅游类型 |
|---|---|---|---|
| ZXM | 女 | 45 以上 | 节庆 |
| JTT | 女 | 18—28 | 徒步 |
| LT | 男 | 18—28 | 徒步 |
| ZJ | 男 | 18—28 | 徒步 |
| ZCW | 男 | 18—28 | 徒步 |
| ZYH | 男 | 18—28 | 徒步 |

**2. 质性分析过程**

依据 Van Maanen（1988）倡导的"现场故事"叙述方法，本次半结构化访谈大纲设计包括：旅行前的准备与设想部分、旅行中的难忘瞬间部分、旅行后的记忆部分及对仪式感的理解与描述。

对所收集到的访谈文字稿通过使用质性分析软件 MAXQDA 对这些回答进行编码，由于那些分享经验的受访者在访谈过程中没有受到特权声音的影响，因此采用模式分析，寻找经常性的主旨然后讨论任何重叠的主题和编码差异，梳理、剔除或保留重复共现语句或关键词句。模式分析模型具有优势（Huberman、Miles，1994；Lincoln、Guba，1985），模式理论认识到现象是多方面的，每一种认识都有助于理解。此外模式通过迭代过程出现，可以进一步完善所得到的维度。在这一过程中，如果达成共识，则记录发现，如果出现分歧，则联系该文献理论与采访背景以完成分析，通过这种方式，建立分析的可信赖性。除了模式分析之外，当描述缺乏反复性时，调查者则对他或她的解释享有剔除或整合的权力。

**（二）旅游仪式感的维度：基于质性编码**

**1. 旅游仪式感的维度：形式性**

仪式的突出特征便是"仪式形式"。Roy Rappaport（1999）将仪式定义为是一种一定程度上按固定顺序，不完全由表演者编码的行为或表达模式。并指出仪式的两个突出要素：固定结构模式和需要表演。这种具有固定模式的表演一般被称为形式，而这一点也成为仪式化研究中的研究重点，被认为是仪式感产生的基本要素。仪式中的象征性行为或成分通过某种形式组合在一起，就会创造出一种意义、内容或情感，我们也称为仪式感，因此，仪式感来自其形式化的实践。另一方面，在实践层面上，当仪式形成时，通常为使其与世俗或生活场景分割开来往往将目标体验复制、肢解、重塑形成一种专有的形式。故而，仪式感要求仪式要素充满形式化，有关文本内容摘要如下：

(1) 脑海里固定的旅游形象

蜜月旅行对一个人真的重要。你可能是要去人生中最浪漫的地方，你想和你最爱的人去分享这个地方。你没去圣托里尼或者埃菲尔铁塔之前，你已经在脑子里有过无数遍那种场景了。我觉得这个是一种仪式感。当你到那了之后就要完成自己在脑子里所有想象的那些情节，我觉得就在于它好像更有点像把整个旅行当成一种仪式一样。（CL，L15—L22）

(2) 固定的旅游活动

我会买当地的冰箱贴，这些冰箱贴可能是吃的也可能是一些标志建筑，然后再拿这些冰箱贴去拍照，拍跟冰箱贴一样的建筑或好吃的。（LKR，L09—L10）

(3) 表现自己的风格

正常的旅行可能就是去一个自己没有去过的地方，但是蜜月旅行是去一个自己想去的地方。（SPF，L5—L6）

(4) 常规的旅游行为程序

我要在某个特定的地点，一定要和我爱人拍照留念。（ZXM，L5）

(5) 扮演一个角色

比如说像我去罗马，或去庞贝古城，你可能就想去复制他们的一些镜头，例如坐在《罗马假日》女主人公坐的台阶上去吃冰激凌。（YM，L28—L30）

(6) 模仿潮流行为

还有一些人，会到自己的偶像去过的一些地方喝东西，或者做一些有仪式感的动作。这种仪式可能就是一种潮流，有一部分人确实觉得可能是一个挺酷的行为，然后可能流行起来了，比如说像抖音上一个什么东西，大家都跟着去用，还有背影签到的旅游照。（CBR，L40—L44）

综上而言，对于旅游仪式感而言，形式化是产生和影响旅游仪式感的突出特征，包含了表演性、范式和美感等一系列内涵。

**2. 旅游仪式感的维度：具身性**

嵌入旅游体验中活动与行为常常伴随着自我心理或思想的改变。这种改变可以来自各种过程，包括学习新技能、拥有触发情感驱动力的新奇体验、暂时改变一个人的社会认同或进入一个新的社交世界、通过沉浸在环境中体验正念和深度处理，或者意识到在自己的生活中学习别人的反思价值。具身性与沉浸性有着非常紧密的联系，因为身体与精神的紧密结合而沉浸，沉浸既是具身的结果，也是具身的表征，所以后文合并具身性和沉浸性在一起进行讨论。

(1) 身体和精神都沉醉其中

整晚都在倾盆大雨，我们躺在帐篷里，到处都是温暖的……我无法相信我已经实现了我的目标：登到顶部。所以我欣喜若狂，但肾上腺素也不是我欣喜若狂的唯一原因，我已经开始面对我的恐惧，我能够做到面对登山一样的身体恐吓，也转移到生活的其余部分。（ZYH，L27—L30）

（2）状态很投入

这些时刻是无价之宝，是独一无二的。对我来说，生命值得为这些特殊的时刻而活。如果我可以将这些时刻放大，那么在我的整个生命中都过着那些时刻，那将是纯粹的幸福。这种体验是存在的、美妙的……（WBB，L74—L76）

（3）会反思自己

我不是以自我为中心，但这次旅行是关于我的。如果你不能与自己相处，你就无法与世界上的人相处得那么好，所以我……这就是我在这里的原因，学会喜欢自己，学会忘记过去的坏事，开始新的篇章。（JTT，L105—L108）

（4）能觉察到自己情绪变化

你正在经历的那一刻，你对自己没有想到的事情如此专注，比如呼吸，你了解你体内的一切，你的脑子在想什么，你都能真正意识到。（LT，L58—L59）

（5）平时活得更真实一些

我很内向，也很敏锐。当我像鱼儿一样享受时，我喜欢它！那种享受不是我日常生活中经常感觉到的东西，这很难解释……（CJW，L88—L90）

（6）一些活动让我可以更加清晰地观察自己

我觉得人是宇宙中最微小的生命，但不知何故，我能够拥有超越感和崇高感，以某种方式扩大你，让你觉得你也扩展到宇宙的浩瀚之中。（JTT，L18—L19）

**3. 旅游仪式感的维度：重复性**

仪式的另一个特征是重复与循环。无论是祭祀、成人仪式还是就职、结婚仪式，是仪式的不断重复让仪式本身具有了价值。仪式通过重复某些价值观和行为规范来延续过去，通过加强来确认意义（Eric Hobsbawin 和 T. O. Ranger，1983）。对于某一次旅游活动当中的仪式感来说，这一仪式感来源的重复次数越多、可重复性越高、重复意愿越强，则该旅游仪式感越强。

（1）常计划下一次旅行

自然景观的这种，我觉得是有一些挑战性的，比如说你会想爬遍三山五岳，对吧？然后或者是想去所有的这种石窟，看不同的石窟，或者说去看不同的佛家的寺庙，一座接一座的，就像很多人爬山会爬越来越高的海拔，一样是有这种仪式感，有一种集卡的感觉。（TXF，L45—L48）

（2）常回忆过去的旅游经历

一般我是上车睡觉那种类型，但是那次我在整个旅途的过程中，包括坐车的整个过程中基本上没有睡觉,因为周边的风景,沿途遇见的所有都是风景,你特别想把它们全部都留下来,后来我也常常想起来。(YM,L95—L98)

(3)想再去一次以前旅游过的某个地方

两年前,我成了一名户外爱好者。从那时起,我真的爱上了这个地方,每次带朋友来或者是自己来都很放松,像自己的一个基地。(ZCW,L07—L08)

仪式感作为一种价值的表达,是一种有效的途径。但与仪式传达意义的目的不同,仪式感往往是一种表达已在某人思想和心中被相信或被重视的东西的方式,即一种个人价值观的表达。仪式感的产生虽然伴随着形式化的元素,但却无法带来完全同样的信息和情感,因此相同形式化元素的重复是游客本人确认自我价值观并表达自我价值观的重要手段。

### 4. 旅游仪式感的维度:唤醒性

仪式强调过程、实施、感官和唤起在场情感,仪式符号的理解介于真实与非真实之间(Barry Stephenson,2015)。因此,在此过程中仪式感的产生与影响取决于参与者,即在旅游中仪式感的产生及对仪式感的影响将来自游客本身的参与。

(1)有似曾相识的亲切感

这个地方可能是从电视剧上经常遇到,然后你去了之后就会有一种情怀的感觉,完成了自己人生中的一个小成就的这种感觉,就是很激动,当时非常的激动,曾经在图片上看到的地方,现在就出现在你的眼前!(TSN,L73—L76)

(2)有共鸣的感觉

比如说我去意大利的时候也是有这种感觉,因为意大利是我一直很喜欢的地方。然后去了意大利的时候,就觉得我想来意大利的憧憬有大概十年,终于实现了。就会有那种感觉,让自己心里更加满足,让感动翻倍。(LKR,L22—L25)

蜜蜂"8"字舞体现出了仪式生物性的主要功能:交流与信息传递(Barry Stephenson,2015)。作为产生、解释和表达的手段与媒介,仪式的理解演化形成了某种交流媒介,旅游仪式感便诞生于体验空间与游客的交流作用过程中,唤醒的情感及意义决定了仪式感的内容。

### 5. 旅游仪式感的维度:过渡性

在仪式中,人的状态通常达到一种心灵身体(embodied mind),即想象其思想与身体之间的关系。最终在仪式中,往往产生塑造和影响的结果,如礼拜与朝圣,是其教徒与其神佛沟通的重要仪式,在此过程中无论男女老少、富豪乞丐均为参拜者,并在此过程中寻找着自己的意义,进而通过仪式完成自我塑造。模糊角色或融合自我的仪式体验产生和谐(Victor Turner,1969),此时,在不同社会与本体状态之间,仪式参与者的地位是模糊的。在仪式感中,则并不强调仪式完成的结果,仪式感更侧重过程中角色模糊所带来的体验。

在旅行当中,游客基于明确的异地场景也往往在旅游世界中主动或被动地产生角色模糊感,此时游客"通过"仪式感找到或定位了自己的新身份,或"不通过"仪式感,保持徘徊,保持身份的剥离感和过渡感。

(1)有时会感觉忘记了身处哪里

我在法国坐塞纳河游船的时候,好多人在岸上或桥上跟你挥手,你根本就不认识他们。你去餐馆,很多外国人他们就会主动把位子让给你,然后跟你说话聊天,非常友好。当时搭了一个本地人的车,司机非常乐观,感觉他特别幸福,由内而外的,让你也能感觉到那种幸福感。(SYL, L59—L62)

(2)有时会有搞不清自己身份的感觉

……非常散漫的那种感觉,走走停停地去到你想去的地方,然后在想去的地方坐一坐,喝杯咖啡,然后照几张相,当地人经常会跟你聊天。这种非常慢的生活。感觉自己置身于一个跟你从小到大完全不一样的世界,但你当时真的有那种融入了他们的生活的那种感觉。(TSN, L68—L72)

(3)有时会感觉时间扭曲了(比实际快或慢,或者停滞了)

有一个网红餐厅是建在悬崖上面的,悬崖还挺高,需要坐电梯,上边的风景特别美。长滩岛有一个活动叫日落风帆,在日落的时候,好多小帆船一起出海,我们就从远处的餐厅上看着,特别美,天空是紫红色,一会儿天就黑了,虽然我们看了很久,但还是觉得时间过得挺快的。(LQL, L51—L55)

**6. 旅游仪式感的维度:反结构性**

仪式感与仪式不同,仪式感来自生活各方面,旅游体验背景及其变化的嵌入对仪式感的感知也可能造成不同。因此,对美的感知能力、对知识的掌握以及个人的感知偏好等各方面都将对仪式感的产生与理解存在重要影响。

将受访者的相关文本部分摘要如下:

出来玩的话会特意每天打扮,然后拍照,毕竟旅游嘛,和平时不一样。(TXF, L17)

其实有很多东西挺好玩,比如戏水项目其实非常好,但是(因为怀孕)我玩不了,我能参与的活动比较少;温泉spa按摩也挺舒适的,但是我也参加不了。所以说最后这也不行那也不行,就吃和逛为主了。其实如果能参加的话还会多一些更好的体验,但是我有点浪费了。(LQL, L37—L41)

平时总是看手机打游戏,现在晚上睡前才会看一下,但也很快就睡着了,这时候就突然觉得手机里没那么多需要看的东西了。(ZJ, L36—L37)

出来玩比平时花销要大很多,平时也不是多节俭,但是出来玩我总是变身买买

买的另一个我（笑）。（LKR，L64—L65）

综上，本研究在对受访者的访谈文字稿内容进行质性分析得到旅游仪式感各维度及其下属分项，如表10-4所示。

表10-4 质性文本内容分析相关摘要

| 维度 | 初始维度分项 | 质性资料 |
|---|---|---|
| 形式性 | 扮演一个角色 | YM, L28—L30; CJW, L72—L75 |
| | 模仿潮流行为 | CBR, L40—L44; LKR, L17—L18; HXY, L39—L41 |
| | 表现自己风格 | SPF, L5—L6; ZCW, L33—L37 |
| | 固定旅游活动 | LKR, L09—L10; ZXM, L58—L59; ZYH, L92 |
| | 常规旅游行为程序 | ZXM, L5; LKR, L18—L19 |
| | 脑海固定的旅游形象 | CL, L15—L22; |
| 具身性 | 状态很投入 | WBB, L74—L76; JTT, L64—L67; LT, L68—L70 |
| | 身体和精神都沉醉其中 | ZYH, L27—L30; CJW, L51—L52 |
| | 会反思自己 | JTT, L105—L108; LT, L65 |
| | 能觉察到自己情绪变化 | LT, L58—L59; |
| | 一些活动让我可以更加清晰地观察自己 | JTT, L18—L19 |
| | 比平时活得更真实一些 | CJW, L88—L90 |
| 过渡性 | 有时会有搞不清自己身份的感觉 | TSN, L68—L72; CJW, L52—L53; CL, L43—L44 |
| | 有时会感觉时间扭曲了（比实际快或慢，或者停滞了） | LQL, L51—L55, ZJ, L38; JTT, L30—L31 |
| | 有时会感觉忘记了身处哪里 | SYL, L59—L62; |
| 重复性 | 常回忆过去的旅游经历 | YM, L95—L98; LKR, L40—L43; LJY, L22—L23 |
| | 常计划下一次旅行 | TXF, L45—L48; |
| | 想再去一次以前旅游过的某个地方 | ZCW, L07—L08; LT, L70; YM, L84—L85 |
| 唤醒性 | 有似曾相识的亲切感 | TSN, L73—L76; |
| | 有共鸣的感觉 | LKR, L22—L25; CL, L50—L54; ZCW, L19—L20 |
| 背景维度（反结构性） | 旅游时，衣食住行与时间、地点、行为等各方面的差异 | TXF, L17; LQL, L37—L41; ZJ, L36—L37; LKR, L64—L65…… |

## 三、旅游仪式感量表开发：数量分析

### （一）量表编制

**1. 概念模型**

综合仪式研究相关文献，得到仪式特征主要包括：表演性、形式化、符号特征、持续重复、情感释放、塑造影响与参与程度。结合质性研究分析结果，可知在旅游体验的情境下：仪式符号特征反映在游客（受访者）个人上展现出其主观真实性与个体间的差异性，显示出心理状态与生理体验间的联系，从而具有具身性；在情感释放与参与程度的作用下，游客（受访者）更体现出其关键时刻或事件的唤醒性；在塑造影响方面呈现出一种多角色融合的过渡性；而仪式的表演性、重复性在文本中仍为突出的相对独立主题；此外，仪式的形式化在旅游体验情境下则表现出独立参差的反结构特征。

因此，结合二者，初始旅游仪式感维度最终呈现为：形式性、重复性、具身性、唤醒性、过渡性与反结构性，共六个维度（见图10-2）。此六个维度在旅游仪式感时刻相互影响，并延续留存成为游客（受访者）自我价值观或信仰的一部分，成为更新自我精神世界的一种途径，以凝聚能量产生下一次仪式感。

在旅游仪式感初始维度的基础上，本研究设计初始旅游仪式感量表并制定在线问卷（A卷），以检验初始旅游仪式感模型。

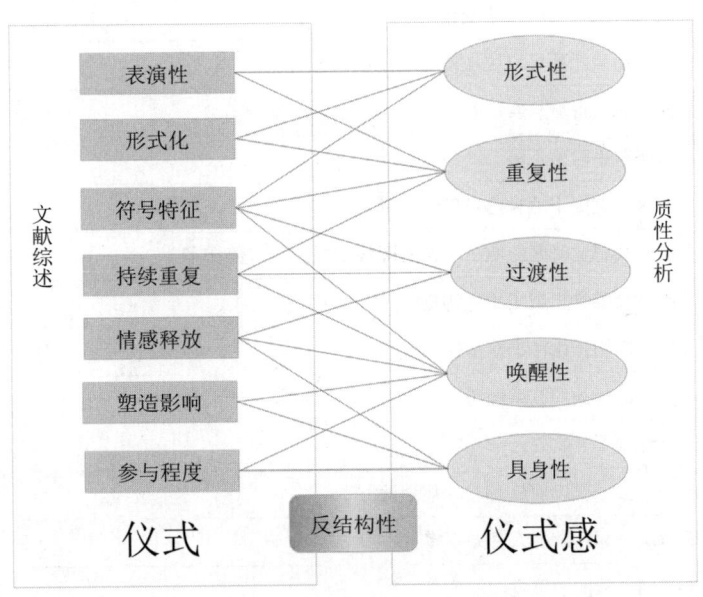

图 10-2　仪式特征与旅游仪式感维度示意图

**2. 题项编制**

基于量表开发理论和文献梳理与质性研究的结论，本文构建了旅游仪式感模型。本文以旅游仪式感为研究载体，开发与其对应的量表，探讨旅游仪式感的测量及其相关外延。量表开发主要借鉴 Robert F. DeVellis（2017）的研究成果明确量表结构、开发测量指标，并依托文献梳理及质性研究对测量题项做出相应的调整，以此完成整个量表的设计（见表10-5）。

表 10-5 本研究开发的初始测量量表概况

| 初始维度 | 初始维度分项 |
| --- | --- |
| 形式性 | 扮演一个角色 |
| | 模仿潮流行为 |
| | 表现自己风格 |
| | 固定旅游活动（如发布定位） |
| | 常规旅游行为程序（如上菜先拍照） |
| | 脑海固定的旅游形象（如大海） |
| 具身性 | 状态很投入 |
| | 身体和精神都沉醉其中 |
| | 身体、精神都非常疲劳 |
| | 会反思自己 |
| | 能觉察到自己的情绪变化 |
| | 一些活动让我可以更加清晰地观察自己 |
| | 比平时活得更真实一些 |
| 过渡性 | 状态跟平时差不多 |
| | 有时会有搞不清自己身份的感觉 |
| | 有时会感觉时间扭曲了（比实际快或慢，或者停滞了） |
| | 有时会感觉忘记了身处哪里 |
| 重复性 | 固定周期开始考虑旅游的问题 |
| | 常回忆过去的旅游经历 |
| | 常计划下一次旅行 |
| | 想再去一次以前旅游过的某个地方 |
| | 每次一起旅游的人都差不多 |
| 唤醒性 | 找回了从前的感觉 |
| | 有似曾相识的亲切感 |
| | 有共鸣的感觉 |
| | 以前的记忆鲜活了起来 |
| 反结构性 | 旅游时，衣食住行与时间、地点、行为等各方面的差异 |

## （二）量表前测

为了验证量表的可靠性和有效性，对量表进行了前测（A 卷），调查时间为 2018 年 6 月 10 日至 2018 年 6 月 20 日，调查共回收问卷 212 份，剔除无效问卷 9 份，有效问卷数量为 203 份，回收有效问卷率为 95.75%。

### 1. 前测数据的信度检验

信度检验可以通过一些测量指标来进行判断，包括项目总体相关系数 CITC 和 Cronbach's α 系数。项目总体相关系数主要用来评估测量变量对潜在变量的因素负荷量（Factor Loading），依据 Hair（1992）的参考意见，其值应大于 0.5。Cronbach's α 系数是目前实证研究中使用最为广泛的信度检验指标，为保证良好的信度水平，其值一般要求在 0.7 以上，并且 Cronbach's α 系数越高，表示其测量指标就越能测度潜在构面。

信度分析结果显示：初始量表信度检验，总体 Cronbach's α 值为 0.864。依据各变量具体测量指标题项删除后 Cronbach's α 系数的改变状况，可知"信任倾向"变量的指标题项 RCT03 删掉后，内部一致性 Cronbach's α 系数具有显著的变化，从原来的 0.808 变为 0.823。综合上述分析结果可见，各测量指标题项的 CITC 皆大于 0.5，各变量的 Cronbach's α 系数值在 [0.707, 0.917] 范围内，量表总体 Cronbach's α 为 0.858，大于 0.7，这说明测量量表的信度水平很好，具有较高的可靠性，满足作为测量工具使用的信度条件。7 个潜在变量的信度分析结果如表 10-6 所示。

表 10-6　量表前测的信度分析结果：春节仪式感（6 维度）

| 量表 | 维度 | 指标 | 删除项后的 Alpha | Alpha |
|---|---|---|---|---|
| 春节仪式感 | D1 | R01 过春节时，觉得自己好像在扮演一个角色 | 0.514 | 0.465 |
| | D2 | R11 每年一起过年的人都差不多 | 0.790 | 0.717 |
| | D3 | R14 过春节时，我身体、精神都非常疲劳 | 0.828 | 0.820 |
| | D4 | R19 过春节时，我的状态跟平时差不多 | 0.706 | 0.535 |
| 旅游仪式感 | D2 | R11 每次一起旅游的人都差不多 | 0.759 | 0.753 |
| | D3 | R14 旅游时，我身体、精神都非常疲劳 | 0.757 | 0.719 |
| | D4 | R19 旅游时，我的状态跟平时差不多 | 0.758 | 0.508 |
| | D5 | R27 旅游时很多安排是为了留下美好的回忆 | 0.873 | 0.853 |

由表 10-6 可见，春节仪式感量表剔除 R01、R11、R14、R19——剔除以后，alpha 值可以提升；春节仪式感量表剔除 R11、R14、R19、R27——剔除以后，alpha 值可以提升，所以前测分析的结果是删除 R01、R11、R14、R19、R27（5 个题项），余下 31 个题项。

### 2. 前测数据的效度检验

一般在结构方程模型中，收敛效度是指测量同一潜在变量的指标会落在一个因素构面上，且指标所呈现的测量值之间具有高度的相关性。良好收敛效度的判定标准为标准化因子负荷超过 0.5，且 P 值显著；组合信度（composite reliability，CR）大于 0.6；平均变异抽取量（average variance extracted，AVE）大于 0.5，且 AVE 值越大，观测变量对潜变量的解释程度越高（吴明隆，2014）。区别效度是指不同潜在变量的观察指标会落在不同因素上,即一个构面所代表的潜在变量与其他构面所代表的潜在变量间低度相关或有显著的差异存在。区别效度的判定条件是潜在变量平均变异量抽取值的平方根大于其与其他潜在变量的相关系数。

量表的效度水平可以通过模型的拟合系数与标准化因子负荷值共同判断,研究者首先判断模型是否符合拟合要求,然后观察标准化因子负荷值是否满足可接受标准,并最终确定量表的效度,一般认为标准化因子负荷系数大于0.7说明量表具有较高效度,标准化因子负荷系数大于0.5是可接受的底线。侯杰泰(2006)等人认为当测量指标偏少时,验证性因子分析虽然能够辨识模型,但一些拟合指标值由于指标数量的原因可能无法计算和显示。因此在此种情况下,研究者可以在已显示拟合指标满足的基础上,进一步观察每一个测量指标的标准化因子负荷系数大小是否满足设定标准,以继续进行效度评估。

(1)第一轮探索性因子分析:31题项

计划的6维度36题项提出信度分析删除的5个题项,对余下的31题项做探索性因子分析(Exploratory Factor Analysis),提取出8个因子,原计划的维度六(反结构性)相对比较混乱——可见旅游中这些题项有变化,但是会因情境而异,不适合作为一个独立的维度,删除维度六下面的R28-R36(9个题项),余下五个维度22个题项,进行第2轮探索性因子分析。

(2)第二轮探索性因子分析:22题选项

剔除第二轮因子分析结果、因子负载较低的R02、R03、R06、R07、R09、R18、R23、R24合计8个题项,余下14个题项。剔除以后,根据因子负载排序,原来的维度划分需要做出一些调整。

(3)第三轮探索性因子分析:14题选项

如表10-7所示,基本确定了最终的量表题项和维度划分(维度划分跟最初的设计有一些调整),对这14个题项重新做信度分析、效度分析。

表10-7 第三轮因子分析结果:14题项

| | 因子1 | 因子2 | 因子3 | 因子4 | 因子5 |
|---|---|---|---|---|---|
| R12 | | 0.97 | | | |
| R13 | | 0.67 | | | |
| R15 | | | | 0.31 | 0.51 |
| R16 | | | | | 0.64 |
| R17 | 0.42 | | | | 0.54 |
| R20 | | | 0.49 | | |

续表

|     | 因子1 | 因子2 | 因子3 | 因子4 | 因子5 |
| --- | --- | --- | --- | --- | --- |
| R21 |     |     | 0.84 |     |     |
| R22 |     |     | 0.66 |     |     |
| R04 |     |     |     | 0.59 |     |
| R05 |     |     |     | 0.75 |     |
| R08 | 0.43 |     |     | 0.31 |     |
| R10 | 0.41 |     |     |     | 0.32 |
| R25 | 0.74 |     |     |     |     |
| R26 | 0.72 |     |     |     |     |

### 3. 前测后的旅游仪式感量表

基于初始旅游仪式感量表，本文设计了旅游仪式感问卷（A卷）。并在线收集问卷数据，进行数量分析并将分析研究成果与初始量表进行对比，做出相应的调整，对旅游仪式感各维度及其分项进行提纯与重置：剔除转移形式性维度4条分项；分解部分具身性条目增加沉浸性维度；剔除1条过渡性维度分项；合并重复性与唤醒性维度，最终形成包含5个维度（形式性、沉浸性、具身性、过渡性、唤醒性或重复性）和14个分项的旅游仪式感量表（基础版）。

基于此设计问卷（B卷），经在线收集与数据分析，二次确认旅游仪式感基本维度与附加独立维度及其分项，最终形成包含五个维度的旅游仪式感量表（基础版）。信度分析结果见表10-8。

表10-8 信度分析结果

| 维度 | | 指标数 | Cronbach's α |
| --- | --- | --- | --- |
| 形式 | R04 旅游时，我有一些固定的活动 | 2 | 0.701 |
| | R05 旅游时，我有一些常规程序 | | |
| 沉浸 | R12 旅游时，我的状态很投入 | 2 | 0.843 |
| | R13 旅游时，我的身体和精神都沉醉其中 | | |
| 具身 | R15 旅游时，我会反思自己 | 3 | 0.698 |
| | R16 旅游时，我能觉察到自己的情绪变化 | | |
| | R17 旅游时，我可以更加清晰地观察自己 | | |
| 过渡 | R20 旅游时，有时会有搞不清自己身份的感觉 | 3 | 0.758 |
| | R21 旅游时，有时会感觉时间扭曲了 | | |
| | R22 旅游时，有时会感觉忘记了身处哪里 | | |

续表

| 维度 | | 指标数 | Cronbach's α |
|---|---|---|---|
| 唤醒 | R08 我常回忆过去的旅游经历 | 4 | 0.769 |
| | R10 我想再去一次以前旅游过的某个地方 | | |
| | R25 旅游时，我有共鸣的感觉 | | |
| | R26 旅游时，我以前的记忆鲜活了起来 | | |

### （三）量表质量分析

#### 1. 正式调研

本研究的调研问卷的发放时间为 2018 年 7 月 20 日至 2018 年 8 月 20 日，通过在线问卷调查的方法来收集数据，采集记录 452 份，回收有效问卷 449 份，有效率为 99.3%。从表 10-9 可以看出，在性别构成方面，受访者中女性顾客占到了 69.0%，远远高于男性顾客（31.0%）；在婚姻状况方面，已婚的占 27.8%，未婚的占 72.2%；在受教育程度方面，本科及大专学历的顾客占比最多（60.8%），研究生学历（29.6%），高中及以下学历（9.6%）；从年龄分布情况来看，被调查者中最年轻的 15 岁、最长者 58 岁，平均年龄 26.8 岁，主要集中在 20—30 岁之间，其中 21—24 岁占到受访者总数的 39.4%，25—29 岁占 36.3%；30 岁以上的受访顾客占 16.3%，20 岁以下占 8.0%。

表 10-9 样本概况

| 变量 | 类别 | 频数 | 百分比 |
|---|---|---|---|
| 性别 | 男 | 139 | 31.0% |
| | 女 | 310 | 69.0% |
| 婚姻状况 | 未婚 | 324 | 72.2% |
| | 已婚 | 125 | 27.8% |
| 受教育程度 | 高中或以下 | 43 | 9.6% |
| | 大专 | 55 | 12.2% |
| | 本科 | 218 | 48.6% |
| | 硕士及以上 | 133 | 29.6% |
| 年龄 | 20 以下 | 36 | 8.0% |
| | 20—24 | 177 | 39.4% |
| | 25—29 | 163 | 36.3% |
| | 30 以上 | 73 | 16.3% |
| 总计 | | 449 | 100.0% |

如表 10-10 所示，大多数受访者在旅游组织形式上都选择了自助游（77.1%），远高于其他两种形式（团队游 12.9%；半自助半团队 10.0%）；在旅游同伴的选择方面，同学出行（34.3%）与家人出游（21.8%）占到半数以上，其次是情侣出行（20.7%），自己出行的占 15.1%，夫妇出行的占 8.0%，；在旅游类型方面，其他充满仪式感的旅行占到了一半（49.2%），其次是节庆旅行（24.5%）和毕业旅行（18.3%），蜜月旅行占 8.0%。

表 10-10　旅游特征表

| 变量 | 类别 | 频数 | 百分比 |
| --- | --- | --- | --- |
| 组织形式 | 团队游 | 58 | 12.9 |
|  | 半自助团队游 | 45 | 10.0 |
|  | 自助游 | 346 | 77.1 |
| 旅游同伴 | 自己 | 68 | 15.1 |
|  | 情侣 | 93 | 20.7 |
|  | 夫妻二人 | 36 | 8.0 |
|  | 家人 | 98 | 21.8 |
|  | 同学 | 154 | 34.3 |
| 旅游类型 | 蜜月旅行 | 36 | 8.0 |
|  | 毕业旅行 | 82 | 18.3 |
|  | 节庆旅行 | 110 | 24.5 |
|  | 其他充满仪式感的旅行 | 221 | 49.2 |
| 总计 |  | 449 | 100.0% |

**2. 量表信度分析**

使用 R 3.5 软件对量表进行可靠性检验（见表 10-11）：各维度的 Cronbach's α 系数均在 0.7 以上，表明量表各维度的一致性良好。

表 10-11　信度分析结果

| 量表 | 维度 | 指标数 | Cronbach's α |
| --- | --- | --- | --- |
| 旅游仪式感量表 | 形式 | 2 | 0.786 |
|  | 沉浸 | 2 | 0.835 |
|  | 具身 | 3 | 0.801 |
|  | 过渡 | 3 | 0.800 |
|  | 唤醒 | 4 | 0.807 |

### 3. 量表效度分析

效度是指量表测量它所测量内容的能力，本文采用基于 R 软件的 lavaan 0.6-2 拓展功能包（http://lavaan.ugent.be）对数据进行处理，并进行验证性因子分析（confirmatory factor analysis）来检验量表的效度。

如表 10-12 所示，旅游仪式感量表各个测量模型的适配度指标均达到模型适配标准或临界值，表示测量模型与样本数据可以契合，显示出各个构面的收敛效度佳，各测量模型都比较理想，可以接受。

表 10-12　测量模型的适配度指标结果：旅游仪式感量表

| 测量模型　　适配度指标 | SRMR | RMSEA | TLI | CFI | 模型适配判断 |
| --- | --- | --- | --- | --- | --- |
| 旅游仪式感量表五维度测量模型 | 0.039 | 0.022 | 0.945 | 0.959 | 是 |
| 临界值 | < 0.05 | < 0.05 | > 0.90 | > 0.90 | |

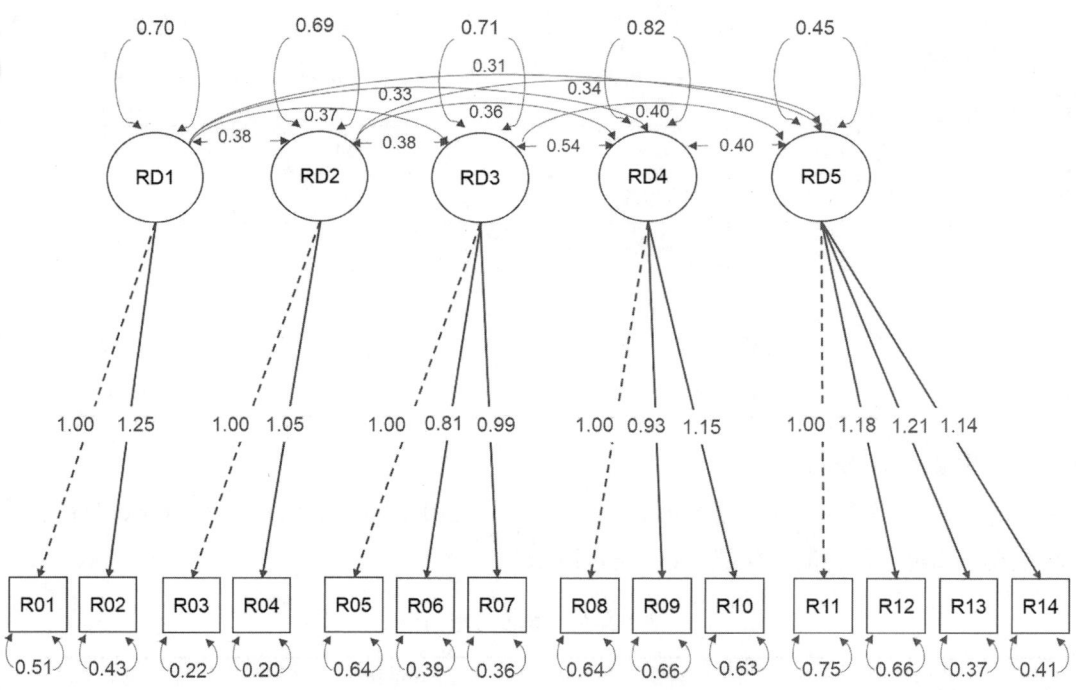

图 10-3　验证性因子分析模型图

各潜在变量测量模型的验证性因子分析结果显示（参见表 10-2 和图 10-3）：模型的 TLI（Tucker-Lewis Index）、CPI（Comparative Fit Index）均大于 0.9，SRMR 和 RMSEA 均小于 0.05，说明模型的拟合优度良好；各测量指标在其潜在变量上的标准化因子负荷值在区间 [0.809, 1.209] 内，均符合标准化因子负荷值大于 0.7 的优良标准；

由标准化因子负荷值的显著性可知测量指标的回归系数都是显著的。以上结果说明测量模型具有较好的收敛效度。

**4. 旅游仪式感水平**

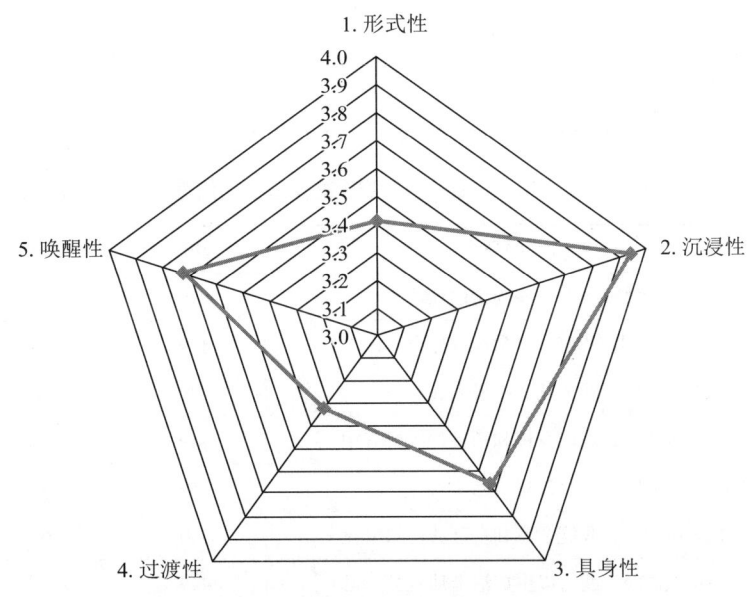

图 10-4　旅游仪式感的五维度雷达图

通过对旅游仪式感的五个维度（如图 10-4 所示）进行评价（李克特五点量表），得出以下结果：

①在五个旅游仪式感维度中，根据表 10-13 所示，平均值均大于 3 且均位于区间 [3.32-3.94]。其中，受访者对沉浸性维度评价均值最高（3.94），唤醒性（3.73）和具身性（3.66）维度紧跟其后，形式性（3.41）与过渡性（3.32）维度最低。分属五个维度的 14 个题项的描述性统计分析结果见表 10-14。

②表 10-13 显示，五个维度的评价数据的标准差皆在 1.0 附近，表明受访者对这几种维度的评价集中程度较高。受访者对形式性和过渡性维度的频数几乎呈现正态分布，对沉浸性、具身性和唤醒性的频数分布情况基本符合左偏分布的特点，受访者的评价集中趋势偏向数值大的一侧，说明更多的受访者对沉浸性、唤醒性和具身性维度回应更强烈。

表 10-13　旅游仪式感的五个维度均值表

| 维度 | 频数 | 平均值 | 标准差 |
| --- | --- | --- | --- |
| RD1 形式性 | 449 | 3.41 | 1.067 |
| RD2 沉浸性 | 449 | 3.94 | 0.852 |

续表

| 维度 | 频数 | 平均值 | 标准差 |
|---|---|---|---|
| RD3 具身性 | 449 | 3.66 | 0.869 |
| RD4 过渡性 | 449 | 3.32 | 1.030 |
| RD5 唤醒性 | 449 | 3.73 | 0.847 |
| RT 旅游仪式感 | 449 | 3.61 | 0.714 |

表 10-14　旅游仪式感量表题项均值表

| 维度 | 题项 | 频数 | 平均值 | 标准差 |
|---|---|---|---|---|
| RD1 形式性 | R01 旅游时，我有一些固定的活动 | 449 | 3.49 | 1.106 |
| | R02 旅游时，我有一些常规程序 | 449 | 3.33 | 1.240 |
| RD2 沉浸性 | R03 旅游时，我的状态很投入 | 449 | 3.94 | 0.906 |
| | R04 旅游时，我的身体和精神都沉醉其中 | 449 | 3.93 | 0.933 |
| RD3 具身性 | R05 旅游时，我会反思自己 | 449 | 3.44 | 1.122 |
| | R06 旅游时，我能觉察到自己的情绪变化 | 449 | 3.89 | 0.934 |
| | R07 旅游时，我可以更加清晰地观察自己 | 449 | 3.65 | 1.019 |
| RD4 过渡性 | R08 旅游时，有时会有搞不清自己身份的感觉 | 449 | 3.18 | 1.212 |
| | R09 旅游时，有时会感觉时间扭曲了 | 449 | 3.58 | 1.178 |
| | R10 旅游时，有时会感觉忘记了身处哪里 | 449 | 3.21 | 1.264 |
| RD5 唤醒性 | R11 我常回忆过去的旅游经历 | 449 | 3.57 | 1.098 |
| | R12 我想再去一次以前旅游过的某个地方 | 449 | 3.77 | 1.140 |
| | R13 旅游时，我有共鸣的感觉 | 449 | 3.72 | 1.017 |
| | R14 旅游时，我以前的记忆鲜活了起来 | 449 | 3.85 | 0.997 |

## 四、旅游仪式感

### （一）仪式感：日常生活与旅游世界的比较

由表 10-15 可知，旅游与春节相比，在"形式性"方面存在显著差异（t=-10.102，p=0.000），旅游中形式性维度得分更高（4.22）；在"沉浸性"方面存在显著差异（t=5.250，p=0.000），旅游在沉浸性维度分值更高（3.92）；在"具身性"方面存在显著差异（t=4.106，p=0.000），旅游在具身性维度分值更高（3.46）；在"过渡性"方面存在显著差异（t=2.296，p=0.024），旅游在过渡性维度分值更高（3.21）；在"唤醒性"方面存在显著差异（t=2.847，p=0.005），旅游在唤醒性维度分值更高（3.66）。

表 10-15　仪式感量表各维度比较：旅游与春节

| 维度 | 旅游 | 春节 | 均值差 | T | 显著水平 |
|---|---|---|---|---|---|
| 1. 形式性 | 4.22 | 2.92 | -1.30 | -10.102 | 0.000 |
| 2. 沉浸性 | 3.92 | 3.31 | 0.61 | 5.250 | 0.000 |
| 3. 具身性 | 3.46 | 3.05 | 0.42 | 4.106 | 0.000 |
| 4. 过渡性 | 3.21 | 3.01 | 0.20 | 2.296 | 0.024 |
| 5. 唤醒性 | 3.66 | 3.37 | 0.29 | 2.847 | 0.005 |
| 仪式感 | 3.43 | 3.39 | 0.04 | 0.588 | 0.558 |

如表 10-16 所示，旅游与春节相比，在仪式感的 10 个题项存在显著差异。形式性维度的两条题项，春节的平均值均高于旅游（4.29、4.15）；其他存在项目差异的题项，旅游平均值高于春节。与生活仪式感相比，旅游仪式感在旅游情境下更随性，仪式本身的形式相对弱化，仪式的情感层次更为凸显。

表 10-16　仪式感量表各题项目比较：旅游与春节

| 维度分项 | 旅游 | 春节 | 均值差 | T | 显著水平 |
|---|---|---|---|---|---|
| 01 我有一些固定的活动 | 2.99 | 4.29 | -1.30 | -9.129 | 0.000 |
| 02 我有一些常规程序 | 2.85 | 4.15 | -1.30 | -8.323 | 0.000 |
| 03 我很投入 | 3.88 | 3.44 | 0.43 | 3.470 | 0.001 |
| 04 我身体和精神都沉醉其中 | 3.95 | 3.17 | 0.78 | 6.450 | 0.000 |
| 05 我会反思自己 | 3.2 | 2.85 | 0.35 | 2.700 | 0.008 |
| 06 我能觉察到自己的情绪变化 | 3.66 | 3.37 | 0.29 | 2.440 | 0.016 |
| 07 我可以更加清晰地观察自己 | 3.53 | 2.92 | 0.6 | 4.730 | 0.000 |
| 08 有时会有搞不清自己身份的感觉 | 2.96 | 2.86 | 0.10 | 0.939 | 0.350 |
| 09 有时会感觉时间扭曲了 | 3.47 | 3.58 | -0.10 | -0.812 | 0.419 |
| 10 有时会感觉忘记身处哪里 | 3.19 | 2.59 | 0.59 | 4.933 | 0.000 |
| 11 我常回忆过去的经历 | 3.55 | 3.7 | -0.15 | -1.122 | 0.265 |
| 12 我想再去一次以前旅游过的地方 | 3.71 | 3.48 | 0.23 | 1.515 | 0.133 |
| 13 我有共鸣的感觉 | 3.63 | 3.13 | 0.50 | 3.842 | 0.000 |
| 14 我以前的记忆鲜活了起来 | 3.75 | 3.18 | 0.57 | 4.426 | 0.000 |

### （二）旅游仪式感：四种旅游形式的比较

由表 10-17 可知，不同旅游类型在旅游仪式感方面没有显著差异。

表 10-17 旅游仪式感的分组比较：单因素方差分析（旅游类型）

| 旅游仪式感 | 旅游类型 | 个案数 | 平均值 | F | 显著性 |
|---|---|---|---|---|---|
| 1. 形式性 | 蜜月旅行 | 36 | 3.60 | 0.997 | 0.394 |
| | 毕业旅行 | 82 | 3.38 | | |
| | 节庆旅行 | 110 | 3.50 | | |
| | 其他充满仪式感的旅行 | 221 | 3.34 | | |
| 2. 沉浸性 | 蜜月旅行 | 36 | 3.96 | 0.069 | 0.977 |
| | 毕业旅行 | 82 | 3.95 | | |
| | 节庆旅行 | 110 | 3.96 | | |
| | 其他充满仪式感的旅行 | 221 | 3.92 | | |
| 3. 具身性 | 蜜月旅行 | 36 | 3.56 | 0.215 | 0.886 |
| | 毕业旅行 | 82 | 3.68 | | |
| | 节庆旅行 | 110 | 3.68 | | |
| | 其他充满仪式感的旅行 | 221 | 3.66 | | |
| 4. 过渡性 | 蜜月旅行 | 36 | 3.37 | 0.318 | 0.812 |
| | 毕业旅行 | 82 | 3.35 | | |
| | 节庆旅行 | 110 | 3.24 | | |
| | 其他充满仪式感的旅行 | 221 | 3.35 | | |
| 5. 唤醒性 | 蜜月旅行 | 36 | 3.81 | 0.769 | 0.512 |
| | 毕业旅行 | 82 | 3.83 | | |
| | 节庆旅行 | 110 | 3.66 | | |
| | 其他充满仪式感的旅行 | 221 | 3.71 | | |
| 旅游仪式感 | 蜜月旅行 | 36 | 3.66 | 0.129 | 0.943 |
| | 毕业旅行 | 82 | 3.64 | | |
| | 节庆旅行 | 110 | 3.61 | | |
| | 其他充满仪式感的旅行 | 221 | 3.59 | | |

# 第十一章 文化旅游产品仪式化研究

## 一、绪论

随着人们生活水平的提高,人们不再简单地满足于物质上的富足,开始注重精神层面上的享受,旅游和旅游产业在这个背景下迎来了大发展,旅游在类型上从走马观花式的浅层旅游走向深度旅游,而作为深度旅游中非常重要的文化旅游凸显出来。习近平总书记在2014年3月的巴黎联合国教科文组织总部发表演讲时指出"没有文明的继承和发展,没有文化的弘扬和繁荣,就没有中国梦的实现"。文化旅游有文化传承弘扬的属性,在多重因素助推下,文化旅游将迎来大发展契机。世界旅游组织预测,21世纪内原来市场份额较大的自然风光旅游产品增长率呈下降趋势,而文化旅游产品则表现出强劲的发展势头。

文化旅游的核心是文化旅游产品,文化旅游产品的合理开发和利用就变得越发重要,探索文化旅游产品开发的理论自然就提上了议事日程。仪式类文化旅游产品是极具开发潜力的,探索其中规律,形成理论,这个任务摆在了旅游学人面前。本文从现象学视角对仪式类文化旅游产品的开发理论进行了探讨。

## 二、文献综述

### (一)文化旅游产品

#### 1. 文化旅游

笔者对国内外学者对文化旅游的研究进行了文献整理。西方的旅游发展经历了贵族旅游、中产阶级旅游以及大众旅游阶段。中国没有经过前两个阶段直接进入了大众旅游阶段,中国的旅游产业已成为中国经济发展的重要支撑。旅游包含着不同文化的理解、体验、学习,可以用"吃、住、行、游、购、娱、体、习"这八个字来概括现代旅游的主要内容。随着旅游产业的兴起和发展,越来越多的学者越来越关注"文化"概念,了解文化、体验文化、接受文化,研究文化旅游的发展规律。德国学者扬·阿斯曼提出"文化记忆"的概念,他认为一个群体的认同性和独特性的意识就是依靠每个社会和每个时代所特有的重新使用的全部文字材料、图片和礼仪仪式的综合。李丹丹(2016)认为文化旅游产业是传统旅游产业的创新性发展，包含文化产业和旅游产业两个维度。马晓冬、翟仁祥（2001）将旅游文化资源分为文化景观、文化风情和文化艺术/表演艺术。倪晓悦（2018）提到对于旅游者而言，文化旅游的目的地就是文化吸引物所在地。针对文化+旅游，不同的学者对文化旅游的界定不同，其大致分为两类，一类学者将文化旅游定义为旅游的一种类型，马波（1999）在对旅游文化和文化旅游进行区分时，认为文化旅游是旅游的一种类型；于岚（2000）认为文化旅游是民俗旅游。还有一类学者认为文化旅游是一种旅游产品，蒙吉军、崔凤军（2001）认为文化旅游是为旅游者提供以体验为目的、文化为内容的旅游产品；方忠、张华荣（2018）在对文化和旅游的关系探讨中，提出文化体现了旅游的内涵属性，而旅游则是文化产品的重要载体和价值实现的方式。

### 2. 文化旅游产品

旅游产品是旅游学中的基本概念。张行发（2019）认为文化内涵是旅游产品最核心的内容，可通过当地的历史遗迹、民风民俗和文化氛围等展现出旅游产品所要体现的文化脉络。马晓京（2002）指出，消费者在进行文化旅游产品消费的同时也在接受一种文化观念。王明霞、邓婷（2013）在体验视角下对文化旅游产品进行研究时指出，文化旅游产品应体现出文化性和原真性的内涵，并表现出差异性和独特性的特质。章洁（2015）认为文化旅游产品是以文化资源为支撑，以满足旅游者获取文化印象、增智为目的的旅游产品。孙喜林等人（2010）在本真性理论的基础上，将文化旅游产品划分为客观本真文化旅游产品、建构本真文化旅游产品、后现代本真旅游产品。客观本真文化旅游产品，是在旅游对象物开发成旅游产品之前已具有其本真性，通常以物理实物状态存在，旅游产品的打造不改变实物，在完全保护的前提下进行开发。建构本真文化旅游产品被认为是依附于特定社会及文化而被开发出来的旅游产品，后现代本真旅游产品则是旅游者凭空创造出的完全"虚假"的旅游产品。杨祎和梁修存（2015）认为文化旅游产品是以地方文化资源为内涵的旅游产品，不同区域不同的生产生活方式导致的文化异化性使得地方文化成为旅游资源。并提出了五类文化旅游产品，即文化遗址遗迹类旅游产品、文化历史建筑群旅游产品、文化景观遗产类旅游产品、文化主题公园类旅游产品和文化演艺类旅游产品。不难看出，文化作为文化旅游产品的资源依托，以文化旅游产品形式推出，才能被人们更好地感受和消费。梳理文化旅游产品研究发现，孙喜林基于本真理论的产品分类观点对文化旅游产品开发有一定指导意义。

### 3. 文化旅游产品开发

王宁（2007）通过研究发现，一些文化旅游产业随着商业化而渐渐走向没落，纯而又纯的文化已经鲜有，游客会视当时的情况对自己体验的真实性进行判断。马晓京（2002）认为民俗旅游文化的真实性并不等于文化的原生性。陈素华等（2009）以黔东南郎德苗寨民歌舞传承为例，用郎德上寨文化遗产保护的成功经验来阐释一个具有特色文化的民族村寨是如何以民俗风情接待游客的方式来实践日趋衰微的民族文化的抢救、保护和传承的。焦世泰（2013）在对西部少数民族文化旅游演艺产品的研究中发现，随着少数民族地区城镇化和现代化的快速发展，在现实生活中已经难以寻觅原生态的民族文化。王明霞（2013）认为，虽然文化旅游产品开发存在许多模式，但归根结底可以分为三大类，即以资源为导向、以市场为导向和以体验为导向。戴士权（2018）通过对满族体验型旅游产品开发的研究指出，打造一个体验型的旅游平台，而不是简单的对文化资源的复制，可以使游客更好地体验满族的风情与文化内涵，进而使满族的传统文化得到修复和传承。张行发（2019）提出在文化旅游产品的开发中要让游客清晰明确地体验和感受到旅游产品的文化主题，突出最具代表性的文化元素和最鲜明的地域文化特色。并针对文化旅游产品在开发过程中出现的问题，给予一些建议：即在开发文化旅游产品时应满足突出重点原则、特色性和创新性原则、参与性和体验行原则、保护性和开发性并重原则。因此，纵观国内学者的相关研究成果，不难发现关于文化旅旅产品开发的研究目前已取得很大的进展，研究内容具备一定的广度和深度，文化旅游产品作为旅游产品其中的重要组成部分，其主要特点就是突出"文化"二字。很多学者也通过实地考察以及案例研究的方式给予文化旅游产品开发的策略和意见。这些研究基本都是对事实层面的归纳、总结，有观点，无概念，无理论，仪式化理论的提出论证将添上精彩一笔。

### （二）仪式理论

#### 1. 人类学仪式理论

人类学最早研究仪式并形成理论。早期的人类学家在研究仪式时，认为仪式与宗教相关联。关于仪式的研究主要集中在社会功能这一块，很多的西方学者将仪式视为一种文化社会活动。约翰·费斯克（2004）指出仪式是组织化的象征活动与典礼活动，用以界定和表现特殊的时刻、事件或变化所包含的社会与文化意味。洛蕾利斯·辛格霍夫（2009）认为在人类生活中，借助仪式，人们能够克服社会存在的差异，建构社会秩序和共同的归属感。仪式使人们有可能在共同的行动中邂逅、相知并相互融合。也就说，早期对仪式的研究认为仪式能够在一定程度上维持和塑造社会结构。法国社会学家涂尔干在《宗教生活的基本形式》中对原始宗教仪式进行了详细的解说，并认为宗教的基本构成之一就是仪式，而仪式又与信仰密切相关，仪式属于信仰的物质形式和行为模式，信仰则属于主张和见解。信仰是对自然、社会与个体存在的信念假设，仪式则是表达并实践这些信念的行动。他还提出了关于仪式的社会化结构功能：仪式具有集体性，所以它能够将个体凝聚在一起，并激发参与者的情感表达和心理宣泄，使之产生深刻的集体感受，强化族群信仰和文化记忆；仪式还具有将神圣事物与凡俗事物分离开来的特点，当人们从平淡的世俗世界进入神圣世界时，会感到一种脱离生活的兴奋与平静，享受神圣的时光，净化心灵，再回到世俗世界的时候，会达到一种更新状态——再生。维克多·特纳认为："仪式是一个超越日常互动的特殊时空，被视为一种象征性的和富于表现性的行动，一种制度化的创造特殊时空的手段，个体在其中可以体验到自己是这个共同体中的一分子。"

李育红和杨永燕（2008）认为仪式是一种符号化的实体或实物，具有创造民族集体感、社群归属感和群体认同感的作用和功能。阎彬（2018）通过对日本相扑比赛的研究，总结出仪式的特点和功能：日本相扑通过祭祀仪式的历史遗存、固定程式的仪式操演、相扑身体的仪式化外表、土俵赛场的仪式化空间、比赛观众的仪式性参与以及国家权力的仪式化在场，使得文化的传承与记忆的传递在仪式中得以实现。彭兆荣（2007）提出仪式的构成要素（五定要件）：确定的时间、固定的场所、规定的程序、稳定的人群以及特定的氛围。因此，我们不难发现，仪式遵循着传统，这种习性慢慢形成了固定的程序，这种程序的遵守就体现了仪式的权威性和神圣性，并且具有对传统文化维持和强化的作用。传统虽然是看不见摸不着的，但是人们可以通过仪式来感受传统，体验传统的价值。

**2. 旅游中的仪式理论**

旅游人类学家Graburn（1997）从游客视角出发，提出旅游本身就是一种仪式的观点，将旅游视为"世俗—神圣—世俗"的过程，从而产生旅游仪式理论，并指出旅游者会根据旅游世界中的旅游对象物是否能弥补他们在生活世界中所无法满足的要求以选择他们的旅游形式。MacCannell（1976）和Cohen（1998）也都认同"现代旅游是一种世俗朝圣"的观点，并就旅游、仪式和朝圣之间的关系进行了深入的探讨。张晓萍（2001）指出正如Graburn所言，旅游在某种程度上与宗教朝圣有着惊人的相似性。旅游是一场朝圣，是一场从世俗到神圣再返回世俗的仪式。旅游把人从程式化的日常生活中解脱出来，带入一个更加自发、自主的阈限状态，从而使日复一日的日常生活得以更新。MacCannell也将旅游比作一种"现代仪式"，认为旅游是人们应对现代生活的一种方式，在这个问题上，MacCannell与Graburn共同强调仪式的"神圣性"。宗晓莲（2001）把旅游比作仪式，意味着过去由宗教仪式实现的某些功能、标志的某种转变，现在由旅游来完成，旅游成为一种与宗教仪式相对的世俗仪式、现代仪式。赵东玉（2002）认为：传统族群节庆可以展示出人们对美好生活的热切向往，并让人们在信仰崇拜中求得一种心理平衡，在强身健体、益智娱情的同时，促进当地经济的发展。庆典和仪式是无文字的社会把文化内涵的扩张情境制度化的最典型形式。仪式保证了信息的重新收录，使得内涵传媒性地呈现出来。它保证了文化的"仪式纽带"。陈素华等人（2009）认为旅游仪式展演是非物质文化遗产保护的重要手段。罗辑、梁勤超

（2016）提出为了满足现代地方的文化和经济利益诉求，很多地方的族群节庆开始由民间转向官方，并通过文化的展演来促进当地旅游业的发展。和传统节庆相似，族群节庆体现了族群的生活、精神与习俗，承载着族群的集体记忆与文化认同，因此，旅游者会带着这份好奇前来体验并感知族群的文化。在人类学上将这一过程称为"通过仪式"。伍彦谚（2017）认为仪式舞蹈取材于生活、形成于生活又服务于乃至成就于生活，它承载着民族历史发展的深刻记忆，表征着族群与世界的对话。通过以上的研究综述可以发现，关于旅游中的仪式理论，大多应用于旅游中的民俗文化展演等方面，就如特纳所说"仪式就是民俗"。其中的大部分研究都是关于仪式、仪式性事件以及仪式感。因此，本文将在仪式理论的基础上延伸出"仪式化"来阐释某一类型的文化旅游产品的特点。孙喜林和张晓丹（2014）在旅游学术界第一次提出仪式感和旅游仪式感概念。仪式感界定为在仪式或仪式性事件中，人们通过亲自参与或观看并融入特定的仪式情境中，使其自身的认知、情感与行为达到高度一致时所产生的一种混沌的心理状态。旅游仪式感是指旅游者在旅游体验过程中产生的仪式感，它由两部分构成：一是旅游者将旅游本身看成一种仪式而产生的仪式感；二是旅游者在旅游体验过程中基于仪式类文化旅游产品和仪式性事件而产生的仪式感。

**3. 传播学仪式化研究**

兰姆斯根据仪式的实际用途，将仪式划分为六种类型：仪式化、礼仪、典礼、巫术、礼拜、庆典，其中他将仪式化定义为具有仪式意味的动作或姿态，而这种具有仪式意味的动作或姿态也可以被看作是仪式的简单形态，任何非实用性的、富有象征意义的姿态、行为都可以包括在内。张淑芳（2017）认为仪式是一种具有固定程序化的行为表达形式，可看作是一种特定行为和社会实践。仪式化扩展了仪式的活动范围和传播空间，强化了事件的仪式化意义，使得众多弱仪式性的事件在生活中也具有了仪式的属性。到目前为止，笔者查阅大量资料发现，仪式化的概念在传播学中应用较多，其中美国学者詹姆斯·凯瑞就于20世纪70年代首次提出"传播仪式观"的概念，并指出仪式化传播是"以团体或共同身份把人们吸引到一起的神圣典礼，在时间上对一个社会的维系；不是指分享信息的行为，而是共享信仰的表征。"马薇薇（2015）提出在中国传统社会的传播技巧上，特别重视"化"的传播过程和传播效果，当这种"化"的传播互动以娱乐的方式出现，并形成了一种符号和价值观体系时，对不同空间的仪式参与者将产生影响。张淑芳（2017）提出传播活动与仪式展演相似，具有仪式的内涵也带有仪式化的属性和特征，因此，仪式化传播可将传播看作一种仪式化的展演活动，并以仪式的内涵为基础将其付诸实践。孙永（2019）认为：仪式是一种特殊形式的表演活动，是一种人类特有的社会行为，表现为一种人类为某种目的定期进行的阶段性、标准化和规模化的公共活动。人们在面对强势的广告时产生了心理上的膜拜，人们期望自己的社会存在意义能够在轻松愉快的广告观赏中得到体现与满足，广告对于人们而言，是具有崇高的仪式化存在意义的。傅钰涵（2018）提出，T2O模式下"双11"传播的仪式化特点是：受众群众相同、消费的符号性与仪式化、提升用户体验。通过媒体加强其宣传力度，让普通的光棍节成为像盛事一样的狂欢夜，刺激消费的同时将"双11"光棍节仪式化，并使其成为一个新的文化符号，被新老媒体及大众所接受。张语（2019）提到中国的央视春晚区别于其他的综艺晚会，已经成为春节的一项传统，代表着我国各民族的风采，形成了一种独有的文化，并成功地将全体观众"仪式化"，通过观看春晚"仪式"而融为一体，形成一个统一的精神共同体。央视春晚所具有的媒介仪式神圣性、庆典性以及文化融合性的特点，都是仪式化的传播特征。蔡骐（2019）认为：网络主播与观众约定在固定的时间里进行欢庆，观众对主播打赏的行为实质上已经将自己由观赏者的角色转变为表演者，而这种主播和观众间的互动，也可看作是凝聚情感的仪式化互动，使差异化的群体从对立走向统一，共享一套仪式与规范，并上升至情感和思维的碰撞。目前的研究集中于仪式化传播这一概念的理解和应用。由于仪式化传播的概念提出的时间较短，理论体系可能并未成熟，在现有的相关文献中，缺乏对该理论的系统研究，直接与文化旅游产品相关的研究中也没有关于仪式化的提出与探讨。然而在现实生活中，我们可以看到带有仪式化特点的文化旅游产品，比如说内蒙古的烤全羊盛宴和印象刘三姐的展演。这类文化旅游产品虽然不能简单地将其定义为仪式，但都具有仪式化的特点。从市场方面考量，这类文化旅游产品也取得了很好的反响。对此类文化旅游产品，目前还没有学者针对其文化特点给予定义和阐释说明。

### （三）本真性理论研究

#### 1. 本真性与旅游

本真性理论的观点最早由麦肯奈尔提出，作为西方哲学中的新概念，后来大多被各国学者应用到旅游学中。王宁（2018）提到本真性（authenticity）与诚实（sincerity）是有内在联系的，本真性在很大程度上是自文艺复兴时期以来从伦理角度所提出的一个有关人生的规范和理想。本真性可划分为原件本真性、复制本真性和复原本真性。中西方对本真性的体验是不同的，西方学者认为本真性的体验是建立在认识模式基础上的，而中国的学者认为本真性的体验是建立在以审美想象为基础的审美模式基础上的。也就是说，在西方，本真性问题被道德化，而在中国的语境中本真性的问题被审美化。王宁（2007）把本真性分为单向本真性和互动（或双向）本真性。他认为单向本真性是一种只存在于旅游对象中的、有待游客去观察和发现的本真性。在互动本真性的追求过程中，旅游者不再是被动地观看，而是主动地、积极地参与，并卷入自己的情感。王宁在本真性这一概念中尤其强调了互动本真性，即包含了旅游东道主和游客之间的交流互动的本真性和旅游者相互之间的本真性两类。对于旅游者而言，随着自身旅游经历的不断丰富,其对旅游体验的深度和要求也开始逐渐加深并转型。越来越多的大众旅游者开始从追求单向本真性的观光旅游者向追求互动本真性的新旅游者转变。在追求互动本真性的过程中,旅游者与其他主体之间在特定的旅游情境下借助于互动仪式,建立起相互关注、情感共通的亲密关系,从而获得补给日常生活的情感能量。旅游体验的本真性被分为四种类型:客观本真性、建构本真性、后现代本真性、存在本真性。

(1)客观本真性

Pearce(1985)、Moscardo(1986)从心理学的角度出发,认为旅游者在旅游活动中追求的是旅游目的地的旅游资源。概括地说,就是追求客观存在的真实性。Wang(1999)认为客观本真性是旅游者要求的原始纯粹的旅游客体,强调对旅游资源真实客观的认知体验。倪晓悦(2018)在描述旅游者的旅游偏好和动机时,认为旅游者离开居住地,处于异地的他人生活环境中时,所追求的是一种客观存在的旅游资源,即客观本真。客观本真性的旅游资源的特点就是无须对其进行改造,旅游者所要追寻的就是原汁原味的味道,这种纯粹的原真性才是吸引旅游者的关键所在。

(2)建构本真性

Cohen(1988a,1988b,2004)认为旅游本真性并不是客观存在的,而是旅游者及旅游经营者将期望、想象和偏好赋予旅游产品的一种具有象征意义的真实性。Bruner(1992,1994)提出了建构本真性的概念,即旅游经营者为了满足游客的期望、想象和偏好打造了具有真实效果的旅游场景。Salamone(1997)认为文化是建构的而不是客观存在或者谁给予的,文化会随着周围环境的变化而变化。Wang(1999)认为建构本真性是旅游者追寻的一种符号性、象征性的"舞台真实"。李旭东、张金岭(2005)在研究旅游活动时,认为在建构本真性的观念中,旅游活动是由认为的思想和观念赋予在旅游场景中的,并不是因为事实上存在同样的场景。周亚庆、吴茂英等人(2007)认为建构的本真可以较好地解释旅游活动中文化旅游产品商品化和真实程度的关系,不仅能够适应旅游者的需求,也能在一定程度上保护和发展旅游地文化。倪晓悦(2018)提到由于原始旅游资源过于纯粹,存在着迷信落后且与时代不相符的部分,旅游资源所带有的粗糙部分会使得旅游者的可进入性受到阻碍,原始纯粹的旅游资源会由于各方力量的进入而被重新建构。笔者认为,客观本真性的旅游资源主要体现在自然资源方面,纯而又纯的客观本真性文化资源已经少之又少,但旅游者在体验文化旅游时,更加注重的是文化的本真性,所以很多的旅游经营者为了满足旅游者的这一需求,在原有文化资源的基础上,经过重新建构达到一种本真,虽然有一定的失真,但从游客的反响效果来看,并不影响旅游者对其的追求。

(3)后现代本真性

后现代旅游者对"原作品"的本真性已经不再关注,他们认同不本真性,他们追求的是一种超真实的逼真,真假无界限。旅游者的旅游目的可能不是寻求体验真实。

(4) 存在本真性

随着本真性的深入讨论,客观本真性是纯粹的未被改造的原始资源,建构本真相对于客观本真而言有一定的失真,但还是基于一定的文化依托。在此基础上,有学者进行了更加深入的探讨:如果旅游资源在完全失真的状况下,是否就是另一种本真?Wang (1999) 在对本真性的研究时发现,旅游者在追求真实的旅游资源的过程中,对本真的追求动机能够被某些旅游活动所调动,获得自我旅游的经历,从而得到存在的本真。换言之,当旅游者完全脱离了旅游课题,在面对完全失真的旅游资源时,也能够做到欣赏真正的"虚假",对其表示认同,那么这也是旅游者主观体验的真实享受。所以,存在本真性强调的是旅游者主体的体验,一般多应用于提高旅游者满意度方面。

**2. 文化旅游产品的本真性**

基于本真性理论在旅游学中的应用,孙喜林等人(2010)在本真性的视角下将文化旅游产品划分为三种:①客观本真文化旅游产品,即指具有独特文化的人文旅游地,比如遗址遗迹、长城故宫等。②建构本真文化旅游产品,是指依附于一定的文化观念、原始形象等人为开发而成的文化旅游产品,旅游者要求的就是这种象征性、符号化的人为真实,比较典型的文化旅游产品是桂林的印象刘三姐。③后现代本真文化旅游产品,即凭空创造出来的完全"虚假"的旅游产品,以旅游者承认接受并获得好的旅游体验为准,比如我们所熟知的迪士尼乐园。

本文所要探讨的文化旅游产品仪式化的问题属于建构本真范畴,也就是说,此类文化旅游产品并不是"原汁原味"的,但一定是有文化观念或原始形象基础的。

## (四)表演理论

美国社会学家欧文·戈夫曼提出"拟剧理论",他将社会比作戏剧中的大舞台,并利用"前台"和"后台"来区分人们的行为,前台是将现实生活中的人看作舞台上的演员,按照预先拟定的剧本进行表演,展示自己的理想形象。而后台就是摆脱社会的束缚,呈现真实的自我。

贾一诺等人(2018)将表演理论应用到旅游学中,并将其划分为三种类型:移情型、仪式型和游戏型。移情型表演:建立在多感官的旅游观赏上,要求旅游者拉近与旅游目的地的心理距离,比如草原旅游就是实践移情型表演的代表,此类旅游产品吸引旅游者的不仅是草原的地貌,更多的是蒙古族骑射歌酒文化的差异化体验。仪式型表演:一种集休闲、旅行于一体的,与日常生活及工作形成强烈反差的特殊仪式。游戏型表演:集演员、角色、观众三位于一体,游戏型表演的旅游方式也为逃离日常生活找到了一个出口,带有"游戏人生"的意味。旅游体验就是旁观或参与这些表演的过程,从表演的视角来分析旅游体验,有助于丰富旅游体验理论。

通过对表演理论的分析，笔者认为，表演理论和仪式理论都是突出某一类文化旅游产品的某种特性，是可以划分在同一理论层次的，很多文化旅游产品都带有表演的成分，游客可以作为演员，在体验旅游的过程就是完成一次剧目的表演；游客也可以作为观众，观看或欣赏文化旅游产品，亦可以在此过程中由观众转变为演员的角色，比如在观看演出过程中被邀请上台进行互动。虽然很多文化旅游产品都可以划分在表演理论的范畴，但要用表演理论来论证此类文化旅游产品时，并不能很好地突出甚至会扭曲此类文化旅游产品的特色，降低其文化属性。比如内蒙古烤全羊盛宴，游客在体验这种盛宴的时候，会经历献哈达，喝烈酒，围在一起烤全羊，当地人穿着蒙古服饰载歌载舞，让游客们更好地感受蒙古的传统文化，这些都是带有展演成分的。如果把此类文化旅游产品划分在表演理论中，其文化属性不够突出，处于烤全羊盛宴中的游客，在经历一套套的固定程序之后会产生一种仪式感，相比于观看演员们载歌载舞的表演，仪式感所带来的神圣性和权威性会让游客得到更好的旅游体验。

### 三、仪式化理论的提出以及与相关理论间的关系

#### （一）仪式化

仪式化是对人类活动或者事件按照仪式属性打造的过程。文化旅游产品的仪式化现象普遍存在，而学术界却对其缺乏关照。本研究的意义在于：第一，丰富了仪式和仪式感理论，将一些已经取得良好市场反响的建构性本真文化旅游产品打造理论化。近些年在旅游学术界仪式和仪式感议题成为热点，由于难度大，理论成果寥寥，本研究打破了理论研究的沉寂。第二，仪式化理论的提出，为此类文化旅游产品正名，并为以后的产品开发提供理论依据和指导。学术界对此类文化旅游产品多有责难，斥其过分商品化而失去文化属性，其实是把文化和文化旅游产品混淆了。仪式化理论的提出把文化旅游产品和文化做了区分，它们性质不同，属性和功能不同，因混淆而生的错误认知得到澄清。

**1. 赋仪**

随着仪式理论在多学科视角中不断地被证明以及应用，其内涵和外延不断扩大的同时，仪式化的观念逐渐出现在人们的视野中。虽然"仪式化"一词在不同学科中被广泛地应用，但是将仪式化进行系统研究的文献少之又少。韩雨晴（2018）在《审美仪式化：重构艺术的神圣性》中提出："仪式向其他文化行为以及文化样式的影响扩散使得这些非仪式活动具备了近似于仪式的功能作用和文化价值，这样的一个过程和现象就是仪式化。"并认为，仪式在社会文化中的特殊地位和重要作用在历史的传承中自然而然、潜移默化地扩散至社会中其他种类的文化形式中，这个过程和现象就形成了仪式化。

仪式化的概念已经有学者提出并在众多学科中有所应用，其中在传播学中应用较为

广泛。20世纪70年代美国学者詹姆斯·凯瑞首次提出"传播的仪式观"的概念，指出仪式化传播是"以团体或共同身份把人们吸引到一起的神圣典礼在时间上对一个社会的维系；不是指分享信息的行为，而是共享信仰的表征。"例如观看春节联欢晚会就具有这种仪式化的特征。张语（2019）认为我国的央视春晚是具有中国社会主义特色的典型的电视直播事件，是一场宏大的全民辞旧迎新的文化盛宴，具有媒介事件直播性、垄断性、媒介仪式神圣性、庆典性以及文化融合性的特点。我国的央视春晚代表着国家的形象，承载着56个民族的文化融合，大年三十的晚上一家人齐聚一堂观看春节联欢晚会，人们在面对这种带有仪式感的事件时，会有一种从众的心理，这也能突出仪式的权威性。仪式是集体性的活动，具有集体氛围，当全家人都坐在电视机前观看春晚时，你也会被当下的氛围所吸引，从而说服自己参与进去，继而与家人、同伴以及媒体进行互动，提高自己的参与感与仪式感。如今的央视春晚已经不再是普通的综艺晚会，它已经成为春节的一项传统，代表着一种独有的文化，并成功地让观众产生仪式感。从严格的意义上来说，春晚并不是自古以来就沿袭至今的传统，然而过春节却是具有一定文化依据的习俗，通过央视春晚的播出，使一家人、全国人民甚至是海内外的华侨同胞齐聚一堂，共同参与这种氛围，让人们在观看春晚的同时，体会到我国的文化特色，在体验的过程中产生仪式感。春晚不是仪式，但它的传播会让人们感受仪式的特性，那么春晚就已经实现仪式化，这叫传播仪式化。

涂尔干认为仪式具有将神圣事物与凡俗事物分离开来的特点，当人们从平淡的世俗世界进入神圣世界时，会感到一种脱离生活的兴奋与平静，享受神圣的时光，净化心灵，再回到世俗世界时，会达到一种更新状态——再生。仪式也具有将个体凝聚在一起，纳入一种秩序当中，激发参与者的情感表达和心理宣泄，在一种弥散共享的感知氛围下收获深刻的集体感受，强化了族群信仰和文化记忆，也对自身产生了超越日常的特点。旅游的内涵是借助短暂的异地生活体验，完成一次次心灵上的向往之旅。二者都有从一种环境脱离出来到另一种环境中洗涤心灵，并以更好的状态回归的特点。

把具有传统性的一些活动或者事件追加或者赋予其仪式的某些属性，使其具备仪式的某些特征，达到旅游者在体验过程中能够产生仪式感的目标，这个打造文化旅游产品的过程就是仪式化过程中的赋仪。传播学对仪式化的研究侧重点在传播，其仪式化过程是传播仪式化。旅游学对仪式化的研究重点被我们放在文化旅游产品打造上，是产品的仪式化。当然，在旅游接待和产品展演过程中也存在传播仪式化现象。

如今，仪式化现象越来越频繁地出现在我们的日常生活中，有社会仪式化、思维仪式化、文化仪式化、娱乐仪式化等，比如双十一的购物狂欢夜，这些都是赋仪。

### 2. 祛仪

同样，在历史的发展中，有些本是民族的仪式，甚至是古老的仪式，在旅游开发的过程中,仪式性逐渐减弱,从仪式的神圣化走向了日常的生活化。比如傣族的泼水节,本是一年一度的民族浴佛仪式,人们穿上节日的盛装,挑一担清水为佛像洗尘,求佛灵保佑,再互相泼水,以求用圣洁的水冲走疾病和灾难,换来美好幸福的生活,表示祝福。近年来,因泼水节民族特色突出,旅游经营者将其开发成为一种文化旅游产品,体现平等性和平民化,营造"狂欢节"效应,突出了娱乐性和参与性等,弱化了仪式所传达出来的文化属性,其娱乐性满足了游客释放内心压力,追求精神上的放松和娱乐的需要,已经成为非常成功的文化旅游产品。

仪式之所以称为仪式,正是因为它的神圣性(去生活化)、文化性、周期性、程序性等特点,这些特征也使得它缺乏商品性,简单地说就是难以出卖,无法用它赚钱。把仪式的神圣性和文化性弱化,改变周期性,将程序性表演化、娱乐化就是祛仪。简化、弱化甚至去除仪式的某些内容和特征,增加其表演性、娱乐性和参与性,而使仪式转化为仪式性事件的打造文化旅游产品的过程称为祛仪。传播学中的仪式化属于赋仪,没有涉及祛仪方面的研究,其仪式化发生在传播过程中,称为传播仪式化。旅游学中的仪式化主要发生在文化旅游产品打造过程中,既有赋仪也有祛仪。我们的研究开创了旅游学领域的仪式化研究,拓展了仪式化理论,提出了赋仪和祛仪说。赋仪与祛仪的区分如图11-1所示。

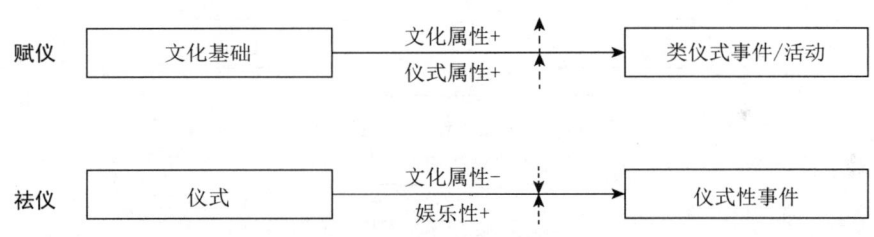

图 11-1 赋仪式化与祛仪式化

### (二)仪式化与相关理论间的逻辑关系

#### 1. 仪式化与认知失调理论

认知失调理论是美国社会心理学家费斯汀格提出的,他认为,每种认知结构都是由诸多基本的认知元素构成的,而认知结构的状态也就自然取决于这些基本的认知元素相互间的关系。他将这种关系分为三种可能性:协调,此时两种元素的含义一致;不相干,此时两种元素的含义互不牵连;不协调,此时两种元素的含义彼此矛盾。

费斯汀格认为,作为心理上的不适,不协调的存在将推动人们去努力减少不协调,并力求达到协调一致的目的。而减少不协调的途径有改变行为、改变态度、引进新的认知元素。

当不协调出现时,除了设法减少它以外,人们还可以能动地避开那些可能使这种不协调增加的情境因素和信息因素。并通过一些实验的研究证实，当人们拥有选择权的时候，或者可以预见行为结果的时候，态度依从行为的效果更强，简单地说，当人们觉得要对自己的话负责时，会更加相信它们，这时，托词就变成了现实。

进一步的研究证实，当人们做出重要决策以后，常常会过高地评价自己的选择而贬低放弃的选择，以此来减少不协调；对于简单的决定，这种决定变成信念的效应会变成自负。一旦做出决定，它就会长出支撑自我的双腿，这些腿非常强壮，即使失去一条腿，决定也不会改变。

仪式具有权威性，这种权威性自然带有影响力，人们在面对这种带有仪式属性的事件或活动时，常常会主动或被动地参与进去。另外，仪式具有集体性，在一群人都在参与一个活动的时候，一个单独的个体往往也会受到氛围的感染而参与进来。换言之，当旅游者来到一个旅游地，出于对文化资源的尊重，以及在面对仪式属性的文化旅游产品的权威性和神圣性时，旅游者会自觉不自觉参与活动。认知失调理论告诉我们：这种情况下人们为了避免失败感，就要做到"言行一致"，通常就会给自己找理由来说服自己做这件事是有价值的。既然旅游者认为做这件事是有价值的，那么通常就会产生较好的旅游体验，从而给出好的评价。该理论给文化旅游产品仪式化提供了合理性解释，其逻辑思路如图11-2所示。

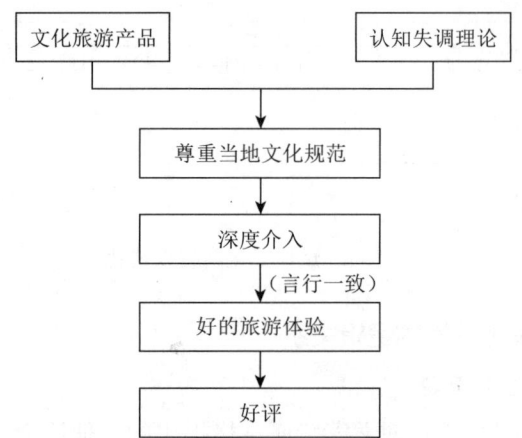

图 11-2　文化旅游产品开发的合理性

**2. 仪式化与本真性理论**

仪式化文化旅游产品包括两类：赋仪文化旅游产品和祛仪文化旅游产品。前者是对人类活动以及事件注入仪式属性，后者是把仪式简化改变，共同特点是在原有材料基础上进行改造而创造出来的。就本真性而言仪式化文化旅游产品属于建构本真。

**3. 仪式化与仪式理论**

有学者认为仪式具有将神圣事物与凡俗事物分离开来的特点。如果将仪式看作神圣的世界，那么仪式化就是处于神圣和世俗之间的维度。仪式化超越了世俗，不及仪式神圣。人们在仪式化的过程中能够产生超脱世俗的更新状态，但并未达到仪式的纯粹神圣和虔诚。从理论意义上来说，仪式理论和表演理论都是在本真性理论的基础上又往前走了一步，将文化旅游产品进行分类及阐释，更具有操作性。本真性理论告诉我们为什么，仪式理论和表演理论告诉我们怎么做。本真性理论属于上位概念，仪式理论和表演理论属于下位概念。

梳理仪式化与相关理论间的逻辑关系发现：认知失调理论对文化旅游产品仪式化开发的合理性有支撑，本真性理论、仪式理论、表演理论与仪式化理论有密切关系（见图11-3）。

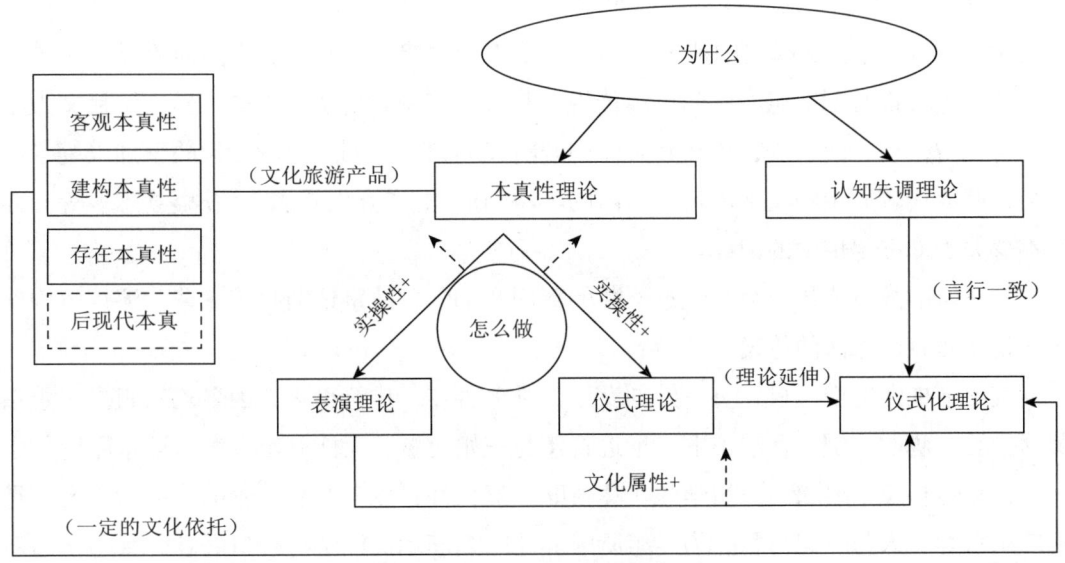

图 11-3　理论间的逻辑关系

## 四、实证研究设计

### （一）研究对象

本文聚焦文化旅游产品仪式化研究，具体包括赋仪和祛仪两种表现形式，我们已经给仪式化以定义和说明，这里重点用案例分析论证仪式化理论。并根据两个案例地的网友游记和优质点评的资料收集，进行词频统计和开放性编码，总结出仪式化的属性和价值。

**（二）案例地选择**

**1. 广西桂林大型实景演出《印象·刘三姐》赋仪式化研究**

（1）刘三姐的传说

刘三姐的民间故事，从唐代开始口头传说，至今已有一千多年的历史。最早的文字记载于南宋王象之《舆地纪胜·三妹山》。我国著名民俗学家钟敬之认为刘三姐的传说是我国南部著名传说之一。清初屈大均《广东新语》盛赞刘三妹"年十二，淹通经史，善为歌，千里内闻歌名而来者，或一日，或二三日，卒不能酬和而去。"清代张尔翮在《古今图书集成》里对刘三姐的描写："年十五，其父受聘于林氏，和歌者仍终日填门，无一较胜。至其貌羞花掩月，光彩动人，见之者无不神骇意荡，但授受之礼甚严，终不可犯。"据广西罗城县志记载：刘三姐原来出生在天河县下里的蓝靛村（今罗城下里乡蓝靛村），那里还有她故居的遗址，那个村子姓刘的族谱也有记载。广西贵县、拱城一带及扶绥等县都有刘三姐的民间口传传说，与宜山传说在情节上大同小异。历代文人学士如清代王士祯、闵叙等，均在其著作中曾将民间口传的刘三姐的传说故事加以笔录和附会，撰成比较固定的文字流传。广西的《浔州府志》《宜山县志》《苍梧县志》等，亦有不少关于刘三姐传说的记载。

刘三姐的故事流传至今，经过不断的巩固和加强，故事情节日臻完善。流传较为普遍的是桂西宜山地区的传说：

宜山下枧河边中枧村，有一姓刘女子，乳名善花，排行第三，因名刘三姐。三姐系黄莺投胎，聪明伶俐，喜唱山歌。远近青年与三姐对歌，无能胜者。涧村守米碾青年李示田，勤劳朴实，要求向三姐学歌。莫村财主莫仁怀，见三姐貌美善歌，欲纳为妾。觅来广东水客三人与三姐对歌，为三姐所败。此时，李示田已学得一口好歌，常与三姐对唱。莫仁怀又污以有伤风化，处处刁难，最后砍断葡萄藤，使三姐坠入河中。三姐飘至柳州，与李示田在柳州鲤鱼峰对歌，连唱三天三夜，飘然逸去。后又在桂林七星岩对歌，连唱七天七夜，变为一对黄莺飞去。

关于刘三姐的传说丰富多彩，基本上传达出来的信息是：刘三姐是聪明美丽、喜唱山歌、勤劳朴实、敢于和恶势力做斗争的劳动者形象。因广西是刘三姐的故乡，刘三姐喜欢唱的山歌是壮族的民歌，自广西壮族自治区成立以来，刘三姐文化受到了政府的高度重视，因此，刘三姐文化已经成为广西壮族文化的形象符号。陈学璞（2008）认为刘三姐文化现象是广西持续时间最长、覆盖面最广、最具影响力和代表性的文化现象。随着时代的发展，刘三姐的形象也在进步，古代的刘三姐是美丽而又勤劳的歌仙，近现代的刘三姐是敢于斗争、不畏强权的劳动者，新时期的刘三姐是追求理想、开拓创新的象征。

（2）"刘三姐"文化旅游产品赋仪开发

在1961年，电影《刘三姐》拍摄成功，反响热烈，由此而带来的山歌热、刘三姐文化热让刘三姐的文化形象再次深入人心，广西的旅游业因而得到了很大的发展。起初，因电影《刘三姐》的主要拍摄地是广西桂林，再加上山多水多的地理优势，吸引很多旅游者来到广西进行观光旅游，踏着电影足迹的同时又能寄情于山水文化，当时的广西旅游业也多是依靠当地的自然资源而开展的观光旅游模式。"刘三姐"成为广西旅游业发展的形象代言人。

直到 20 世纪 90 年代，刘三姐的旅游发展模式开始向文化内涵的挖掘方面转向，由单一的观光旅游模式进入主题景区发展阶段。2004 年，由广西艺术家梅帅元策划、张艺谋导演的大型山水实景演出《印象·刘三姐》横空问世，将刘三姐文化再次推到人们的眼前。刘桃（2017）认为《印象·刘三姐》的传播是一种民族特色文化的传播，运用现代技术将山水实景与艺术相结合，把刘三姐的故事提纯成一种"印象"，带给观众的是感官的震撼和文化资源的巨大冲击。

《印象·刘三姐》作为我国第一部全新概念的山水实景演出，一经问世就引起强烈的反响，不仅引发其他地区的争相效仿，其表演规模的宏大也可堪称世界之最，至今为止，可以算是最成功的山水实景演出类文化旅游产品。《印象·刘三姐》的表演舞台为漓江阳朔段书童山附近的两千米水域及十二座背景山峰，构成全世界最大的天然剧场——山水剧场。启用了目前国内最大规模的环境艺术灯光工程及独特的烟雾效果工程，剧场音响利用其巧妙的隐藏式设计，回荡在山峰之中，形成天然的立体声效果。演出时间较为固定，除节假日时间可能有所调整外，其他时间每天三场演出：4 月—10 月头场演出时间为 20：00，次场 21：30，第三场 22：10—22：30，11 月—来年 3 月演出时间分别是 19：30、21：10 和 22：10—22：30。剧场可容纳 3700 多人。整场演出以山歌文化贯穿始终，共呈现五大板块（红、绿、金、蓝、银）、七个篇章（《序·山水传说》《红色印象·山歌》《绿色印象·家园》《金色印象·渔火》《蓝色印象·情歌》《银色印象·盛典》《尾声·天地颂歌》）。印象刘三姐文化旅游产品所包含的仪式化要素及意义见表 11-1。

表 11-1 印象刘三姐文化旅游产品所包含的仪式化要素及意义

| 要素 | 内容 | 意义 |
| --- | --- | --- |
| 固定的场所 | 阳朔（漓江水域） | 渲染仪式氛围 |
| 确定的时间 | 4 月—10 月 头场：20：00；次场：21：30；第三场：22：10-22：30<br>11 月—来年 3 月 头场：19：30；次场：21：10；第三场：22：10-22：30 | |
| 规定的程度 | 漓江阳朔段两千米水域<br>十二座山峰为背景 | |
| | 国内最大规模的环境艺术灯光工程<br>烟雾效果工程 | |
| | 可容纳 3700 多人 | |
| | 演员数百名 | |

续表

| 要素 | 内容 | 意义 |
|---|---|---|
| 特定的流程 | 五大板块、七个篇章 | 1. 产生仪式感 |
| 文化特色 | 山歌文化贯穿始终 | 2. 突显文化特色 |
| | 电影《刘三姐》经典重现 | 3. 旅游的目的 |

开篇《序·山水传说》山水舞台点亮，身穿各自民族服饰的渔夫、瑶族姑娘和侗族女童用各自民族的语言自白，之后刘三姐乘竹筏而来，放声歌唱，歌声回荡在峦峰之中，加上夜空下的灯光效果将观众带入艺术佳境之中。第二篇章《红色印象·山歌》少数民族的男男女女挥舞着火把，隔江对唱山歌，俨然就是电影《刘三姐》经典画面的重现，也体现出少数民族对唱山歌的传统民族文化。渔夫们在漓江上畅游，手执的红绸象征着渔网，劳作的场面传递出当地人民生活与自然相统一的印象。第三篇章《绿色印象·家园》通过落霞、炊烟、牧童、牛群、渔民、村妇勾画出人民勤劳朴实的日常生活景象，了解刘三姐生活的背景，感受山歌故乡的壮丽。第四篇章《金色印象·渔火》竹筏上长明的灯火就是漓江渔火，在夜空下闪闪发光，200多名来自周边五个村庄的渔民，原汁原味地还原出渔民们辛勤的劳作方式，生动形象地刻画出漓江风情，此等场景让人叹为观止。第五篇章《蓝色印象·情歌》刘三姐的经典情歌《藤缠树》对唱讲述的是关于爱情的故事，岸边沐浴更衣的少女梳妆打扮，为即将出嫁的新娘穿戴整齐，刘三姐登上阿牛哥的小船，与亲朋好友深情挥别。月牙上舞蹈的精灵照亮了夜幕中的漓江，有情人终成眷属。第六篇章《银色印象·盛典》堪称是演出的华彩篇。表现刘三姐传说中的民间歌圩盛典的热闹场面，上百位少数民族姑娘身穿特制的银灯服饰，通过队形的变化与灯光的明暗结合，展示出本地民俗文化氛围，营造出一幅绮丽的景象。第七篇章《尾声·天地颂歌》全体演员用山歌《多谢了》谢幕，渔火渐远，灯光熄灭，感谢八方来客。

《印象·刘三姐》自2004年3月公演以来，每年演出超过500场，累计接待观众超过千万，已成为广西旅游的活名片。聂峥嵘、梁福兴（2017）认为《印象·刘三姐》是基于刘三姐文化即山歌文化的艺术重构，其演出的成功之处在于民族多元文化的集结，传统文化诗性重构为文化旅游提供了一条新的发展思路。李广弘等（2015）选取《印象·刘三姐》做实证分析，指出《印象·刘三姐》旅游原真性属于建构主义。《印象·刘三姐》是在刘三姐故事的基础上加以创新和改造的大型演出，虽然不是原汁原味的民族文化，但从演出的效果来看，场场爆满，座无虚席，证明这个改造是成功的。演出以山水实景为布景，借用灯光的艺术处理，让观众有震撼的视觉效果的同时又有身临其境的感觉，演出场地可容纳数百人一齐观看，俨然就像是一场盛大的仪式。刘桃

（2017）认为《印象·刘三姐》是刘三姐形象的仪式化。来自周边村庄的当地农民演员并不是在表演，而是将日常生活仪式化，恢宏的舞台规模以及盛大的演出效果，是将大众文化传播仪式化。将自然资源与传统文化相结合，利用媒介传播的手段和艺术效果，把本不是仪式的刘三姐文化改造成像仪式一样的盛大演出，在这种赋仪式化的传播过程中，使观众产生了仪式感，从而让刘三姐的文化更加深入人心，推动广西民族文化的发展。李广宏、吴大为等（2016）认为《印象·刘三姐》成功地带动起广西旅游业的发展原因有三点：一是当地旅游发展较早，旅游设施和服务已具备相当的规模；二是文化底蕴和自然资源有优势；三是有成熟的旅游市场。

最初"刘三姐"是广西的民间传说故事，当时的劳苦百姓将刘三姐形象化，通过对刘三姐聪明善良、勤劳勇敢的形象塑造，表达出人们对美好生活的向往。之后电影《刘三姐》的上映，将刘三姐的形象推广至全国乃至东南亚，此时刘三姐成为广西的形象符号，借此机会，广西旅游业也开展了寄情于山水的观光旅游模式。在此文化基础上进行了创新和改造的大型山水实景演出《印象·刘三姐》的横空问世，使人们更加深入地了解刘三姐的文化、山歌文化，也就是广西的民族文化。在这个改造的过程中，将曾经的美好传说改造成实景的演出，观众在观看的同时，除了能感受到震撼的视觉体验，也将自身融入演出之中，仿佛身临其境一般，其宏大的规模、恢宏的氛围将观众拉入到一场仪式的氛围中，并使观众产生了更好的体验，而这个改造的过程就是赋仪式化的过程。《印象·刘三姐》作为一种建构本真性的文化旅游产品，经过赋仪式化的开发，不仅吸引了更多的游客，也将民族文化更深入地刻画在人们的心中，使传统文化得到了更好的传承，推动了当地旅游业的发展，给当地的经济也带来了巨大的利益。

**2. 内蒙古草原文化旅游产品祛仪研究**

（1）内蒙古烤全羊仪式的初始状态

内蒙古烤全羊盛行于元代，据史料记载，它是大汗蒙古国元朝时期宫廷宴会上的一道传统名菜，深受成吉思汗的喜爱，也是他接待王公贵族、犒赏凯旋的将士们的餐中之尊。至此之后，烤全羊盛宴就成了蒙古族最古老、最隆重的一种宴席，也是一种仪式的存在，后来只有在盛大宴会、隆重集会、举行婚礼或招待高级贵宾时才会享用到。因此，烤全羊象征着主人对来宾的尊敬和最高规格的礼遇，还象征着胜利、分享、吉祥和善良。

（2）内蒙古烤全羊盛宴的祛仪开发

内蒙古烤全羊在元朝时期作为一道宫廷名菜，是成吉思汗接待尊贵客人的礼遇，但随着时代的发展，只有在重大事件发生时才会被享用到。现如今，内蒙古地区开发草原文化旅游产品，其中烤全羊盛宴仪式的举行是独具代表性的，吸引旅游者同时也能让旅游者体验到更深刻的草原传统文化。

内蒙古的烤全羊盛宴代表接待尊贵的客人的意思，作为一项被开发的旅游产品，这种接待尊贵客人的寓意也给旅游者带来了接受崇高礼遇的感受。烤全羊盛宴通常是在蒙古包内举行。作为仪式的场所，蒙古包内的种种装饰如悬挂的成吉思汗画像等都为即将举行的仪式点燃了气氛。在游客走进蒙古包时，就可以亲身体验蒙古族传统的草原文化氛围。当客人都就座以后，烤全羊仪式就正式开始了。首先，随着马头琴拉出的一声长调，走来两位身着传统蒙古服饰的主持人作为仪式的组织者。在主持人开场之后，游客们真正进入仪式的氛围，按照仪式的固定程序一步步进行并感受传统文化的洗礼。主持人开场之后，游客们并不会马上吃上烤全羊，而是先感受草原传统文化的艺术——呼麦，一位蒙古族的男歌手同时唱出两个声部，一个高音一个低音，让在场的游客们感觉十分震撼。呼麦是一种喉音表演艺术，与蒙古族的历史文化息息相关，由于其演唱方式独特且困难，呼麦艺术几近失传，经过多方面的共同努力才得以传承，并通过文化旅游产品的开发让更多的人感受到呼麦的艺术。在此过程中，主持人也对在场的客人进行呼麦艺术的讲解，伴随着呼麦的声音，将游客们带入一个充满蒙古族传统文化氛围的情境中。此时，被烤得金黄的烤全羊就展示在客人面前了。上席之后，专门的司仪开始用蒙语和汉语两种语言高声吟诵全羊的赞词，并开始介绍全羊的来历。此时整个蒙古包内的氛围可谓庄严而又肃穆，大家聚精会神地听着司仪的介绍。烤全羊已不再是一道菜品，而是被仪式化的具有某种表征意义的符号，成为在场者共同关注的神圣物。

紧接着，是游客参与的互动仪式过程，先选出一位游客代表接受主人的祝福，并被献上哈达，用手指蘸酒弹酹后将敬酒一饮而尽，再接过刀具在羊的身上划一个"十"字，寓意来年风调雨顺，并从羊身上割下一块肉象征着胜利和喜悦。这些被后来开发的程式，彰显了烤全羊仪式的神圣和规格。

音乐再度响起，游客们开始品尝烤全羊盛宴的美味，蒙古族歌手为大家演唱草原歌曲，蒙古族的年轻姑娘身着传统服饰为大家一一献上哈达，同样游客们也会接过敬酒，蘸酒弹酹并一饮而尽。借助于歌酒的互动仪式，使旅游者走进蒙古族人的生活中，感受其质朴、热情、豪迈的性格，体验其独具特色的饮食文化和民族传统。之后蒙古包内载歌载舞，现场的氛围十分欢快，有的客人也会加入演员中去，一起舞动起来，大家分享着共同建构起来的快乐。

通过对烤全羊盛宴整个过程的描述，笔者认为烤全羊仪式的前半段属于正式的仪式，类似于涂尔干笔下的宗教仪式。徐英（2018）在对内蒙古草原旅游场的研究中指出，正式的仪式给予参与者个体的情感能量是对神圣物的瞻仰和对养育神圣物的草原的敬畏和尊崇之情。仪式发生的机制也从之前的被动接收转变为积极主动地建构。体验到庄重的仪式后，后半段的歌酒仪式互动，加强了游客的参与感，通过歌酒互动的接待仪式，加强了外来游客对蒙古族群的认同感。人们在蒙古包内一起载歌载舞，忘却了日常生活中的烦恼，置身于欢快的氛围中，达到了旅游的目的。也就是说，前半场对神圣物的集体凝视与后半场的娱乐性互动体验交织在一起，既具有宗教仪式的神圣性，又体现了以愉悦为目的的旅游体验本质，这种由仪式的神圣性进入互动的娱乐性的祛仪式化开发过程，使烤全羊仪式固化为草原旅游体验中最为难忘的记忆。内蒙古烤全羊文化旅游产品所包含的仪式化要素及意义如表11-2所示。

表11-2 内蒙古烤全羊文化旅游产品所包含的仪式化要素及意义

| 要素 | 内容 | 意义 |
| --- | --- | --- |
| 固定的场所 | 蒙古包 | 渲染仪式氛围 |
| 规定的程度 | 成吉思汗挂像 | |
| | 马头琴 | |
| | 蒙古族主持人 | |
| | 华丽服饰 | |
| | 呼麦艺术 | |
| 特定的流程 | 烤全羊 | 1. 产生仪式感 2. 突显文化特色 |
| | 献哈达 | |
| | 蘸酒弹酹 | |
| | 在羊身上划"十"字 | |
| 互动娱乐 | 载歌载舞 | 1. 产生愉悦感 2. 旅游的目的 |

**3. 案例分析**

《印象·刘三姐》大型实景演出，基于"刘三姐"的文化基础，经过赋仪开发，呈现在旅游者面前的是一场类似仪式的盛大情境。在此演出过程中，无论是观看演出的故事线，还是置身于宏大的演出场景，抑或是受到整体氛围的感染，都给旅游者带来多感官的旅游体验，旅游者在此过程中产生仪式感以及对民族文化的认同感，观众合而为一，增强了集体的凝聚效果，达到旅游的目的，体现社会价值。

内蒙古烤全羊盛宴作为一个典型的祛仪开发的文化旅游产品，其本身的传统文化依据是作为蒙古族在古时的一种仪式，是成吉思汗接待王公大臣和犒赏归来将士的盛大宴席，代表着对来宾最高规格的尊敬和礼遇。为了突显和延续蒙古族的文化传统，内蒙古烤全羊盛宴被开发成一种文化旅游产品，将神圣性的传统仪式改造成突显文化属性和娱乐性的仪式性事件，仪式不再是传统纯粹的庄重仪式，而是更符合旅游者需求的仪式性活动。旅游者在体验该文化旅游产品时，不仅感受到了神圣的仪式氛围，产生了仪式感，同时也能让自己积极参与娱乐的互动氛围，此刻身处在蒙古包内的每一个人都是平等的、凝聚的、愉悦的。尽管此类文化旅游产品经过了祛仪式化的开发，但从结果来看，是成功的。内蒙古的烤全羊已经成为蒙古族的文化符号之一，突显了内蒙古草原文化的特色，彰显了蒙古族人民粗犷、热情的性格。在此过程中旅游者产生的仪式感、认同感、愉悦感，都为此次旅行带来了印象深刻的体验。

无论是《印象·刘三姐》大型实景演出的赋仪开发还是内蒙古烤全羊的祛仪开发，都成功地突显了旅游目的地的文化特色，成了当地的旅游品牌。其创新的开发思路让它们跳出同质化的竞争，迎合了市场需求，取得了成功。

### （三）资料收集

本研究对象由于是在旅游领域中首次被进行系统的定义和分析，缺乏可以参考的成熟研究成果，难以实现量化研究。旅游体验分为场前体验、在场体验和场后体验，即旅游前的期待、旅游中的体验以及旅游后的回忆。互联网时代，移动网络的方便快捷缩短了人与人之间的沟通距离，对于旅游者来说，增加了很大一部分人愿意在网站上发表自己的旅游体验分享以给他人提供参考。网络匿名的虚拟性操作方式可以让旅游者放心大胆地在网络平台发表自己真实的言论。在此过程中既不涉及隐私，也不会产生任何费用。互联网的及时性也可以让旅游者随时随地发表分享，既可以对旅游前进行期待，在旅游后给予反馈，也可以在旅游中及时记录当下感受，还可以在旅游后的回忆中记录一些深刻的体验。这些分享同时给予旅游者和开发者借鉴和参考。因此，相较于深度访谈时旅游研究者的问题可能过于有针对性，引导旅游者的回答，或旅游者因自我保护机制选择对自己有利的描述，导致资料缺乏可信度，旅游者在网上的体验分享更能够让我们直观地感知旅游者的体验过程。同时，近几年流行一句话叫作"生活需要仪式感"，在面对仪式化场景时，人们会产生一种超脱世俗的感觉，这种独特的偏好会激发人们更加热衷在网上发表自己的观点。因而本研究选取旅游者网络游记和评论作为研究资料对仪式化进行分析，资料来自国内各大知名旅游网站的旅游者的游记和评论，以评论为主。

本文为了保证资料的丰富度，选取旅游业内排名前十位的旅游网站的游记和点评，网站排名情况及其他指标均是从 https://top.chinaz.com 上查询而得。截至2019年9月27日，根据Alexa综合指标，选择了五个综合指标较高的旅游网站：携程、马蜂窝、去哪儿、途牛、驴妈妈。

笔者在收集资料的过程中发现，一些网站上所发表的游记和评论带有明显的广告宣传意味，为了保证文本资料的质量，文本资料的收集过程按照以下要求进行：①选取浏览量在4000以上的网络游记，旅游体验的记叙描述较多，剔除以图片展示为主或有广告宣传意味的旅游者游记和点评。②选取2015—2019年的网络游记和点评，以点评为主，按时间顺序将旅游者发表的评论排序，最新的点评在前，集中选取近两年的旅游者点评，可以更好地了解现阶段游客的真实评价。③确保文本资料的影响力。本研究针对

《印象·刘三姐》大型实景演出和内蒙古烤全羊文化旅游产品,优先选择阅读数量较高的优质点评。通过筛选,最后选出 121 条优质点评作为本研究的资料来源。

### (四)文本分析

**1. 基于 ROST Content Mining 6 的质性文本分析**

(1)词频统计

本研究利用 ROST Content Mining 6(以下简称 ROST CM 6)分析软件对网络游记和点评进行语意量化,统计词频,具体操作步骤如下:①将文本存为 .txt 的纯文本格式文档——仪式化 .txt(笔者将关于印象刘三姐和内蒙古烤全羊的网友游记和点评的文本资料命名——仪式化)。②使用软件中的功能性分析中的"分词"功能,在待处理文本框中载入待处理文件——仪式化 .txt,则系统按照程序目录,自动在输出文件框中生成"仪式化_分词后 .txt"文件,获得以空格分离的分词后的文档,此功能意在将文本拆成独立的词语,如"刘三姐""文化"等。③将分词结果中的近义词语进行合并,将不恰当的词进行修正。④分词完成后,添加过滤词表,过滤掉与本研究无关的词语,如"今天""我们""而且"等。⑤使用词频分析(中文)功能,在分词后待统计词频文件文本框中载入分词后的文件:仪式化_分词后 .txt,则系统自动载入过滤词表,并在输出文件文本框中生成词频统计文件"仪式化_分词后_词频 .txt"。由此生成词汇数量由大到小排列的词频表。

出现频率最高的词汇是"文化"(211 次),说明了旅游者在选择文化旅游产品时,旅游动机、旅游体验和旅游满意度都与"文化"有关,旅游产品的开发也要遵循其文化依据和文化特色,这样在旅游者的体验过程中才能感受到文化的魅力。

"刘三姐""印象""烤全羊""艺术""表演""传说""张艺谋""民族"出现了 50 次以上,说明旅游者在关注一个地区的文化旅游产品时,其文化的标志性象征意义是吸引旅游者的主要因素,知名"品牌"的加入,为其增添了色彩,从而得到了旅游者的认可。

"特色""山水""山歌""视觉""感受""自然""值得""震撼""氛围"等,这些词都与旅游者的体验相关,旅游者在体验文化旅游产品的仪式化现象时,更加看重在文化特色方面通过视觉等感官刺激所产生的仪式感和深刻体验。

(2)网络语义建构

在 ROST CM 6 软件的功能性分析下,选择社会网络和语义网络分析,打开 ROST 语义网络和社会网络生成工具,将待处理文本框中载入网络文本资料,选择构建网络功能,自动生成语义网络文件,启动 NetDraw,可以打开 NetDraw 工具,生成如图 11-4 所示的语义建构图。

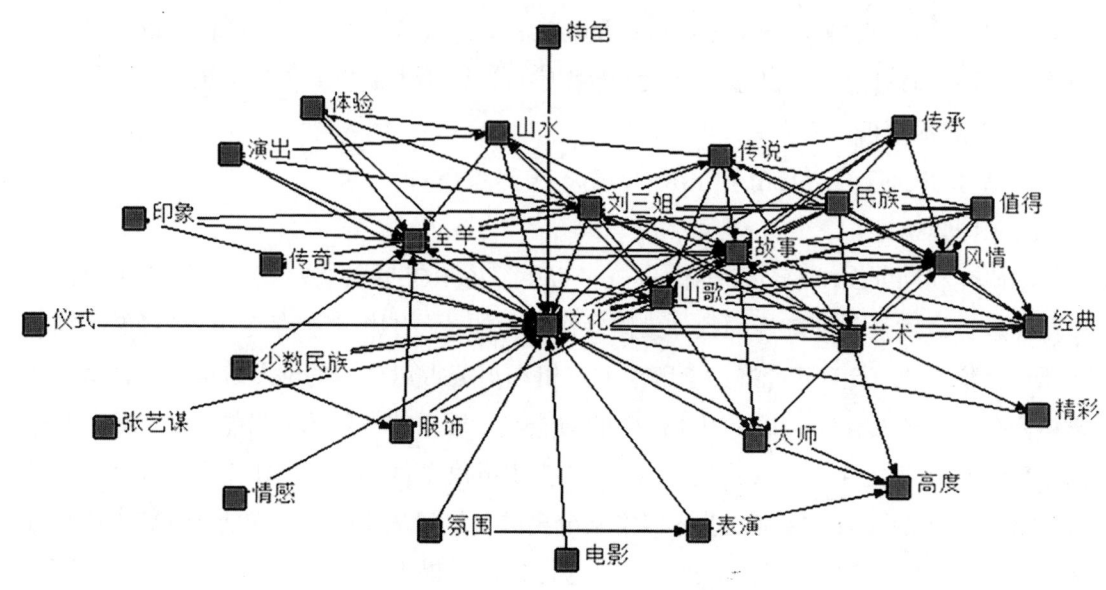

图 11-4　网络文本的语义建构图

通过图示可以直观地看出高频词汇各要素之间的关系，形成一个较为复杂的关系网络。在语义建构图中核心词汇依然是"文化"，其他词语都围绕"文化"而展开。由此可见，文化是旅游者在体验文化旅游产品时的重要基石。"刘三姐""烤全羊""传说""故事"等词语诠释了其文化吸引力，由此而衍生出的"特色""民族""艺术""经典""表演""氛围""体验""仪式"等网络分支，构成了文化旅游产品独特的旅游体系，让文化旅游产品仪式化更具吸引力并得以长久发展。

（3）情感分析

通过 ROST CM 6 软件的功能性分析中的情感分析功能，在待分析文件路径文本框中载入待分析的文本资料，之后，系统自动生成情感分段统计结果。积极情绪占比最高，达到了 49.15%，且高度的积极占比达到了 21.19%，说明这部分旅游者的实际体验是高于预期的，旅游者来到这里的体验是满意和愉快的，而且旅游体验效果很好。中性情绪占比 37.29%，相对来说也较高，说明了部分旅游者的旅游体验和心理预期近乎持平，若能提升这部分人群旅游体验的满意度，非常有利于文化旅游产品的可持续发展。此外，对于消极情绪的占比虽然相对较少，占比 13.56%，也不容忽视，足以说明存在部分旅游者的实际体验没有达到他们的预期，要给予一定重视，进一步改进和提升。

通过词频统计、网络语义建构和情感分析，初步获得了一个直观结果。无论是词频统计还是网络语义建构，"文化"始终置于核心位置，说明了旅游者对《印象·刘三姐》和内蒙古烤全羊文化习俗的认可。消费的是产品，体验的是文化。那我们不由得思考一个问题，在众多文化旅游产品同质化的现象中，怎样才能更好地突出其文化属性，吸引旅游者？现代人已经渐渐脱离了物质的需求，寻求精神的满足，对文化的重视程度越来越高。在中国这样一个文明古国中，文化的多样性和独特性会吸引国内外的很多旅游者。正是这种趋势造成了各地开发商争相推出各种各样的文化旅游产品，导致同质化严重，内容上千篇一律，致使旅游者丧失对文化旅游产品的向往。怎样才能带给旅游者耳目一新的感觉，其独特性是现在文化旅游产品所要追寻的。一些高频词如"刘三姐""烤全羊"已成为一个地区文化的品牌，要打造出一个代表性的文化旅游产品，就要进行深入的文化特色挖掘，再针对性地开发。例如把《印象·刘三姐》当成一场纯粹的表演，可能和其他表演并无太大差异。深入研究《印象·刘三姐》整场表演的某些因素，让旅游者观看表演的同时产生了仪式感，这种仪式化的过程体验是独特的、丰富的，也是让人印象深刻的。简而言之，现代人们追求文化交流，独特的体验才会更加吸引旅游者，从而促进长久的发展。

### 五、基于 Nvivo12 的质性文本分析

本研究主要使用质性分析软件 Nvivo12。Nvivo 是一种分析文本资料，并可以进行编码、数据分析、文本归类，最终形成报告的质性分析软件。目的是在词频统计和网络文本的分析基础上，更加直观具体地说明旅游者的体验效果。具体操作方法如下：首先在 Nvivo12 中建立新文件——文化旅游产品仪式化研究。之后，将从各个网站上筛选出来的优质网络游记和金牌点评的资料输入到 Nvivo12 的软件中，对其逐字逐句地进行仔细阅读思考，将能够反映出与研究相关的重点词句和有效信息标记为自由节点，自由节点的名称由相关信息语句提炼而得，在软件中进行记录，并整理归类。若出现表达意思相近的语句，则可以标记为同一自由节点。最后，通过对 20 230 字文本进行反复阅读和思考、软件分析，选择参考点，建立新的节点，为原始资料贴标签。

在自由节点的基础上，研究者对相关概念进行精简归纳，并综合上述高频词分析，最后归纳总结提炼出 14 个类属：情怀、文化依据、规定程度、权威、仪式感、庄严氛围、膜拜心理、品牌、文化微缩、凝聚力、情感共鸣、文化认同、特色表演、参与感，并将这 14 个相关类属归纳为故事性、程序性、神圣性、象征性、群体性和欣赏性。为了确保编码的有效性，编码处理由两名研究者同时进行，并且交叉检查和讨论。当两位研究者意见无法统一时，则第三位研究者介入参与协商。最后，将共同意见形成标签和类属。

**（一）故事性——传播价值**

**1. 情怀**

生活中打动人们内心的东西其实并不是那些精彩耀眼的光环，往往是故事和情怀。肯尼斯·伯克曾说："故事是人生必需的设备"。故事作为人们生活中重要的组成部分

之一，它的重要性不言而喻，现已逐渐成为人们认识现实，追求生活真谛的重要表达载体。

> 小时候经常跟姐姐一起去看刘三姐的故事（演出），刘三姐对我的意义不只是表演，还有回忆。（QL48）

> 自电影《刘三姐》播出，寻访刘三姐和广西山歌，便成了一代又一代人的梦想。（QL37）

刘三姐是传说中美丽的歌仙，也是勇敢朴实的农民，刘三姐的传说形形色色，每个人心中都有自己的刘三姐。因刘三姐的传说，而吸引着无数的旅游者踏着足迹去追寻刘三姐的身影，使她成为广西人民的象征，广西的活名片，将广西优美的山歌传遍四方。正是由于刘三姐的故事深入一部分人的心中，人们带着这种情怀去寻访刘三姐的足迹，在此基础上感受广西的山歌文化，体验广西的风土人情，从而促进广西旅游业的发展。

### 2. 文化依据

> 刘三姐是中国壮族民间传说中一个美丽的歌仙，围绕她有许多优美动人、富于传奇色彩的故事。1961年，电影《刘三姐》诞生了，影片中美丽的桂林山水、美丽的刘三姐、美丽的山歌迅速风靡了全国及整个东南亚。（QL26）

> 《印象·刘三姐》就是传承自广西歌仙刘三姐的传说，把广西的民族文化同广西旅游结合起来的项目。（QL27）

电影《刘三姐》是因为传说刘三姐而拍摄，《印象·刘三姐》是在电影《刘三姐》的基础上进行艺术重构，都展示出刘三姐传说的意义，反映出历史的厚重感与故事性。旅游者在观看《印象·刘三姐》大型实景表演时，观看的是表演，欣赏的是美景，品鉴的是艺术，了解的是文化，在情、智、趣等方面都能获得难忘的旅游体验。

建构本真文化旅游产品的文化背景就是一段史实、一个传说，选择消费文化旅游产品的旅游者，其目的就是体验其文化特色。这其中就包含了一定的文化依据。在整理大量文献后发现，一般而言，建构本真文化旅游产品有一定的文化依据，笔者将这样的一个文化依据归结为"一个故事"，这个"故事"就是文化旅游产品强有力的竞争因素。李丹丹（2016）在研究了内蒙古的草原文化后认为，蒙古族鲜明而又神秘的民族文化特色是形成文化吸引力的关键因素，也是增强文化旅游产业发展的核心竞争力。

为什么故事可以吸引人？从生理上讲，人的左脑是负责逻辑的文学语言、文字，右脑是负责整体的视觉空间，体验情感以及与他人的情感互动。讲故事能很好地把右脑的需要跟左脑的需要整合起来，将故事中的情节与现实巧妙而合理地结合，也许有的故事是虚构的，故事中的人物在假想的条件下出现，在虚构的环境中进行活动，最后实现人们所希望的意义。从心理上讲，当一些故事等同于现实的时候，人们不只是用耳朵在听，而是自觉地调动所有的思维与情感，全身心地感受和体验。因此，人们从孩童时期就喜欢听故事，一个故事可以更加生动形象地将现实意义传达给人们。相对于其他的传播方式，故事是人们更愿意接受的一种传播方式。因此，笔者认为在面对大批量文化旅游产品同质化现象时，文化旅游产品的故事性可以有效地吸引消费者的关注，将信息形象化，深化旅游者对信息主体的感知，增强生动性和趣味性，因而取得很好的传播效果。

### （二）程序性——仪式价值

在对仪式的大量研究中发现，从古至今的仪式都遵循着一定的传统，具备一定的流程，韩雨晴（2015）认为仪式中的流程是仪式的重复进行中始终维持着既定的程序，对这些程序的规范和遵守则体现出了仪式的权威性。彭兆荣（2007）将仪式的构成要素称为五定要件，即确定的时间、固定的场所、规定的程度、稳定的人群以及特定的氛围。这五定要件所形成的社会关系借助于仪式的整体形式产生超脱日常生活的表述效果。笔者在本文中以《印象·刘三姐》为例，概述仪式化理论的程序性。

确定的时间：《印象·刘三姐》整场演出时长约70分钟，冬季平日一般2场/日：第一场演出时间约20：00，第二场约21：30；夏季平日一般3场/日：第一场：19：30，第二场：21：10，第三场：22：30左右（非固定场）。每天具体演出场次、时间调整以景区当日公布为准。（QL46）

固定的场所：中国漓江山水剧场（QL32）

规定的程度：占地面积1.654平方千米水域，12座山峰为背景，剧场可容纳2000位观众以及600位演职人员，阵容强大，构成了迄今为止世界上最大的山水剧场。（QL32）

稳定的人群：以外地游客为主（QL32）

特定的氛围：演职人员是来自周边五个村庄的本地居民以及张艺谋艺术学校的师生，自然地演绎出原生态的生活状态。演出规模宏大，震撼人心。（QL41）

从严格意义来说，《印象·刘三姐》并不是仪式，但演出的整体情境却给游客一种参加仪式的感觉，从观众开始入场到演出结束离开，一步步的程序引领着观众融入情境之中，产生了超脱于日常的体验。Alexander（1997）认为仪式是按照计划进行的表演，通过这种表演改变了日常生活的东西。有学者将仪式定义为按照一定的文化传统将一系列具有象征意义的行为集中起来的安排或程序。韩雨晴（2015）认为仪式最重要的并不是表面上的语言信息的交流，而在于创造一种情境。Douglas（1973）提出仪式是一种精湛的交流形式。可以看出，因为仪式的程序性属性，人们在面对一些具有程序性的事件时，往往会产生一种近似参加仪式的感觉，在这种情境中，人们会产生一种仪式感，从而带来更好的体验。虽然《印象·刘三姐》不是仪式，但它将人们心中的"刘三姐"仪式化，演出的程序化设定，技巧的使用和精神的寄托让它有别于其他普通的情景演出。它是一场演出、一种艺术，亦是一类文化旅游产品。文化旅游产品的"程序"是旅游活动中具体的流程或形式，在具体的情境之中，合理的活动流程是参与活动和记忆的线索，可以让旅游者从日常生活的状态转化到仪式氛围情境之中，进而在轻松愉悦的过程中达到体验的目的。

### （三）神圣性——情感价值

#### 1. 权威

《印象·刘三姐》被喻为上帝与人的杰作，难怪世界旅游组织推荐说：今天不管我们从世界上任何角落来到桂林，不管交通费用有多贵，看一场《印象·刘三姐》都是值得的！（QL29）

用艺术的手法展现了广西少数民族的生活，也让我感受了大师的艺术高度，十几年前的创意到现在仍然经久不衰，这就是艺术本身的魅力。（QL20）

世界旅游组织给予《印象·刘三姐》的高度评价以及张艺谋大师的加入，增添了《印象·刘三姐》文化旅游产品的色彩，人们在面对这种权威时，会产生一种高度的信任感和认同感。在这种心理基础上去体验文化旅游产品时，会用一种更坚定的信念去欣赏和体会，从而产生一种神圣感。

#### 2. 仪式感

落座，熄灯；灯再次亮起的时候，把影影绰绰的山头打亮了。整个过程你不禁感叹，乡土版2008奥运开幕了啊。（QL56）

人们在体验仪式化的过程中，最重要的就是在此过程中产生了仪式感。在观看《印象·刘三姐》的表演时，其磅礴的气势，会给观赏者一种参加奥运会的仪式感，而仪式感中又包含了很多种情感，比如庄严感、神圣感、认同感、敬畏感、形式感、神秘感等。人们在体验文化旅游产品时，往往都是多感官的交叉呼应，共同塑造出仪式感，这种复合的情感会让人们的感受更加独特，印象更加深刻，从而产生对此的欣赏和认同。

#### 3. 庄严氛围

方圆两千米的漓江水域，十二座背景山峰，广袤无际的天穹，构成迄今世界上最大的山水剧场——印象刘三姐。（QL32）

《印象·刘三姐》体现了一种淋漓尽致的豪华气派。相当震撼，阵容强大。（QL9、QL119）

刘三姐的阵容强大，结合了方圆两千米的山水实景，加上数百位演员及观众集合的大型剧场。同样内蒙古的烤全羊盛宴，通过蒙古族特色服饰、蒙语、呼麦等传统文化艺术表现形式，将人们一下拉入不同于日常生活的庄严氛围中，虽然没有仪式场所严格要求的严肃，但也会让旅游者有异于常态的特殊体验。这种庄严氛围的渲染，也会将旅游者很好地带入仪式化的进程中，从而产生仪式感。

**4. 膜拜心理**

表演的人都是阳朔县当地的村民，真的值得来看一看的。你真的会怀疑这么个小地方到底哪来那么多人，还那么多外国人，非常夸张。（QL50）

张艺谋的艺术创作能力真不是一般人能企及，奔着大师来的。（QL90）

《印象·刘三姐》好的音乐、好的艺术、好的山水，等同于爱情神品，她能直接抚慰你、柔化你、陶醉你，让你和她一起忘我和沉沦……（QL113）

涂尔干从宗教学的角度认为仪式是神圣的，他将世界划分为神圣和世俗两大类，宗教是由信仰和仪式组成的，宗教信仰是特定集体的舆论状态，表达了神圣与世俗之间的关系，而仪式则是明确的行为准则，是连接了神圣与世俗的桥梁，具有一定的神圣性。在传统的文化中，仪式的神圣性使人们产生强烈的膜拜心理，并且仪式的神圣性不仅体现在自身方面，也表现在赋予其他事件神圣性方面。薛艺兵（2003）说如果仪式不具有一定程度的神圣性，它就不可能存在。现代社会距离传统越来越远，真正意义上的仪式少之又少，但人们始终有意识地将仪式现象纳入社会生活之中，因此，很多仪式化行为赋予一些人物或事件神圣性的效果，崇拜者在仪式化的过程中得到超脱日常的精神诉求，从而获得满足感，再回归到世俗的世界后，将会更有信心和力量。以《印象·刘三姐》为例，《印象·刘三姐》规模宏大的实景场域拉开了与日常生活的距离，在演出效果的感知氛围下，观众沉浸在一种神圣性的情境之中，产生了一种仪式感，形成了更加深刻的记忆点。韩雨晴（2018）认为一个相对封闭的空间在场域上对我们熟悉的日常进行了隔离，让观众产生陌生感的同时也感受到了神圣性，人们重新体味着生命，构成了对文艺欣赏和审美必需的视觉重心和心理重心。仪式化活动的神圣性，类似于宗教仪式的信仰，在对文化旅游产品的体验过程中产生膜拜的心理，牵引着人们走向更高的精神境界。

## （四）象征性——符号价值

**1. 品牌**

儿时印象中，电影《刘三姐》看过很多遍，故事情节依然清晰，很多插曲至今仍会哼唱。它是一个时代的文化符号，将一段段动听的旋律深深地镌刻在儿时的记忆里，久久难以忘怀。因为有着电影《刘三姐》情结，怀着对张艺谋导演的崇敬与景仰，终于领略了一次江湖上传说已久的大型山水实景演出《印象·刘三姐》。（QL116）

传说中的刘三姐是歌仙，电影中的刘三姐是勇敢朴实的农民写照，这两个经典的元素在日积月累的过程中深深地刻画在人们的心中，《印象·刘三姐》将这些元素融入表演之中，将舞台的视觉、听觉和感觉的整体效果呈现在观众面前，通过一幕幕精彩的场景变换，激发了观众对共同记忆的集体缅怀，唤起情感共鸣。刘三姐是广西的活名片、广西山歌的符号,是勇敢朴实的广西人民的符号,从而成为广西文化认同的核心。

### 2. 文化微缩

《印象·刘三姐》是融合了刘三姐山歌的富有广西民族风情和桂林山水特色的实景演出。(QL34)

《印象·刘三姐》将经典山歌、民族风情和漓江的自然景观等元素创新组合,将文化融于山水,还原于自然,成功诠释了人与自然的和谐关系。演出利用桂林、阳朔举世闻名的两大旅游资源:桂林山水和刘三姐,将二者留给人们的印象进行巧妙的嫁接和有机的融合,让广西的文化微缩到《印象·刘三姐》的表演之中,再与自然景观交相辉映。这种表演方式同时也具有某种仪式庆典的特征,使人们观看演出的同时,也是在看漓江人的生活,品味广西桂林的文化。此时,文化微缩的符号显性已经上升到了心灵和思维的碰撞。

仪式活动具有象征性意义,也就是说仪式行为的意义有其超越自身的更为深刻的隐喻。Turner(1973)认为象征符号是构成仪式语境特殊结构中的最小单位,起到保护和维持着仪式的特殊性质的作用。张志忠(2008)认为仪式的象征性,是将具体的情境进行高度抽象的概括,进而产生超越时空的形而上意义的整体象征。然而,随着社会的历史变迁,真正意义上的仪式越来越少,我们之所以在日常生活中常常感受到仪式,产生仪式感,正是因为社会的仪式化过程。因此,仪式化同样具有象征性,从某种意义上来说,象征性或者符号化是对一个民族文化信仰的高度概括。因此,在文化旅游产品的仪式化开发中,象征性可以将一个种群或是一个民族的文化微缩,将文化符号化,加深人们对其文化的认同。不仅如此,象征性还可以深化到人们的情感之中。文化旅游产品的仪式化可以通过其象征性实现群体共享、文化认同和情感价值。

### (五)群体性——社会凝聚价值

#### 1. 凝聚力

当江水与灯光和谐地融合在一起,当音乐和舞蹈融为一体,当我们被他们所打动,也与之融为一体时,这一切显得那么宁静而美好。(QL52)

一群人一起吃一只烤全羊,热闹非凡,本来都是不太熟悉的人,但通过这一次的互动,加深了彼此的感情,有种回家跟自己家人吃饭的感觉。(QL87)

无论是体验《印象·刘三姐》还是内蒙古的烤全羊盛宴,当一个人处于一群人的氛围中,就会不由自主地受到集体氛围的影响而加入其中。为什么一个人的世界平淡无奇,一群人的生活会丰富多彩呢?法国社会学家哈布瓦赫曾说过:"欢腾时期和日常生活时期之间的空白,是由集体记忆填充与维持的,它使得单调乏味的日常生活在常规的实践中保持了新鲜与活力"。仪式本身作为一种群体性活动,起到唤起人们内心深处超脱于日常生活之外的情感体验,聚合观众并让观众自觉融入的作用。

### 2. 情感共鸣

起初还没进入观看演出的状态，但由于在场观众情绪的感染，让我也自然而然融入其中。（QL118）

在心理学上，有一个概念叫作"心境"，是指个体的一种微弱、平静、持续时间较长且带有感染作用的情绪状态，它具有长期性和弥散性的特点。弥散性是指心境没有指向具体对象，而是根据心情具有一定的传染作用，人的情绪可以由自身扩张到周围的其他事物，即以某种心境为中心，发散至周围。笔者认为，在一个群体共同处于一种氛围和环境中，就体现出弥散性的特点，一个单独的个体处于一种集体氛围中，很容易被情绪所感染并自然地融入其中。当观众在观看《印象·刘三姐》大型实景演出和品味内蒙古烤全羊盛宴时，在周围磅礴的气势以及观众们的情感渲染之下，调动起人们共同的趣味以及情感诉求，唤起人们超脱于日常的特殊意义。

### 3. 文化认同

从《印象·刘三姐》中，了解到了许多广西民族的生活民俗，感受到了广西各民族劳动人民对未来生活的热望。（QL55）

涂尔干在对仪式的研究中说，社会分散状态使社会生活单调、萎靡而沉闷，但只要是集体狂欢一开始，一切就改变了，任何有点重要的事都可以促使他们完全出离自身。也就是说，生活中一些个体，如果处在一群人的氛围和情绪中，就可能成为一种仪式。在这个仪式化的过程中产生的归属感和认同感，黏合了人们与社会的距离，促使人们产生一种对社会性和聚合性的渴望。

詹姆斯·凯瑞在提出传播的仪式观概念时，就指出仪式化传播是对一个社会的维系，是共享信仰的表征，是一种以团体或共同的身份将一群人吸引到一起的神圣典礼。笔者认为，在一个群体共同处于一种氛围和环境中，就加深了仪式化的渲染程度，在这种仪式化过程中生动释放人们内心情感的意愿，唤醒人们的情感共鸣，使人们更加凝聚。董华峰、霍丽娜（2013）在研究仪式化传播时提出，任何仪式化活动都由共同的情感和信仰做支撑，它所唤起的不仅是人们的情感共鸣，更是膜拜和沉入，就像一个巨大的磁场，在吸附、聚合社会成员的同时，能够制造一种归属感。简而言之，仪式化的群体性可以使一些个体从平淡无奇的现实生活中抽离出来，回到内心纯粹的精神世界，激发人们形而上的情感诉求，在一群人的集体性狂欢中找到一种归属感，获得群体的高度认同。

## （六）欣赏性——审美价值

### 1. 特色表演

方圆两千米的漓江水域，十二座背景山峰，广袤无际的天穹，构成迄今世界上最大的山水剧场——印象·刘三姐。（QL32）

游客在体验文化旅游产品时，也是在欣赏一场表演，而独具文化特色的表演才会脱颖而出，在旅游者心目中形成深刻的印象。因此，文化旅游产品仪式化的属性，要具有欣赏性，深入旅游者的体会，感悟深切并表露出赞许的情感。在观看《印象·刘三姐》和体会内蒙古烤全羊盛宴这样的特色表演时，人们在心中产生了"美"的感觉，仪式化虽不是仪式，但人们在感受仪式化的进程中，感受颇深且独特，并给予好的评价，这是具有欣赏性的。

## 2. 参与感

在蒙古包吃着烤全羊，大家一起共同感受文化氛围，一起载歌载舞，真的好棒哦，连我一个这么害羞的人都被感染，参与进去，意外地还唱了歌，跳了舞，真是太好玩了。（QL81）

游客在体验内蒙古烤全羊的表演、感受蒙古包的场景布置以及参与现场的互动模式过程中，享受了一场视听尝的盛宴，通过多感官的旅游体验，拉近自己与旅游目的地的心理距离。

旅游作为一种社会活动，因其自身的特点，从广义上来说可以纳入表演当中，贾一诺、谢彦君（2018）将表演分为三种类型，并用本真性加以解释：当旅游者与旅游场的心理距离较远时，游客会比较关注旅游客体的真实性，当心理距离较近时，游客会将关注点转移到自身，更加在意自身的体验和感受。也就是说，客观本真性文化旅游产品强调旅游客体的真实性，而建构本真性和存在本真性文化旅游产品强调旅游主体的体验，其总结如表 11-3 所示。

表 11-3 旅游表演类型总结

|  | 仪式型表演 | 移情型表演 | 游戏型表演 |
|---|---|---|---|
| 拟剧理论 | 布莱希特 | 斯坦尼斯拉夫斯基 | 阿尔托 |
| 体验途径 | 审美 | 批判 | 参与 |
| 观演距离 | 远 | 中 | 近 |
| 本真性 | 客观主义 | 建构主义 | 存在主义 |

资料来源：《旅游体验的类型与境界——三大戏剧表演理论视角下的新谱系》（贾一诺、谢彦君、李拉扬，2018）。

将建构本真性文化旅游产品纳入移情型表演中，利用呈现在游客面前的赋仪或祛仪的旅游情境，注重调动旅游者的多感官应用，让游客在欣赏美的同时心灵得到了解脱或者是放松，这样的文化旅游产品才会吸引旅游者，满足旅游者的需求。就像布尔迪厄曾说过的那样："文化资本具体的形式即以精神或肉体持久的性情的形式存在"。

## 六、结论

本文用现象学发现仪式化问题并形成观点,运用质性研究的方法对仪式化进行探索性研究,得出以下成果:笔者提出仪式化理论,并在传播学中得到印证,将仪式化理论引入旅游研究,提出并阐述文化旅游产品打造的仪式化现象,提出并定义仪式化概念,提出仪式化的两种表现形态并创造概念:赋仪和祛仪。传播学中的仪式化是传播仪式化,属于赋仪范畴,没有祛仪,也不涉及产品打造。

# 参考文献

[1] Alexander B C. (1991). Victor Turner Revisited: Ritual as Social Change. Atlanta: Scholars Press.

[2] Ban S W, Jang Y M, Lee M. (2011). Affective Saliency Map Considering Psychological Distance. Neurocomputing, 74(11): 1916-1925.

[3] Barrett L F, Russell J A. (1999). The Structure of Current Affect: Controversies and Emerging Consensus. Current Directions in Psychological Science, 8(1): 10-14.

[4] Boorstin D J. (2012). The Image: A Guide to Pseudo-Events in America. New York: Vintage Books.

[5] Bruner E M. (1994). Abraham Lincoln as Authentic Reproduction: A Critique of Postmodernism. American Anthropologist, 96(2): 397-415.

[6] Bruner E M. (1996). Tourism in the Balinese Borderzone. In Displacement, Diaspora, and Geographies of Identity (pp. 157-179). Durham: Duke University Press.

[7] Carmines E G, Zeller R A. (1979). Reliability and Validity Assessment. Beverly Hills: Sage.

[8] Cary S H. (2004). The Tourist Moment. Annals of Tourism Research, 31(1): 61-77.

[9] Chen H S. (2017). Travel Well, Road Warriors: Assessing Business Travelers' Stressors. Tourism Management Perspectives, 22: 1-6.

[10] Christou P. (2020). Einstein's Theory of Relativity Informing Research Relating to Social Sciences, Tourism and the Tourist Experience. Current Issues in Tourism, 23(18): 2223-2229.

[11] Chronis A. (2005). Our Byzantine Heritage: Consumption of the Past and Its Experiential Benefits. Journal of Consumer Marketing, 22(4): 213-222

[12] Chung J Y, Choi Y K., Yoo B K, et al. (2020). Bleisure Tourism Experience Chain: Implications for Destination Marketing. Asia Pacific Journal of Tourism Research, 25(3): 300-310.

[13] Coghlan A, Pearce P. (2010). Tracking Affective Components of Satisfaction. Tourism and Hospitality Research, 10(1): 42-58.

[14] Cohen E. (1979). Rethinking the Sociology of Tourism. Annals of Tourism Research, 6(1): 18-35.

[15] Cohen E. (1988a). Authenticity and Commoditization in Tourism. Annals of Tourism Research, 15(3): 371-386.

[16] Cohen E. (1988b). Traditions in the qualitative sociology of tourism. Annals of Tourism Research, 15(1): 29-46.

[17] Cohen E. (1998). Tourism and Religion: A Comparative Perspective. Pacific Tourism Review, 2(1):

1-10.

[18] Csikszentmihalyi M, Csikszentmihalyi I S. (Eds.). (1988). Optimal Experience: Psychological Studies of Flow in Consciousness. New York: Cambridge University Press.

[19] DeLongis A, Folkman S, Lazarus R S. (1988). The Impact of Daily Stress on Health and Mood: Psychological and Social Resources as Mediators. Journal of Personality and Social Psychology, 54: 486-495.

[20] Durkheim E, Fields K E. (1995). The Elementary Forms of Religious Life. New York: Free Press.

[21] Ewert A. (1988). The Identification and Modification of Situational Fears Associated with Outdoor Recreation. Journal of Leisure Research, 20 (2): 106-117.

[22] Falconer E. (2013). Transformations of the Backpacking Food Tourist: Emotions and Conflicts. Tourist Studies, 13 (1): 21-35.

[23] Featherstone M. (2010). Body, Image and Affect in Consumer Culture. Body & Society, 16 (1): 193-221.

[24] Feng S, Yi J S, Lee J H. (2019). Revitalization of Chinese Tourism in Baotu Spring Park of Jinan through Service Design Thinking. International Journal of Contents, 15 (4): 50-58.

[25] Förster J. (2009). Cognitive Consequences of Novelty and Familiarity: How Mere Exposure Influences Level of Construal. Journal of Experimental Social Psychology, 45 (2): 444-447.

[26] Foucault M. (2005). The Order of Things. London: Routledge.

[27] Freudenberger H J. (1974). Staff Burn-Out. Journal of Social Issues, 30 (1): 159-165.

[28] Goffman E. (1967). Interaction Ritual: Essays on Face-to-Face Interaction. Oxford: Aldine.

[29] Graburn N. (2009). 人类学与旅游时代. 赵红梅, 译. 桂林: 广西师范大学出版社.

[30] Gustafson P. (2001). Meanings of Place: Everyday Experience and Theoretical Conceptualizations. Journal of Environmental Psychology, 21 (1): 5-16.

[31] Hair J F. (1998). Multivariate Data Analysis (5th). New York: Prentice Hall.

[32] Handelman D, Lindquist G. (2005). Ritual in Its Own Right: Exploring the Dynamics of Transformation. New York: Berghahn Books.

[33] Havitz M E, Dimanche F. (1990). Propositions for Testing the Involvement Construct in Recreational and Tourism Contexts. Leisure Sciences, 12 (2): 179-195.

[34] Hobsbawm E J, Ranger T O. (1983). The Invention of Tradition. New York: Cambridge University Press.

[35] Hooks B. (2009). Belonging: A Culture of Place. New York: Routledge.

[36] Huxley J. (1966). The Control of Human Heredity and Evolution. The Eugenics Review, 58 (1): 28-29.

[37] Iso-Ahola S E, Weissinger E. (1990). Perceptions of Boredom in Leisure: Conceptualization, Reliability and Validity of the Leisure Boredom Scale. Journal of Leisure Research, 22 (1): 1-17.

[38] Jennings G. (2007). 旅游研究方法. 谢彦君, 陈丽, 译. 北京: 旅游教育出版社.

[39] Jorgensen B S, Stedman R C. (2001). Sense of Place as an Attitude: Lakeshore Owners Attitudes Toward Their Properties. Journal of Environmental Psychology, 21 (3): 233-248.

[40] Kahill S. (1988). Symptoms of Professional Burnout: A Review of the Empirical Evidence. Canadian Psychology, 29: 284-297.

[41] Kim J S, Ha K S. (2010). Selection Attributes and Pursuit Benefits of Processed Fishery Products. Journal of the Korean Society of Food Culture, 25: 516-524.

[42] Krippendorf J. (1986). The New Tourist: Turning Point for Leisure and Travel. Tourism Management, 7 (2): 131-135.

[43] Lewicka M. (2008). Place Attachment, Place Identity, and Place Memory: Restoring the Forgotten City Past. Journal of Environmental Psychology, 28 (3): 209-231.

[44] Lewicka M. (2011). Place Attachment: How Far Have We Come in the Last 40 Years? Journal of Environmental Psychology, 31 (3): 207-230.

[45] Lin Y, Kerstetter D, Nawijn J, etc. (2014). Changes in Emotions and Their Interactions with Personality in a Vacation Context. Tourism Management, 40: 416-424.

[46] MacCannell D. (1973). Staged Authenticity: Arrangements of Social Space in Tourist Settings. American Journal of Sociology, 79 (3): 589-603.

[47] Malanowski J R, Wood P H. (1984). Burnout and Self-Actualization in Public School Teachers. The Journal of Psychology, 117 (1): 23-26.

[48] Massara F, Severino F. (2013). Psychological Distance in the Heritage Experience. Annals of Tourism Research, 42: 108-129.

[49] Milman A. (1998). The Impact of Tourism and Travel Experience on Senior Travelers' Psychological Well-being. Journal of Travel Research, 37 (2): 166-170.

[50] Moon B. (1995). Paradigms in Migration Research: Exploring "Moorings" as a Schema. Progress in Human Geography, 19 (4): 504-524.

[51] Nanzer B. (2004). Measuring Sense of Place: A Scale For Michigan. Administrative Theory & Praxis, 26 (3): 362-382.

[52] Nawijn J. (2011). Determinants of Daily Happiness on Vacation. Journal of Travel Research, 50 (5): 559-566.

[53] Obrador-Pons P. (2009). Building Castles in the Sand: Repositioning Touch on the Beach. The Senses and Society, 4 (2): 195-210.

[54] Olson I R, Moore K S, Stark M., et al. (2006). Visual Working Memory Is Impaired When the Medial Temporal Lobe Is Damaged. Journal of Cognitive Neuroscience, 18 (7): 1087-1097.

[55] Patton M Q. (1990). Qualitative Evaluation and Research Methods (2nd). Thousand Oaks: Sage.

[56] Pearce P L, Wu M Y, De Carlo M, et al. (2013). Contemporary Experiences of Chinese Tourists in Italy: An On-site Analysis in Milan. Tourism Management Perspectives, 7: 34-37.

[57] Pearce P L, Moscardo G M. (1985). The Relationship Between Travellers' Career Levels and the Concept of Authenticity. Australian Journal of Psychology, 37 (2): 157-174.

[58] Pearce P L, Moscardo G M. (1986). The Concept of Authenticity in Tourist Experiences. The Australian and New Zealand Journal of Sociology, 22 (1): 121-132.

[59] Perlman B, Hartman E A. (1982). Burnout: Summary and Future Research. Human Relations, 35 (4): 283-305.

[60] Pike S. (2002). Destination Image Analysis: A Review of 142 Papers from 1973 to 2000. Tourism Management, 23 (5): 541-549.

[61] Proshansky H M. (1978). The City and Self-Identity. Environment and Behavior, 10 (2): 147-

169.

[62] Qian J, Zhu H, Liu Y. (2011). Investigating Urban Migrants' Sense of Place Through a Multi-Scalar Perspective. Journal of Environmental Psychology, 31 (2): 170-183.

[63] Rappaport R A. (2010). Ritual and Religion in the Making of Humanity (10th). Cambridge: Cambridge University Press.

[64] Riffel P, Rao R K, Haneder S, et al. (2013). Impact of Field Strength and Rf Excitation on Abdominal Diffusion-Weighted Magnetic Resonance Imaging. World Journal of Radiology, 5 (9): 334-344.

[65] Rozakou K. (2012). The Biopolitics of Hospitality in Greece: Humanitarianism and the Management of Refugees. American Ethnologist, 39 (3): 562-577.

[66] Russell J A, Lanius U F. (1984). Adaptation Level and the Affective Appraisal of Environments. Journal of Environmental Psychology, 4 (2): 119-135.

[67] Ryan C. (1997). The Tourist Experience: A New Introduction. London: Cassell.

[68] Saldanha A. (2002). Music Tourism and Factions of Bodies in Goa. Tourist Studies, 2 (1): 43-62.

[69] Schmitt B. (1999). Experiential Marketing: How to Get Customers to Sense, Feel, Think, Act, and Relate to Your Company and Brands. New York: Free Press.

[70] Schuster R, Hammitt W E, Moore D. (2006). Stress Appraisal and Coping Response to Hassles Experienced in Outdoor Recreation Settings. Leisure Sciences, 28 (2): 97-113.

[71] Smith J Z. (1980). The Bare Facts of Ritual. History of Religions, 20 (1): 112-127.

[72] Smith V L, Brent M. (Eds.). (2001). Hosts and Guests Revisited: Tourism Issues of the 21st Century. New York: Cognizant Communication.

[73] Smith V L. (1989). Tourism: The Sacred Journey. In Hosts and Guests (pp. 19-36). Philadelphia: University of Pennsylvania Press.

[74] Snodgrass J, Russell J A., Ward L M. (1988). Planning, Mood, and Place-Liking. Journal of Environmental Psychology, 8 (3): 209-222.

[75] Soini K, Vaarala H, Pouta E. (2012). Residents' Sense of Place and Landscape Perceptions at the Rural-Urban Interface. Landscape and Urban Planning, 104 (1): 124-134.

[76] Stephenson B. (2015). Ritual: A Very Short Introduction. New York: Oxford University Press.

[77] Strauss-Blasche G, Ekmekcioglu C, Marktl W. (2000). Does Vacation Enable Recuperation? Changes in Well-being Associated with Time Away from Work. Occupational Medicine, 50 (3): 167-172.

[78] Tan S K, Tan S H, Kok Y S, et al. (2018). Sense of Place and Sustainability of Intangible Cultural Heritage: the Case of George Town and Melaka. Tourism Management, 67: 376-387.

[79] Trope Y, Liberman N, Wakslak C. (2007). Construal Levels and Psychological Distance: Effects on Representation, Prediction, Evaluation, and Behavior. Journal of Consumer Psychology, 17 (2): 83-95.

[80] Trope Y, Liberman N. (2003). Temporal Construal. Psychological Review, 110: 403-421.

[81] Tuan Y F. (2004). Home. In Patterned Ground: Entanglements of Nature and Culture (pp. 164-165). London: Reaktion Books.

[82] Tuan Y. (1990). Topophilia: A Study of Environmental Perception, Attitudes, and Values. New

[83] Tung V W S, Ritchie J B. (2011). Exploring the Essence of Memorable Tourism Experiences. Annals of Tourism Research, 38 (4): 1367-1386.

[84] Turner V W. (1973). Symbols in African Ritual. Science, 179 (4078): 1100-1105.

[85] Turner V. (1982). Images of Anti-Temporality: An Essay in the Anthropology of Experience. Harvard Theological Review, 75 (2): 243-265.

[86] Vaske J J, Kobrin K C. (2001). Place Attachment and Environmentally Responsible Behavior. The Journal of Environmental Education, 32 (4): 16-21.

[87] Veijola S, Jokinen E. (1994). The Body in Tourism. Theory, Culture & Society, 11 (3): 125-151.

[88] Vittersø J, Vorkinn M, Vistad O I, etc. (2000). Tourist Experiences and Attractions. Annals of Tourism Research, 27 (2): 432-450.

[89] Ward L M, Snodgrass J, Chew B, etc. (1988). The Role of Plans in Cognitive and Affective Responses to Places. Journal of Environmental Psychology, 8 (1): 1-8.

[90] Wearing B, Wearing S. (1996). Refocussing the tourist experience: The flaneur and the Choraster. Leisure Studies, 15 (4): 229-243.

[91] Wester-Herber M. (2004). Underlying Concerns in Land-Use Conflicts: The Role of Place-Identity in Risk Perception. Environmental Science & Policy, 7 (2): 109-116.

[92] Wickens E. (2002). The Sacred and the Profane: A Tourist Typology. Annals of Tourism Research, 29 (5): 834-851.

[93] Wilson T D, Meyers J, Gilbert D T. (2003). "How Happy Was I, Anyway?" A Retrospective Impact Bias. Social Cognition, 21 (6): 421.

[94] Zehrer A, Crotts J C. (2012). Vacation Stress: The Development of a Vacation Stress Model Among US Vacation Travelers. Tourism Review, 67 (3): 41-55.

[95] Ziemke T, Zlatev J, Frank R M. (Eds.). (2007). Body, Language, and Mind. New York: Mouton de Gruyter.

[96] 白凯, 赵安周. (2011). 城市意象与旅游目的地意象研究中的趋同与分野. 地理科学进展, 30 (10): 1312-1320.

[97] 保继刚, 谢彦君, 王宁, 等. (2019). "旅游学纵横: 学界五人对话录（续）"之"旅游教育40年: 不惑之惑". 旅游论坛, 12 (2): 1-13.

[98] 布迪厄 (2015). 反思社会学导引. 李猛, 李康, 译. 北京: 商务印书馆.

[99] 蔡骐. (2019). 风格化表演与仪式化互动: 重新审视网络直播. 传媒观察, 3: 5-11+2.

[100] 蔡寅春, 谢辉基. (2018). 栖居与游戏: 对旅游体验问题的再认识. 四川师范大学学报: 社会科学版, 45 (5): 81-90.

[101] 曹洪珍. (2006). 旅游体验中研究快乐形成的新方法——畅爽理论. 北方经贸, 11: 13-14.

[102] 曹诗图, 曹国新, 邓苏. (2011). 对旅游本质的哲学辨析. 旅游科学, 25 (1): 80-87.

[103] 曾韬, 李玺. (2019). 澳门旅游多元发展的优化: 基于游客类型与旅游休闲体验质量关系的视角. 华南师范大学学报: 社会科学版, 5: 49-59+190.

[104] 陈伯海. (2011). 生命体验和审美超越: 论审美体验的由来与归趋. 河北学刊, 31 (4): 102-109.

[105] 陈才.（2009）.意象·凝视·认同.大连：东北财经大学.

[106] 陈丽荣.（2017）.试论深度旅游视角下茶文化生态旅游的开发路径.福建茶叶，39（6）：116-117.

[107] 陈素华，杨殿斛.（2009）.在旅游仪式展演中的"非物质文化遗产保护"：人类学视野中的黔东南郎德苗寨民族歌舞传承.黔南民族师范学院学报，29（5）：82-85.

[108] 陈文华，张兆龙，康厚良，等.（2014）.仪式性节庆体育市场化思考：基于旅游仪式理论.沈阳大学学报：社会科学版，16（3）：308-312.

[109] 陈学璞.（2008）.论刘三姐文化现象.广西社会科学，2：23-26.

[110] 董华峰，霍丽姗.（2013）.电视媒体仪式化传播的回潮及思考.当代传播，5：15-17.

[111] 董培海，李伟.（2013）.旅游、现代性与怀旧：旅游社会学的理论探索.旅游学刊，28（4）：111-120.

[112] 杜法成，李文勇，戚兴宇.（2018）.旅游本真性、情感体验与地方依恋的关系研究.资源开发与市场，34（6）：878-883.

[113] 段义孚，宋秀葵，陈金凤.（2017）.地方感：人的意义何在？鄱阳湖学刊，4：38-44+126.

[114] 樊友猛，谢彦君.（2017）."体验"的内涵与旅游体验属性新探.旅游学刊，32（11）：16-25.

[115] 樊友猛，谢彦君.（2019）.旅游体验研究的具身范式.旅游学刊，34（11）：17-28.

[116] 范热内普.（2010）.过渡礼仪：门与门槛、待客、收养、怀孕与分娩、诞生、童年、青春期、成人、圣职受任、加冕、订婚与结婚、丧葬、岁时等礼仪之系统研究，张举文，译.北京：商务印书馆.

[117] 冯骥才.（1996）.深度旅游.城市发展研究，1：35.

[118] 傅钰涵.（2018）.T2O模式下"双11"传播的仪式化.新闻研究导刊，24（9）：9-10.

[119] 高敏杰.（2011）.论跨文化交际中的文化休克现象及对策.语文学刊，14：58-59.

[120] 高楠.（1989）.放舟于迷惘之河：读王一川的《意义的瞬间生成》.中国图书评论，3：35-39.

[121] 葛凌亚，苏勤，俞传俊，等.（2013）.国内外旅游地居民地方感研究进展与启示.旅游论坛，6（5）：18-25.

[122] 韩笑.（2018）.出境游中国游客"文化休克"成因及对策.枣庄学院学报，35（6）：90-94.

[123] 韩雨晴.（2018）.审美仪式化：重构艺术的神圣性.桂林：广西师范大学.

[124] 侯杰泰，温忠麟，成子娟.（2004）.结构方程模型及其应用.北京：教育科学出版社.

[125] 胡友峰.（2002）.论审美经验中的"距离"问题.安徽电力职工大学学报，4：82-86.

[126] 华生旭，吕厚超.（2012）.心理距离与建构水平的双向作用关系.心理科学，35（6）：1519-1523.

[127] 贾一诺，谢彦君，李拉扬.（2018）.旅游体验的类型与境界：三大戏剧表演理论视角下的新谱系.华侨大学学报：哲学社会科学版，5：31-40.

[128] 贾媛媛.（2008）.古典实用主义的实践哲学.江海学刊，3：48-52.

[129] 焦世泰.（2013）.基于因子分析的民族文化旅游演艺产品游客感知评价体系研究：以"印象刘三姐"实景演出为例.人文地理，28（1）：150-154.

[130] 金秀芳.（2001）.论跨文化交流中的"文化休克"现象.同济大学学报：社会科学版，2：84-87.

[131] 科恩.（2007）.旅游社会学纵论.天津：南开大学出版社.

[132] 李春霞，彭兆荣.（2009）.彝族"都则"（火把节）的仪式性与旅游开发.旅游学刊，24（4）：

79-84.

[133] 李东祎．（2017）．旅游倦怠研究．大连：东北财经大学．
[134] 李恩园．（2020）．旅中美籍文化混血儿返乡文化休克研究．石家庄：河北师范大学．
[135] 李广宏，吴大为，杨洁．（2016）．大型实景演艺旅游产品的开发研究：《印象·刘三姐》与《印象·丽江》的对比．凯里学院学报，34（2）：68-73.
[136] 李惠．（2018）．旅游体验中异地感研究．大连：东北财经大学．
[137] 李萍．（2003）．浅析文化休克现象．昆明师范高等专科学校学报，3：52-54.
[138] 李晓雯，黄远水．（2009）．深度旅游产品的设计：以泉州为例．北京第二外国语学院学报，31（5）：76-80.
[139] 李钰．（2012）．旅游体验设计原理与方法．大连：东北财经大学出版社．
[140] 李长岷．（1982）．印刻：心理学上的新见解．西南师范学院学报：自然科学版，3：115-118
[141] 林婧．（2012）．旅游世界中的道德问题研究．大连：东北财经大学．
[142] 刘丹青，黄荣．（2006）．论跨文化旅游的文化后果及其解决．长沙理工大学学报：社会科学版，1：93-96.
[143] 刘美岑．（2019）．文化旅游产品仪式化研究．大连：东北财经大学．
[144] 刘桃．（2017）．大众文化"仪式化"的初探：以《印象·刘三姐》造就本土文化产业为例．今传媒，25（11）：100-101.
[145] 龙江智，段浩然，何洋．（2020）．古镇情境下旅游涉入、地方依恋对游客满意度的影响研究：以体验质量为中介．旅游导刊，4（4）：56-73.
[146] 龙江智，卢昌崇．（2010）．从生活世界到旅游世界：心境的跨越．旅游学刊，25（6）：25-31.
[147] 龙江智．（2005）．从体验视角看旅游的本质及旅游学科体系的构建．旅游学刊，1：21-26.
[148] 吕宁．（2010）．旅游体验中的地方感研究．大连：东北财经大学．
[149] 马天．（2019）．旅游体验测量方法：重要回顾与展望．旅游科学，33（3）：37-49.
[150] 马薇薇．（2015）．开埠前上海娱乐仪式化的文化思考．宁夏社会科学，6：168-173.
[151] 倪晓悦．（2018）．关于旅游演艺产品开发的本真性思考．厦门：厦门大学．
[152] 聂峥嵘，梁福兴．（2017）．文化诗性视角下旅游演艺项目创意与展演研究：以《印象·刘三姐》为例．河池学院学报，37（4）：62-66.
[153] 牛君仪．（2014）．体验型旅游产品类型及开发研究．学术交流，1：125-128.
[154] 派恩，吉尔摩．（2012）．体验经济．毕崇毅，译．北京：机械工业出版社．
[155] 彭兆荣．（2007）．人类学仪式的理论与实践．民族出版社．
[156] 朴璟淑．（2014）．倦怠心理学：摆脱充满无力感的生活（邢琳）．北京：中国画报出版社．
[157] 任俊．（2006）．积极心理学思想的理论研究．南京：南京师范大学．
[158] 邵培仁．（2009）．媒介理论前沿．杭州：浙江大学出版社．
[159] 盛婷婷，杨钊．（2015）．国外地方感研究进展与启示．人文地理，30（4）：11-17+115.
[160] 孙雷．（2014）．中国国际旅游者和旅游目的国居民的文化冲突研究．杭州：浙江大学．
[161] 孙喜林，廉洁．（2010）．本真性视角下文化旅游产品的分类及其现实意义．东北财经大学学报，4：64-67.
[162] 孙喜林．（2007）．旅游心理学．北京：中国旅游出版社．
[163] 唐文跃．（2007）．地方感研究进展及研究框架．旅游学刊，11：70-77.
[164] 佟新阳．（2020）．在地旅游体验的主要类型及生成机制研究．大连：东北财经大学．

[165] 涂尔干.（2006）.宗教生活的基本形式.上海：上海人民出版社.

[166] 王德刚.（2018）.优质旅游的根本是内涵式发展.中国旅游报，2018-01-12：003.

[167] 王格.（2019）.从"客流"到"客留"：扬州旅游深度体验研究.无锡职业技术学院学报，18（4）：65-69+73.

[168] 王宁，刘丹萍，马凌.（2008）.旅游社会学.天津：南开大学出版社.

[169] 王宁.（2007）.旅游中的互动本真性：好客旅游研究.广西民族大学学报：哲学社会科学版，6：18-24.

[170] 王宁.（2014）.旅游伦理与本真性体验的文化心理差异.旅游学刊，29（11）：5-6.

[171] 王晓丹.（2015）.论旅游中的仪式与仪式感.大连：东北财经大学.

[172] 王一川.（1988）.体验与生成：西方体验美学论体验的意义.文艺研究，3：130-147.

[173] 吴俊，唐代剑.（2018）.旅游体验研究的新视角：具身理论.旅游学刊，33（1）：118-125.

[174] 吴明隆.（2012）.结构方程模型：SIMPLIS 的应用.重庆：重庆大学出版社.

[175] 吴小旭.（2010）.基于旅游涉入与地方依恋理论的乡村旅游度假产品发展研究.广州：华南理工大学.

[176] 吴颖，邓祝仁.（2006）.论深度旅游产品及其开发.社会科学家，4：117-120.

[177] 伍彦谚.（2017）.仪式舞蹈与文化记忆：以梅山教《跄太公》仪式为例.求索，9：159-166.

[178] 谢彦君，樊友猛.（2017）.身体视角下的旅游体验：基于徒步游记与访谈的扎根理论分析.人文地理，32（4）：129-137.

[179] 谢彦君，徐英.（2016）.旅游场中的互动仪式：旅游体验情感能量的动力学分析.旅游科学，30（1）：1-15.

[180] 谢彦君.（2005）.旅游体验研究.大连：东北财经大学.

[181] 熊剑峰，明庆忠，王峰.（2014）.深度旅游：内涵·缘起·启示.旅游研究，6（4）：11-15.

[182] 徐菊凤.（2011）.关于旅游学科基本概念的共识性问题.旅游学刊，26（10）：21-30.

[183] 薛惠娟.（2019）.来华学历教育中的"文化休克"形成机制研究.教育学术月刊，8：27-34.

[184] 闫晓莉.（2020）.深度旅游中的文化惊喜研究.大连：东北财经大学.

[185] 杨昌.（2018）.基于深度旅游理念的茶文化旅游产品开发研究.福建茶叶，40（7）：137.

[186] 杨春时.（2015）.现代性体验与美学思潮.天津社会科学，1：156-163.

[187] 杨坤武，明庆忠，李庆雷，等.（2008）.基于深度旅游理念的茶文化旅游产品开发研究.昆明大学学报，19（4）：48-51+60.

[188] 杨丽斌，曹诗图.（2016）.基于深度旅游理念的白酒工业旅游开发策略研究：以白云边酒业集团为例.湖北文理学院学报，37（11）：39-43+48.

[189] 杨祎，梁修存.（2015）.文化旅游产品开发的路径与模式研究.南京社会科学，3：147-151.

[190] 余勇，田金霞.（2013）.骑乘者休闲涉入、休闲效益与幸福感结构关系研究：以肇庆星湖自行车绿道为例.旅游学刊，28（2）：67-76.

[191] 余志远.（2012）.旅游体验与个人变化：一个分析的框架.旅游科学，26（5）：9-19.

[192] 原群.（2015）.深度旅游的三个维度.中国旅游报，2015-04-30.

[193] 张定.（2018）.地域形象的仪式化传播：以长江中游地区火文化为例.新闻传播，22：23-25.

[194] 张金美.（2011）.军人职业倦怠量表的研制.上海：第二军医大学.

[195] 张鹏程，卢家楣.（2012）.体验概念的界定与辨析.心理学探新，32（6）：489-493.

[196] 张伸阳.（2017）.视觉的赠予：具身惊喜体验在旅游场中的呈现.大连：东北财经大学.

［197］张淑芳.（2017）.仪式化传播的观念塑造与价值引领.当代传播，2：35-39.

［198］张薇，张晓燕.（2011）.黄鹤楼景区旅游吸引力提升研究：基于深度旅游的视角.武汉大学学报：哲学社会科学版，64（1）：112-117.

［199］张迅.（2008）.试论图画书设计中的"翻页惊喜".南京：南京艺术学院.

［200］张语.（2019）.媒介仪式论视角下央视春晚"仪式"特征与建构.今传媒，27（1）：38-40.

［201］赵刘，程琦，周武忠.（2013）.现象学视角下旅游体验的本体描述与意向构造.旅游学刊，28（10）：97-106.

［202］周亚庆，吴茂英，周永广，等.（2007）.旅游研究中的"真实性"理论及其比较.旅游学刊，6：42-47.

［203］周媛.（2013）.旅游中的文化休克现象初探.山西经济管理干部学院学报，21（2）：18-20.

［204］朱萤，刘云.（2011）.无锡吴文化深度旅游开发研究.云南财经大学学报：社会科学版，26（4）：88-90.

［205］邹开敏.（2008）.国内外深度旅游研究现状.中国旅游报，6：011.

［206］邹统钎，吴丽云.（2003）.旅游体验的本质、类型与塑造原则.旅游科学，4：7-10+41.

# 后 记

动手写后记的时候有些沉重、甚至哀伤。职业生涯即将走到尽头，这本书是对职业人生的总结，也是一种祭奠，沉重和哀伤也就事出有因了。人格流于偏执，学术失之懈怠，回顾职业人生路惭愧多于骄傲，所以沉重和哀伤似乎更有理由了。好在有这本书，旅游学术生涯可以盖棺论定了，聊以搪塞，还是略有小成，冷暖自知。外可交代，内可安慰倒也物尽其用。

职业学术生涯可以用来填表的东西寥寥无几，得靠放大镜帮助堪堪可见。心有不甘是精神最后的挣扎，却也是良知尚在的余波。鼓起余勇端出所谓的学术思想成果奉献给大家，希冀学术之潭泛起涟漪，如是，则公私两幸。

旅游何以成学，本人提出"独有性"观点。一个学科必须有独有的研究对象，独有的概念和理论体系，基于独有对象的独有研究范式和方法组合。承认"独有性"是学科成立的标准，那么旅游学是否成学就有明确答案，还可以理顺学科建设思路，消除噪声。

提出旅游本质是刺激寻求和安乐寻求观点。自感有理有据、逻辑自洽。

提出旅游体验分类新标准——"感"。原来单一标准，现在重结果，讲整体和综合标准。相应成果有异地感、仪式感和旅游仪式感等，对这些新概念进行了阐释和论证。提出内省法是研究旅游体验的有效方法。

提出旅游图式、旅游魅力和心理印刻概念理论，构建旅游偏好理论。

提出旅游者道德行为分化观点，用去个性化和标签化理论解释旅游者道德行为弱化和强化。发展了标签化理论，提出正标签化和负标签化概念。

提出文化旅游产品开发的仪式化理论，阐释论证仪式化现象概念，仪式化包括赋仪、祛仪两种。

提出了旅游倦怠概念和文化惊喜概念，并做了阐释和论证。

以上学术思想在中国旅游学术界都是首创，欢迎质疑批判。

学术生涯良师益友非谢彦君、吴凯老师莫属。谢彦君谦谦君子，学术大咖；吴凯善良博学，学思流畅，也是本书的合作者。我们之间无私热烈高效的学术讨论永在进行时，我的学术思想都渗透着他们的智慧，这是我人生最美好的存在。感谢科研合作者：林婧、王晓丹、李惠、李东祎、佟新阳、刘美岑、闫晓莉，没有你们就没有这本书，生活因你们而精彩。本书内容具体分工如下：第一、二、三章孙喜林；第四章孙喜林、佟新阳；第五章孙喜林、李惠；第六章孙喜林、林婧；第七章孙喜林、闫晓莉；第八章孙喜林、李东祎；第九章孙喜林、王晓丹；第十章吴凯；第十一章孙喜林、刘美岑。全书由孙喜林、吴凯统稿。

2022 年 10 月 26 日<br>于东北财经大学师行阁